**세계 전자책 시장은
어떻게 움직이는가**

구텐베르크 프로젝트부터 아마존까지
세계 전자책 시장은 어떻게 움직이는가

류영호 지음

한국출판마케팅연구소

머리말
책의 세계가 변화하고 있다

인류의 출판 활동은 구텐베르크 혁명 이후 진화를 거듭하고 있다. 지식과 정보의 대폭발이 일어났고, 양적인 변화와 함께 질적인 향상도 이어졌다. 책이 널리 보급되면서 인류의 문자문화는 그 어느 때보다 막대한 영향력을 행사하며, 창작 활동도 더욱 활발해졌다. 그렇게 종이책의 시대는 수백 년간 성장과 발전을 거듭해왔다. 그런데 전자책의 출현으로 인해 전통적인 출판 환경은 급속하게 변화하고 있다.

최초의 전자책은 1971년에 시작됐던 미국의 구텐베르크 프로젝트를 통해 서책을 전자화한 것으로 여겨진다. 당시의 전자책은 기능면에서 매우 단순했다. 이후 다양한 발전 과정을 거친 전자책은, 2007년 11월 아마존Amazon의 전자책 전용 디바이스 '킨들Kindle'의 출시로 큰 전환점을 맞이했다. 킨들이 콘텐츠(C) - 플랫폼(P) - 네트워크(N) - 디바이스(D)를 연결하는 디지털 콘텐츠의 생태계를 처음으로 제대로 구현했기 때문이다.

전자책은 새로운 출판콘텐츠 제작과 유통 모델을 만들고, 독자들의 읽기 관습에도 큰 영향을 미치고 있다. 킨들 이후 디지털 혁신의 분위기가 높아진 시대적 흐름에 따라 각종 스마트 디바이스와 미디어 매체가 쏟아졌다. 그에 따라 대중들의 라이프스타일도 크게 변화했다. 정보통신기술Information & Communication Technology(ICT)의 발전은 보다 편리하고 신속하게 각종 문제 해결을 가능하게 만들었고, 시공간적 제약도 벗어나게 해주었다. 출판 역사의 관점에서 보면 전자책은 여전히 초기 단계라고 할 수 있다. 하지만 모바일 환경이 보편화되면서 전자책 이용자가 증가하고, 출판시장의 구조적 변화가 이루어지고 있다.

전자책은 출판과 기술이 결합된 콘텐츠로, 비즈니스 모델은 진화하고 있다. 책에 연결된 모든 콘텐츠 사업의 근본은 바로 '출판'이다. 전자책도 책이라는 관점에서 본질적인 변화는 거의 없지만, 기술에 대한 이해와 결합이 반드시 필요하다.

미디어 비평가 마셜 맥루언Marshall Macluhan은 "기술의 영향력은 의견이나 개념 수준에서 일어나는 것이 아니다. 오히려 이 영향력은 인식의 방식을 꾸준히 아무런 저항 없이 바꾸어 놓는다"라고 말했다[『생각하지 않는 사람들』(니콜라스 카, 청림출판, 2011)에서 재인용]. 미국과 유럽에서는 전자책의 성장 속도가 빠른 편이지만, 다른 국가에서는 아직 미미한 수준인 곳이 많다. 하지만 맥루언의 주장처럼 전자책은 독자들에게 서서히 영향력을 미치며 독서 방식을 바꾸고 있다. 그동안의 시행착오를 통해 대강의 방향은 잡힌 것 같다. 이제 속도에 대한 논의와 시장의 움직임이 본격적으로 진행될 것이다.

이러한 변화는 출판에 위기일까, 기회일까? 과연 전자책은 종이책을 죽일까? 작가, 출판사, 서점을 비롯한 시장 참여자들은 어떤 목적을 가지고 출판콘텐츠를 기획하고 제작해야 할까?

단기적인 현상만 가지고 출판시장의 흐름을 예단할 수는 없다. 따라서 이 책에서는 세계 전자책 시장을 둘러싼 제반 환경을 분석하고, 전자출판과 연결된 인접 미디어 산업의 현황과 전망을 다루었다. 그리고 해외 전자책 사업 전략과 마케팅 성공 사례를 통해 미래 출판시장에서 지속적으로 성장하는 데 필요한 열쇠를 알아내고자 했다.

이 책은 출판전문지 〈기획회의〉 337호(2013.2.5.)부터 연재 중인 '세계 전자책 시장 읽기'를 다시 엮고 보완한 것이다. 연재를 하고, 단행본을 만드는 중에도 출판계는 매우 빠르게 변화했다. 국가별로 상황별로 차이는 있지만, 출판시장은 전반적으로 침체의 기로에 서 있다. 반스앤노블Barnes&Noble이 전자책 사업을 축소하고, 소니Sony가 전자책 사업 포기를 선언한 사례는 그러한 상황을 반증한다. 더불어 출판계는 디지털화와 1인출판의 시대로 접어들고 있다.

종이책은 그렇게 쉽게 사라지지 않을 것이다. 시간이 지나면 전자책과 종이책의 콘텐츠와 독서 방식이 혼합된 형태가 보편화될 것으로 예상된다. 결국 책의 변화를 만들어내는 것은 저자와 독자 간의 정신적인 교감이다. 그 여정에서 전자책은 ICT라는 도구의 힘을 빌려 편리성을 더해주는 역할을 할 뿐이다. 그렇다. '읽는다는 것의 역사'는 종이에서 스크린으로 확장되어 더 많은 가능성을 우리에게 보여주고 있다. 이제 플랫폼과 연결된 네트워크와 디바이스를 통해 전자책의 활용 가치를 높일 수 있는 전략적 실행이 필요하다.

기술을 만들고 사용하는 것은 결국 사람이며, 책을 쓰고 만드는 것도 사람이다. 성장 일변도에서 벗어나 다수의 시장 참여자들이 공감할 수 있는 시장 경쟁 구조를 만들어야 한다. 함께 성장할 때 진정한 가치가 생겨나고 멀리, 오래 갈 수 있을 것이다.

우리 출판계의 등대인 〈기획회의〉에 지면을 허락해주신 한국출판마케팅연구소의 한기호 소장님, 장동석 주간님, 오효영 님, 이은진 님, 김세나 님과 모든 관계자 분들께 감사의 말씀을 전한다. 그리고 출판과 콘텐츠 업계에서 인연을 맺은 분들, 교보문고 선후배 님들께도 감사드린다. 아울러 항상 따뜻한 응원을 보내주는 사랑하는 아내와 두 아들, 양가 가족에게 깊은 감사의 마음을 전한다. 계속 정진할 것을 약속드린다.

2014년 12월

류영호

차례

머리말 | 책의 세계가 변화하고 있다 ──── 5

1장 | 미디어, 독서, 출판의 변화
    미디어와 읽기의 변화 ──── 13
    출판시장의 변화 ──── 17
    독자의 변화 ──── 23
    전자책과 종이책의 공존 ──── 31

2장 | 세계 전자책 시장의 주요 이슈
    아마존과 아셰트의 수익 배분 분쟁 ──── 37
    애플과 대형출판사의 전자책 가격담합 소송 ──── 46
    저작권 보호와 DRM 프리Free 이슈 ──── 52
    오프라인서점의 전자책 사업 ──── 60
    도서관의 변화와 디지털 아카이빙 프로젝트 ──── 67

3장 | 세계 전자책 시장의 현황
    세계 전자책 시장은 어디까지 왔나 ──── 81
    미국 : 성숙기에 접어든 전자책 진원지 ──── 87
    유럽과 러시아 : 로컬 사업자들의 빛나는 활약 ──── 92
    일본 : 글로벌 기업의 진출과 새로운 변화 ──── 99
    중국 : 세계 시장 1위 점령 프로젝트 ──── 102
    인도와 스페인 : 본격적인 전자책 시대의 개막 ──── 106

4장 | 메이저 사업자의 전략
    아마존 1 : 전자책 디바이스의 선구자 ──── 111
    아마존 2 : 고객을 향한 플랫폼 서비스 ──── 116

아마존 3 : 전방위적 사업 확장 ──── 123
애플 : 다른 생각으로 만들어낸 새로운 비즈니스 모델 ──── 131
구글 : 최강 검색 플랫폼의 야심 ──── 136
반스앤노블 : 전자책 시장에 띄운 마지막 승부수 ──── 140
코보 : 다윗은 골리앗을 이길 수 있을까 ──── 146

5장 | 새롭게 떠오르는 전자책 서비스

셀프 퍼블리싱과 전자책 ──── 159
서브스크립션 모델의 등장과 가능성 ──── 169
소셜리딩, 책을 즐기는 새로운 방법 ──── 183
콜라보레이션 전략 ──── 191

6장 | 전자책 기술의 발전과 확장

전자책 포맷의 기준, 이펍^{ePub} ──── 203
멀티미디어와 책의 결합, 앱북$^{App\ Book}$ ──── 214
전자책 디바이스 시장의 변화 ──── 222
전자잉크와 전용 디바이스 ──── 228
디지털 교과서는 교육을 바꿀 수 있을까 ──── 234
잡지와 디지털의 만남 ──── 243
신문과 디지털의 만남 ──── 251

7장 | 전자책 시장의 성공 키워드

포트폴리오와 구조를 혁신하라 ──── 261
제휴를 통한 성장을 시도하라 ──── 266
문제는 리더십이다 ──── 271
아웃사이드 인 전략에 주목하라 ──── 275

맺음말 | 책의 미래는 결코 어둡지 않다 ──── 282

부록 | 전자책 용어사전 ──── 284
참고 문헌 · 참고 사이트 ──── 288
찾아보기 ──── 290

1장
미디어, 독서, 출판의 변화

미디어와 읽기의 변화

스마트smart와 모바일mobile이라는 키워드가 사람들의 라이프스타일과 비즈니스를 빠르게 변화시키고 있다. 자고 일어나면 세상이 바뀐다는 말처럼 어느새 생산과 소비에서 '디지털'은 일반화되었다. 스마트폰, 태블릿PC, 스마트TV와 같은 각종 스마트 디바이스와 모바일 네트워크의 급속한 확장으로 인해 제조업, 서비스업, 유통업, 금융업 등 각 산업별로 변화와 혁신의 필요성이 대두되고 있다. 아날로그에서 디지털로의 변화는 산업을 구성하는 생태계와 업체별 경쟁 순위까지 바꾸었다. 출판산업도 예외는 아니다.

책이 스크린으로 옮겨지기까지

이제 스마트폰에서 몇 번의 클릭만으로도 편리하게 종이책을 주문할 수 있다. 전자책은 기존의 종이책을 디지털화한 PDF와 이펍ePub 형태 외에도 다양한 인터랙션 기술을 구현한 애플리케이션북Application Book이 빠르게 확산되는 중이다. 이처럼 책이라는 콘텐츠를 접할 수 있는 환경은 다채널화되었지만, 이는 오히려 책을 멀리하게 하는 측면도 동시에 제공한다. 하나의 디바이스에서 전자책

외에도 인터넷 검색, 게임, 동영상, 음원 등을 편리하게 이용할 수 있기 때문이다. 이제 책은 다른 콘텐츠와의 시간점유율 경쟁을 피할 수 없게 되었다.

이러한 상황에서 책의 미래에 대한 비관론도 만만치 않지만, 출판의 힘은 디지털 세상에서도 여전히 그 영향력이 높을 것이다. 물론 이러한 예측에는 전제가 하나 있다. 종이를 통해서만 책의 모든 것을 전달하겠다는 생각의 프레임을 넘어서야 한다는 것이다. 출판의 본질적인 가치는 계승하고 발전시키면서 변화된 매체 환경과 대중의 라이프스타일에 부합하는 출판유통의 변화와 혁신이 병행되어야 한다.

그렇다면 변화의 흐름 속에서 우리는 과연 어떠한 대응 전략을 수립하고 실행해야 할까. 정해진 답은 없다. 하지만 '디지털 퍼블리싱'이라는 틀에서 출판 유통과 콘텐츠 사업의 트렌드를 이해할 필요는 있다. 이를 통해 각자의 영역에서 거시적인, 혹은 미시적인 전략을 수립하는 데 영감을 얻을 수 있기 때문이다.

일라나 스나이더는 미디어 출판 분야의 명저인『종이에서 스크린으로 – 전자 시대의 읽기와 쓰기Page to Screen: Taking Literacy into the Electronic Era』(1997)에서 이렇게 말했다. "종이미디어에서 스크린미디어로 전환되면서 전자책은 TV, 데스크톱PC, 휴대전화에 이은 제4의 스크린이 된다. 이른바 '페이지에서 스크린으로의 전환'은 이용자와 미디어 사이의 관계의 변화, 즉 독서readership에서 관람spectatorship으로의 전환을 의미한다."

스나이더의 주장대로 지난 10년 동안 미디어 환경과 출판유통 산업, 독서 환경에 다양한 변화들이 이어졌다. 디지털 환경에 새로운 형태의 글쓰기 방식이 등장하면서 독서 방식에도 많은 변화가 일어났다. 수세기 동안 이어진 음독$^{vocalized\ reading}$ 또는 묵독$^{silent\ reading}$이라는 읽기 방식이 지금도 여전히 지배적이라고 판단하는 것은 이제 무리일지도 모른다.

그동안 책은 종이에 인쇄되고 묶여져 눈으로 보고 손으로 만질 수 있는 물질 매체로 인식되었다. 인류에게 독서습관이란 종이책을 읽고, 쓰고, 넘기는 일련의 행동을 말한다. 그런데 전자책 기술이 등장하면서 종이로 기록된 것들이 디지털화되고, 기존의 읽기 양식이 근본적으로 변화하기 시작했다. 전자책은 '페이지'라는 인쇄매체의 상징적인 형식에 스크롤과 하이퍼링크를 더해 확장성과 연계성을 획득할 수 있었다. 즉 텍스트, 비디오, 오디오 등 멀티미디어를 자유롭게 체험할 수 있는 새로운 방식의 읽기가 가능해진 것이다.

새로운 읽기의 등장

새로운 텍스트의 등장은 새로운 읽기 관습들을 만들어갔다. 물론 새로운 읽기 방식이 기존의 음독과 묵독을 완전히 대체하진 못할 것이다. 멀티미디어 기능이 들어간 포맷을 제외하면, 컨텍스트^{context} 관점에서 전자책은 종이책과 본질적으로 차이가 없다. 전통적인 읽기 방식인 음독과 묵독에 '디지털 텍스트'라는 전자책 고유의 특성이 반영되면서 새로운 읽기 방식이 탄생하는 것이다. 이러한 새로운 읽기 방식의 대표적인 예가 '소셜리딩social reading'이다.

소셜리딩은 텍스트를 둘러싸고 있는 각종 지식과 정보, 정서의 교류가 이루어지는 읽기를 말한다. 전형적인 예로 책 추천이나 비평 등을 들 수 있으며, 특정한 텍스트에 그어진 밑줄, 페이지 빈 공간에 다른 사람들이 써놓은 메모도 이에 해당한다. 새로운 읽기 관습으로 '소셜'에 주목하는 이유는 독서하는 도중 실시간으로 다른 사람과의 교류가 이루어지기 때문이다. 예를 들면, 킨들로 책을 읽는 도중에 다른 사람들이 밑줄 친 부분이 표시되고 몇 명이 밑줄을 그었는지 확인할 수 있다. 이처럼 타인의 독서 행동을 시공간을 넘어 공유할 수 있는 읽기가 바로 '소셜리딩'이다.

스마트 디바이스의 빠른 보급과 각종 콘텐츠 산업의 발전으로 사람들은 '소셜리딩' '멀티미디어 관람'과 같은 새로운 읽기 방식에 익숙해졌다. 하지만 종이책 독서에 익숙한 사람들에게 전자책은 여전히 낯선 매체로 인식될 뿐이다. 반면 디지털 세대는 종이보다는 컴퓨터, 스마트폰 등 디지털 디바이스를 통한 읽기에 더 잘 적응하고 있다. 그들이 접하는 매체는 이미 디지털화가 진행된 매체이며, 그 매체를 활용함에 있어서 거부감은 상대적으로 낮은 편이다.

출판시장의 변화

프라이스워터하우스쿠퍼스(PwC)는 2014년 세계 전자책 시장의 규모가 145억 4500만 달러를 기록할 것이라고 예상했다. 이후 2015년 174억 3700만 달러, 2016년 201억 8800만 달러로 꾸준히 성장해 2017년에는 227억 900만 달러에 달할 것으로 전망했다. 이 정도 규모라면 전자책은 전체 출판시장에서 약 22%의 점유율을 확보하게 된다. 2008년 전자책 시장점유율이 1.2%인 점을 비교해보면 10년 동안 폭발적인 성장세가 진행된 것이다.

이러한 변화를 촉발시킨 가장 중요한 요인은 전자책 디바이스의 확산이다. 2007년 11월, 아마존은 전자책 전용 디바이스 킨들을 대중에게 선보이면서 전자책 디바이스의 변화를 선도했다. 아마존에 이어 다수의 전자책 전문 업체와 플랫폼 기업들이 시장 참여를 이끌어왔다.

독자들을 대상으로 한 설문조사 결과도 흥미롭다. 미국의 프린터 전문기업 리코RICOH에서 발표한 설문조사 결과에 따르면, 응답자의 70%가 2016년까지 종이책을 계속 볼 것이라고 답했다. 더불어 유료로 전자책을 구매한 독자들 중에서도 구매한 책의 60%는

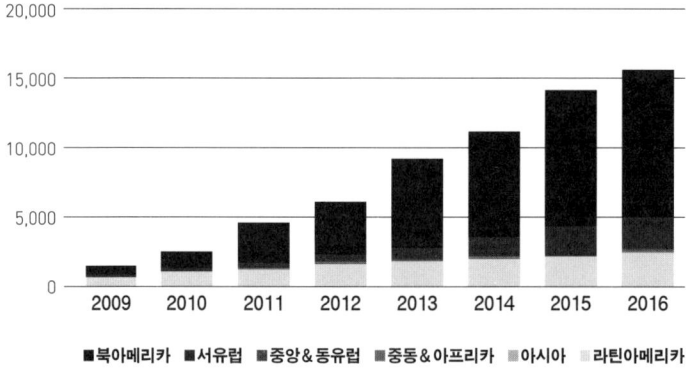

출처 : PwC

전혀 읽지 않는 경우도 있었다. 전자책을 구매하고 소장하지만 실제로 읽지 않는 책이 많은 것은 종이책의 이용 패턴과 유사하다.

종이책 시장과 전자책 시장

미국 전자책 시장은 전체 출판시장에서 20% 이상의 점유율을 확보할 만큼 빠르게 성장했지만 2013년에 성장률이 정체되는 모습을 보였다. 왜 그럴까? 주요 원인으로는 태블릿PC의 판매량에 비해 전자책 디바이스의 판매량이 감소한 점, 전자책을 제외한 엔터테인먼트 콘텐츠의 이용률이 증가한 점 등이 있다. 이는 전자책이 음원, 게임, 드라마 등 타 분야 콘텐츠와의 전면적인 경쟁 구조 속에 있는 것을 시사한다.

하지만 전자책의 성장세가 종이책의 감소율을 넘어서는 현상이 지속되면서 전체 출판시장의 규모는 소폭이지만 상승했다. 이는 미국의 독서율이 시장을 견인할 만큼 높기 때문에 가능한 현상이다. 수년간 매스컴에서는 '머지않아 종이책은 사라지고 전자책이 출판시장을 지배할 것'이라는 기사를 계속 내보냈다. 전자책 시장의 성장 추세를 보면 예측 가능한 전망이지만, 실상은 생각보다 더 디게 진행되고 있다.

종이책의 쇠락이 언론 보도보다 실제 현장에서 속도가 더딘 이유는 무엇일까. 『책 읽는 뇌』(살림, 2009)의 저자이자 미국 터프대학의 인지과학자 매리언 울프 교수의 말에서 힌트를 얻을 수 있다. 그녀는 "종이책은 읽는 도중에 생각의 지도를 만들어줄 수 있는 우수한 매체"라고 말했다. 종이는 인간의 감각적 본성에 가장 충실한 매체다. 종이책의 판형과 여백이 주는 안정성은 내용의 전체 맥락을 파악하고 기억하고 창조하는 데 상대적으로 전자책보다 우수하다. 출판시장의 주류 소비자인 성인 독자들은 아직 종이책 독서에 익숙하고, 전자책 제작자들은 편의성 측면에서만 독자들에게 접근하고 있다. 그렇기 때문에 전망과 현실의 간극이 벌어지는 것이다.

단기간에 종이책에서 전자책으로 헤게모니가 이동하지는 않을 것이다. 하지만 독자들의 인식과 생활방식의 변화 속도는 업계 관계자들의 예측과 차이가 많이 날 수 있다. 또한 이제 전자책은 출판사와 서점에서만 제작하고 유통하는 시대가 아니다. 이미 포털

사, 통신사, 게임회사에서 전자책 사업을 하고 있고, 해외에서는 전자책 콜라보레이션과 개인화 사업에 집중하고 있다. 기술적인 인프라가 빠르게 마련된 상황에서 핵심은 콘텐츠와 서비스다. 스마트한 독자들은 늘 콘텐츠에 목말라 한다. 시장 참여자들은 이에 주목하고 새로운 콘텐츠와 서비스 개발에 투자해야 할 것이다.

종이책과 전자책이 동반 성장할 수 있는 길은 책을 소비하고 이용하는 독자층을 넓히는 것이다. 전자책을 종이책의 적이 아니라 동반자의 관점에서 바라보면, 해외에서 벤치마킹할 사례를 많이 발견할 수 있다. "아는 만큼 보인다"라는 말은 전자책 시장에도 유효하다.

작가의 변화

작가들도 빠르게 변화하고 있다. 2012년에 출간된 에로틱 로맨스 소설 '그레이의 50가지 그림자'('그레이') 시리즈가 전 세계 1억 부 판매를 기록했다. 세계에서 1억 부 판매 기록을 가진 소설로는 이언 플레밍의 '제임스 본드' 시리즈, 4억 5000만 부가 팔린 '해리 포터' 시리즈, 1억 2000만 부가 판매된 '트와일라잇' 시리즈가 있다. 그런데 이 책들과 달리 '그레이' 시리즈는 저자 E L 제임스가 자비로 출판했다. 이후 '그레이' 시리즈는 미국의 빈티지북스(VintageBooks)에서 3부작으로 출간되었고, 전 세계 51개 언어로 수출되었다. 아마존에서 전자책으로 최초의 밀리언셀러를 기록했으며, 미국에서만 4500만 부가 팔렸다. '그레이' 시리즈 외에도 셀프 퍼블리싱 비율은 계속 증가하고 있다. 또한 책 출간 경험이 있고 고정 독자층을 확보한 작가들의 셀프 퍼블리싱이 늘어나는 현상은 가치사슬value chain 관점에서도 주목할 만하다.

그동안 셀프 퍼블리싱은 출간 경험이 없는 아마추어 작가들이 책을 출간하기 위한 경로였다. 그러나 콘텐츠 플랫폼을 중심으로 출판콘텐츠에 관한 소유권을 확보하려는 움직임이 구체화되고, 아마존의 '킨들다이렉트퍼블리싱Kindle Direct Publishing(KDP)', 반스앤노블의 '펍잇Pubit', 코보Kobo의 '라이팅라이프Writing life', '스매시워즈Smashwords', '룰루닷컴Lulu.com' 등 편리하게 책을 제작하고 유통할 수 있는 플랫폼들이 속속 생겨나면서 대중 작가들도 관심을 보이고 있다. 특히 작가 인세율이 출판사를 통한 종이책 출간에 비해 4~5배 이상 되는 등 파격적인 이익 구조가 이런 현상을 더욱 가속화하고 있다. 셀프 퍼블리싱이 전자책뿐만 아니라 POD(Publish On Demand, 주문출판)와 연계되어 재고 없이 종이책을 출간할 수 있다는 점에서 출판의 변화는 이미 현실로 다가오고 있다.

크라우드 펀딩Crowd funding 역시 출판의 변화와 혁신을 이끄는 촉매제로 작용하고 있다. 크라우드 펀딩은 대중으로부터 자금을 투자받는 방식을 말한다. 해외 출판시장에서는 경쟁력 있는 작가들을 중심으로 인터넷이나 SNS를 이용해 대중 후원을 받는 등 크라우드 펀딩에 관한 다양한 실험이 진행되고 있다. 좋은 콘텐츠를 가진 작가에게 일정한 투자를 담보하는 크라우드 펀딩은 양질의 출판콘텐츠 생산에 긍정적인 역할을 할 것으로 보인다.

전자책의 확장

전자책 시장은 미국을 넘어 유럽과 아시아로 빠르게 확장되고 있다. 전자책의 세계화가 진행되면서 사람들의 인식도 변화하고 있으며, 전자책 콘텐츠에 관한 수요도 증가하고 있다. 이제 다양한 디바이스에서 전자책을 즐길 수 있다. 종이책과 전자책을 동시에 출간하는 저자들도 늘어났다.

책의 디지털화는 독자와 저자, 독자와 독자 간 쌍방향적인 소통과 독서가 가능하게 만들었다. 네트워크로 연결된 전자책은 독자가 책의 모든 정보에 접근할 수 있도록 돕는 매체적인 역할을 갖는다. 또한 디바이스를 통한 저장성의 극대화로 책을 가볍게, 그리고 원하는 인터페이스로 읽을 수 있게 되었다. 즉 물리적인 부피에 관계없이 책을 저장할 수 있을 뿐 아니라, 원하는 글자의 크기, 모양, 색깔 등을 설정값에 저장하면 디바이스 종류에 관계없이 원하는 환경대로 독서를 할 수 있다.

스마트 디바이스를 이용한 전자책 독서도 점점 증가하는 추세다. 디지털 콘텐츠 플랫폼이 발달하면서 스마트폰과 태블릿PC에서도 애플리케이션을 통해 편리하게 전자책을 읽을 수 있다. 출판사에서도 자체 애플리케이션을 개발하는 등 스마트 디바이스 관련 전자책 시장은 점점 더 커지는 중이다. 특히 스마트폰을 이용한 독서는 자투리 시간을 활용하거나 이동 중에도 가능하다는 장점이 있어 전자책 독서를 이끄는 새로운 동력으로 떠오르는 분위기다.

독자의 변화

흔히 전자책을 이야기할 때 대부분 기술과 유통 방식에 대한 논의에 집중한다. 이는 공급자 중심의 논리가 시장을 지배하고 있음을 의미한다. 여전히 대다수 독자들은 종이책에 익숙하고, 출판시장의 전반적인 시스템과 구조도 종이책에 최적화되어 있다. 하지만 오늘날, 독자들의 콘텐츠 소비 방식의 변화는 출판생태계를 변화시키는 동인이 되고 있다. 이제 대부분의 콘텐츠는 종이가 아닌 스크린을 통해 소비되는 상황이다. 종이책 시장의 정체와 감소세가 두드러지는 이유도 바로 여기에서 시작된다.

여전히 사람들은 끊임없이 무언가를 궁금해하고 배우려 한다. 그리고 이를 위해 책, 신문, 잡지, 논문 등을 검색하고 읽는다. 독서량이 줄었다고들 하지만, 다독가들은 여전히 더 많은 책을 읽고 교육 현장에서도 독서의 중요성을 전파하고 있다. 하지만 책이 지닌 물리적인 속성의 변화가 독자들에게 미치는 영향과 개선 방향에 대한 논의는 부족한 편이다. 과연 종이책과 전자책은 독자들의 독서력에 어떤 영향을 주고 있는지 사례와 연구조사 결과를 통해 살펴보자.

해외 전자책 이용 현황

2014년 1월 16일, 여론조사기관 퓨리서치센터Pew Research Center에서「전자책 독서와 디바이스의 확대e-Reading Rises as Device Ownership Jumps」라는 보고서를 발표했다. 이번 조사는 2014년 1월 2~5일, 미국의 18세 이상 성인 1005명을 대상으로 전화 인터뷰를 진행한 것이다. 디지털 시대의 급속한 성장에도 불구하고 미국의 성인들은 여전히 종이책 독서를 선호하고 있었다. 전자책 이용 비율은 2011년 17%, 2012년 23%, 2013년 28%로 꾸준히 증가했지만, 대부분 종이책과 함께 읽고 있었다. 전자책 독서만 하는 독자들은 2011년 2%에서 2013년 4%로 두 배 가까이 상승했지만, 전체 독서에서 차지하는 비율은 미미하다. 한편 전체 독서 인구의 비중은 2011년 79%에서 2013년 76%로 다소 감소했다.

반면 미국 성인층의 전자책 관련 디바이스 구매율은 지속적으로 상승했다. 전자책 독서가 가능한 디바이스를 가진 성인의 비율은 46%로, 2011년 18%에 비해 두 배 이상 상승한 수치이다. 전자책 독서 비율은 전용 디바이스의 보급과 함께 증가했다가 최근 정체 국면에 접어들었다.

이를 대체하는 것이 바로 스마트폰이다. 퓨리서치센터는 디지털 출판시장의 미래가 스마트폰에 달려 있다고 분석했다. 종이책 출판과 전자책 출판이 양립해야 독자들의 욕구를 충족시킬 수 있다는 분석도 덧붙였다. 전자책 독서가 다소 정체되긴 했지만, 전자책 디바이스의 이용이 증가하고 있다는 사실은 전자책의 잠재적인 성장 가능성이 높음을 의미한다. 이 보고서는 미국 성인층을 대상으로 조사한 것이지만, 독자들이 생각하는 책의 물성에 대한 현주소를 제대로 보여준다.

글로벌 컨설팅업체 베인앤컴퍼니$^{Bain\&Company}$가 2012년 아비뇽 포럼에서 발표한 보고서 「2005-2012: 디지털 시대에 기대를 거는 이유들$^{2005-2012:\ Creating\ Value(s)\ in\ the\ Digital\ Age}$」도 주목해볼 만하다. 이 보고서에서는 전자책 독자들의 소비 행태에 대한 분석이 나와 있다. 베인앤컴퍼니는 전자책 시장의 성장이 종이책과 전자책의 소비를 동시에 증가시켰다고 말한다. 프랑스의 경우 설문 참여자의 32%가 전자책을 읽으면서 더 많은 독서를 하게 됐고, 62%가 같은 양의 독서를, 6%가 이전보다 독서를 덜 하게 됐다고 답했다. 중국과 인도에서는 참여자의 60%가 전자책을 읽으면서 독서량이 늘었다고 응답했다. 선호하는 전자책 관련 디바이스로는 프랑스 독자의 39%가 태블릿PC를, 21%가 전자책 전용 디바이스를, 40%가 스마트폰이나 컴퓨터를 선호한다고 답했다. 미국과 영국에서는 각각 47%, 51%가 킨들과 같은 전자책 전용 디바이스를 이용하는 것으로 나타났다.

2013년 11월 25일, 〈가디언〉에 실린 「청소년 독자의 종이책과 전자책의 선호도$^{Young\ adult\ readers\ prefer\ printed\ to\ ebooks}$」라는 기사를 살펴보자. 리서치 전문업체 복스버너^{Voxburner}는 16~24세 독자를 대상으로 종이책과 전자책에 대한 선호도를 조사했다. 조사 결과에 따르면, 청소년 독자의 62%가 종이책을 더 선호하는 것으로 나타났다. 그들은 설문지 항목으로 나온 미디어 콘텐츠 중 종이책을 가장 선호했으며, 그 다음으로 영화(48%), 신문 및 잡지(47%), CD(32%), 비디오 게임(31%) 순으로 선호했다.

북스버너의 에이전트 루크 미첼Luke Mitchell은 조사 결과에 대해 다음과 같은 반응을 보였다. "우리는 16~24세의 청소년들이 스마트폰과 디지털 디바이스에 애착을 가지고 있다고 생각해왔다. 그런데 이렇게 종이책을 선호하는 결과가 많이 나온 것이 매우 놀랍다."

북스버너는 청소년들이 종이책을 선호하는 이유가 합당한 가격과 실물에 대한 만족도가 높기 때문이라고 분석했다. 좀더 세부적으로 살펴보면, '제품을 손에 쥐는 것이 좋다'(51%), '한 가지 디바이스에 국한되고 싶지 않다'(20%), '빌리거나 빌려주기 쉽다'(10%), '제품이 담긴 포장이나 디자인이 좋다'(9%), '중고로 되팔 수 있다'(6%) 등의 이유로 종이책을 선호했다. 더불어 전자책 가격에 대한 질문에는 응답자의 28%가 현재보다 가격을 절반으로 낮춰야 한다고 답변했다. 실질적으로 전자책 이용 시 판매 가격이 구매 결정에 높은 영향을 미치고 있음을 알 수 있는 결과다.

국내 전자책 이용 현황

한국의 전자책 이용 현황은 어떨까? 2013년 10월에 정보통신정책연구원(KISDI)에서 발표한 「종이책과 전자책의 독서 현황 분석」을 살펴보자. 보고서에 따르면, 종이책 독서율은 11.3%로 0.9%인 전자책에 비해 12배 이상 높게 나왔다. 대부분의 독자가 아직 종이책을 이용하고 있는 것이다. 그리고 종이책은 여성, 전자책은 남성의 독서율과 독서량이 많은 것으로 나타났다. 연령대가 높아질수록 종이책과 전자책 독서율이 함께 증가했으며, 예외적으로 20대의 전자책 독서시간이 전 연령대 중 가장 높게 나타났다.

주요 전자책 유통사의 2013년 결산 자료를 보면 전자책 사업의 성장세를 알 수 있다. 교보문고의 전자책을 비롯한 디지털 콘텐츠의 판매 비중은 2012년보다 27.4% 늘었다. 전자책의 고객은 40대 이상 중년 독자가 32.5%로 가장 많으며, 이들 세대의 이용률은 꾸준히 상승세를 기록하고 있다. 10대와 20대 이용자들은 전자책 외에 엔터테인먼트 콘텐츠를 이용하는 비율이 높게 나타났다. 예스24의 경우 분야별 전자책 판매에서 장르문학은 56%, 문학은 14.1%를 차지했다. 장르문학의 비중이 전년대비 10% 정도 성장하면서 전자책 독자들의 장르문학 선호도가 높음을 알 수 있다. 연령대별로 보면 30대가 가장 많이 전자책을 구입했으며, 이 중에서도 30대 여성의 전자책 구입률이 가장 높게 나타났다.

교보문고와 예스24 모두 종이책과 전자책을 구입하는 독서 인구의 연령대가 점점 높아지고 있다. 종이책 독서에 익숙한 30대 이상의 전자책 구입 비율이 증가하는 현상은 해외에서도 공통적으로 발견되는 현상이다. 미국의 전자책 시장은 초기 수용기를 넘어 이제 본격적으로 캐즘^{chasm}(새롭게 개발된 제품이 시장에 진입하여 대중화되기 전까지 일시적으로 수요가 정체되는 현상)을 건너야 할 시기에 접어들었지만, 아직 대부분의 국가는 초기 수용기에 머물러 있다. 한국도 마찬가지다. 저자, 출판사, 유통사를 중심으로 초기 전자책 이용자들의 눈높이에 맞는 콘텐츠 제작과 플랫폼 지원을 더욱 강화해야 한다. 전자책이 신규 독서 인구의 확대뿐만 아니라 기존 종이책 독자들의 독서량 확대에도 큰 역할을 할 수 있기 때문이다.

종이책 독서와 전자책 독서의 차이

최근 종이와 기계 화면을 이용한 독서 방법의 차이를 조사한 연구 결과가 발표되었다. 노르웨이 스타방에르대학과 프랑스 엑스마르세이유대학 연구팀은 전자책과 종이책 독서 습관을 갖고 있는 사람들을 25명씩 2개 그룹으로 나누어서 관찰했다. 이들 그룹은 각각 종이책과 킨들DX를 이용해서 단편소설을 끝까지 읽었다. 연구팀은 2개 그룹이 독서를 끝내는 데 걸리는 시간을 측정하고, 본문 내용에 관한 질문, 작품에 대한 정서 반응을 심리학을 바탕으로 분석했다.

이를 통해 그룹 간에 어떤 차이가 발생하는지 확인한 결과, 큰 차이점을 발견할 수는 없었다. 이야기 배경이나 등장인물, 줄거리를 묻는 항목에서 모두 비슷한 정답 수준을 보였다. 그러나 사건 발생 시점$^{Time\ and\ Events}$을 묻는 경우, 전자책을 읽은 그룹이 눈에 띄게 낮은 정답률을 보였다. 책의 이야기 순서를 정렬하는 질문에서도 전자책 그룹의 정답률은 약 50% 정도에 그쳤다. 0에 가까울수록 정답률이 높다고 가정할 때, 종이책은 4.8, 전자책은 7.9로 약

3.1포인트의 차이를 보였다. 각 장별로 이야기를 이해하는 능력은 종이책과 전자책 모두 비슷했지만, 종합적인 연결 이해 구조에서는 전자책이 취약한 결과가 나타났다.

연구팀은 이번 결과에 대한 추가 연구가 필요하다고 이야기했다. 문자 서체나 사용한 기기, 실험 참여자의 과거 독서 경험 같은 게 복합적으로 영향을 줄 수 있다고 판단했기 때문이다. 실제로 종이책의 경우 손에 느껴지는 촉각이라는 특성이 독서에 영향을 준다. 여러 가지 분석을 떠나 종이책과 전자책 독서는 전혀 별개라는 해석을 뒷받침할 수 있는 근거를 발견한 점에서 의미 있는 연구 중 하나다.

깊이 있는 독서는 전자책보다 종이책이 더 효과적이라고 말한 영국 〈파이낸셜타임즈〉의 기사도 주목할 만하다. 2013년 12월 15일에 게재된 「종이책이 전자책보다 깊이 있는 독서에 유리하다 Paper beats screen in focused reading: report」라는 기사에서는 짧은 글을 빠르게 읽을 경우 스마트폰 등의 기기를 이용한 전자책이 좋은 선택이지만, 내용을 생각해보고 새로운 아이디어를 도출해야 한다면 전자책보다 종이책이 더 효율적이라고 말하고 있다. 또한 전자책 독서를 선호한다면 어두운 환경에서는 아이패드도 좋은 선택이지만, 밝은 야외에서는 e잉크를 탑재한 아마존의 킨들이나 종이책을 읽는 것이 더 낫다고 밝혔다. 기사 말미에는 종이책 독서가 중요한 내용을 이해하고 기억하기에 더 쉽고 독자 스스로 선택한 도구와 방식으로 자유롭게 필기가 가능한 장점이 있다고 덧붙였다.

그렇다면 스마트 디바이스는 과연 독서의 적일까?

미국청소년도서관협회 전前 회장 사라 플라워즈는 다음과 같이 말했다. "미국 청소년들의 스마트폰 이용이 크게 늘었지만, 그렇다고 독서량이 현저히 줄진 않았다. 스마트폰이 독서에 악영향을 끼친다고 단정해선 안 된다." 1992년부터 캘리포니아 여러 공공도서관에서 청소년 전담 사서로 일했던 그녀가 이어서 말한 부분이 인상적이다. "어른들은 막연히 '스마트폰 때문에 애들이 독서를 안 한다'고 여기지만, 인터넷을 통해 블로그나 신문기사 등을 얼마나 많이들 읽고 있는가. 전자책은 또 어떤가. 그런 것도 다 독서에 해당한다고 본다. 이제는 종이책에 한정하는 전통적 독서 개념을 넓혀야 한다고 생각한다."

그녀의 말처럼 청소년, 즉 디지털 네이티브의 독서 경험과 수용력을 현재의 기준으로 평가하기에는 어려운 것이 사실이다. 오히려 청소년들은 스마트 디바이스와 하이퍼링크를 통해 전자책 독서의 새로운 가치를 발견할 가능성이 높다.

전자책과 종이책의 공존

종이책과 전자책의 대결 구도를 넘어 인터넷과 독서의 미래에 대해 고민하는 업계 관계자들의 한숨이 깊다. 그러한 고민을 가진 이들은 미래학자 니콜라스 카$^{Nicholas Carr}$가 쓴 칼럼 「종이책이 살아남을 수밖에 없는 이유$^{Don't Burn Your Books - Print Is Here to Stay}$」(《월스트리트저널》, 2013년 1월 5일자)를 주목할 필요가 있다. 카는 그동안 종이책에 내려졌던 시한부 판정이 과장이 심했다고 말한다.

2007년 아마존이 킨들을 출시했을 때 전문가들은 출판의 미래가 디지털에 달려 있다고 목소리를 높였다. 종이책에서 전자책으로 이동하는 속도에 대해서는 각자 다른 견해를 내놓았지만, 일정 기간이 지나면 다른 콘텐츠와 마찬가지로 책도 대부분 전자화될 것이라는 전망은 공통적이었다. 이에 대해 카는 다음과 같이 반론했다. "지난 500년 세월 동안 끊임없이 발전해온 기술에도 불구하고 살아남은, 구텐베르크가 발명한 활판 인쇄술로 탄생한, 종이책은 이번에 몰아친 '디지털 혁명'의 시련도 견뎌낼 것이다."

미래의 출판과 독서에 대해 니콜라스 카가 내린 결론은 충분히 공감된다.

아마 책의 디지털화는 대세가 될 것이고 그에 따라 독자들의 변화도 점진적으로 이루어질 것이다. '디지털 네이티브'로 불리는 세대들이 성장하고 시대의 중심이 되면 전자책 독서가 오히려 더 자연스러울 수도 있다. 또한 지금은 발견하지 못한 전자책의 새로운 가치와 장점들이 발견될 수도 있다. 한 가지 변하지 않을 사실은 '책을 찾아서 읽는 것'이 개인의 습관으로, 사회의 문화로 지속되리라는 점이다.

앞서 언급된 여러 기관들의 독서 실태 조사 결과에서 공통적으로 발견되는 현상도 애초에 독서를 하던 사람이 더 많이 책을 찾고 구입하고 읽는다는 것이다. 이는 매우 의미 있는 지점이라 생각한다. 종이책과 전자책 각자의 특징과 장점을 살리고, 독자의 판단과 선택을 통해 '깊이'와 '속도'의 균형을 맞출 때 독서의 힘은 더 커질 것이다.

지난 수천 년을 이어온 전통적인 읽기 방식에 기반을 둔 독서 행동의 변화가 전자책 시장의 발전 속도를 따라 잡을 수 있을까? 디지털 기술의 발전과 미디어 환경의 변화로 시장의 패러다임이 바뀐 것은 분명하다. 그러나 독서 문화를 같은 공식에 대입하기에는 아직 무리가 있다. 디지털 문화는 인간의 모든 생활에 편리함을 가져다 주었지만, 인간의 근본적인 사고 체계를 흔들진 못했다. 전자책 역시 종이책보다 더 효율적이고 편리하지만, 깊은 사고를 이끌어내는 종이책 독서에는 아직 미치지 못하는 부분이 많다. 분명 전자책은 기능적인 부분에서 상당히 편리하다. 그러나 종이책이 주는 촉각과 무게 있는 독서 경험을 제공하지는 못한다.

디지로그^{digilog}라는 말이 있다. 디지털^{digital}과 아날로그^{analog}의 합성어로 디지털 기술과 아날로그의 정서가 결합한 제품과 서비스, 또는 아날로그 시대에서 디지털 시대로 넘어가는 과도기에 위치한 세대를 뜻하는 말이다.

디지털 매체의 확대가 무조건 책과 독서의 가벼움을 초래한다고 볼 수는 없다. 디지털을 통해 종이책에 대한 관심을 높일 수 있는 다양한 경로가 존재하기 때문이다. 전자책 데이터를 활용한 도서 본문 검색, SNS를 활용한 소셜리딩 등이 대표적인 사례다.

결국 종이책도 책이고, 전자책도 책이다. 이제 디지털로 이동하는 매체의 변화를 간과할 수 없으며, 선택은 독자의 손에 달렸다. 독자들은 디지털의 장점을 활용하되, 종이책이 주는 즐거움도 잊지 않을 것이다. 종이책과 전자책 독서를 병행하는 독자들을 사로잡아야 한다. 그들을 위한 다양하고 매력적인 콘텐츠와 서비스를 만들어야 한다. 세상이 변해도 책은 저자와 독자의 교감을 만들어내고, 미래에도 살아남을 것이기 때문이다.

2장
세계 전자책 시장의 주요 이슈

아마존과 아셰트의 수익 배분 분쟁

한동안 아마존과 아셰트Hachette출판사의 전자책 수익 분배 분쟁이 해외 출판계를 달구었다. 아마존이 아셰트 전자책 수익 분배율을 종이책보다 높게 요구하면서 촉발된 분쟁은 출판사와 유통사 간 헤게모니 싸움으로 번졌다.

상업출판이 활성화되면서 수백 년간 출판사와 서점은 상호 보완적인 관계를 유지해왔다. 오프라인서점은 종이책 중심의 유통 구조를 이어왔지만 온라인서점은 지속적으로 카테고리를 확장시키고 있다. 아마존은 온라인서점으로 시작해서 세계 최고의 전자상거래 업체로 성장했다. 아마존닷컴에서는 약 7만 개에 이르는 출판사의 책을 판매하고 있으며, 이는 신간 서적 판매 시장의 41%를 차지한다. 그리고 아마존의 그러한 위상은 다수의 출판사들에게 위협적인 존재로 다가온다.

그동안 출판사와 상호보완적인 관계였던 아마존이 왜 위협적인 존재가 되었을까? 핵심은 아마존의 강력한 바잉파워buying power에 있다.

물러설 수 없는 싸움

2011년 보더스Borders의 파산, 반스앤노블의 실적 악화 등 오프라인서점의 영향력은 계속 줄어들고 있다. 그만큼 온라인서점으로 출판 유통의 물량과 매출이 쏠리고 있으며, 독자들도 구매 편의성과 가격할인 등을 고려해 온라인과 모바일로 도서 구입 채널을 이동시키고 있다. 1995년부터 아마존은 온라인 출판유통 구조에서 거대한 영향력을 구축했다. 2007년에는 킨들을 출시하면서 전자책으로의 패러다임 변화에 강력한 드라이브를 걸었다. 아마존의 상세 페이지를 보면 전자책과 하드커버, 페이퍼백이 선택 라인 중 맨 앞에 배치되어 있다. 뿐만 아니라 아마존퍼블리싱으로 자체 출판사업을 확장하고 있다. 'KDP셀렉트KDP Select'를 통해 매월 120만 달러의 지원금을 출판사와 개인 작가들에게 지원하며 킨들 전자책 직거래를 유도하고 있다.

전자책 시장의 주도권을 둘러싼 아마존과 아셰트의 분쟁은 '유통업계와 콘텐츠 업계의 대결'로 확산되었다. 2014년 5월 초부터 아마존은 아셰트의 책에 대해 사실상 판매 중단 조치를 내렸다. 아마존은 기본적으로 전자책이 종이나 인쇄, 재고와 배송 등의 비용이 발생하지 않기 때문에 출판사 판매 수수료가 줄어야 한다는 입장이다. 하지만 아셰트는 책의 기획 단계부터 편집과 출판, 마케팅에 이르기까지 출판사의 가치와 역할을 시장에서 정당하게 평가받아야 한다고 맞섰다. 그리고 이번 아마존의 판매 중단은 시장 지배적 지위를 남용한 거대 유통 기업의 횡포라고 주장했다.

전반적인 여론이 악화되자 아마존은 다음과 같은 안내문을 게재했다. "고객분들께 불편을 끼쳐 죄송하며 아셰트에서 출간한 책이 필요한 경우 다른 서점을 이용해 주십시오." 고객 최우선주의로 유명한 아마존이 이런 메시지를 남기면서까지 이번 분쟁에서 밀리지 않겠다는 강력한 의지를 보인 것이다. 전통적인 출판사 아셰트와 '세상의 모든 것을 판매'하는 아마존 간의 협상은 가야 할 길이 멀어 보였다.

아마존 vs 대형출판사, 분쟁의 역사

아마존과 대형출판사 간의 분쟁은 이번이 처음은 아니다. 2010년에는 맥밀란Macmillan과 분쟁이 있었다. 당시 맥밀란은 아마존에 전자책 가격 인상과 더불어 마진율을 70%로 확대할 것과 출간 서적에 대해 시차를 두고 가격 변동이 가능하도록 해달라는 요청을 했다. 이후 진행된 가격협상이 결렬되자 아마존은 자사의 사이트에서 전자책을 포함한 맥밀란 서적을 모두 내리는 초강수를 두었다.

당시 킨들 전자책의 가격은 평균적으로 9.99달러였으며, 하드커버 단행본이 평균 25달러 수준임을 감안하면 상당히 저렴한 편이었다. 맥밀란은 전자책을 최대 15달러 선으로 올려서 판매할 것으로 요구했으나, 역마진 정책을 펼치고 있던 아마존으로서는 받아들일 수 없는 조건이었다. 하지만 결국 아마존은 맥밀란의 가격인상 요구를 받아들였다. 대형출판사들의 집단적 반발을 우려한 조치였다.

겉으로 보기에는 아마존이 맥밀란에 항복을 한 것처럼 보이지만, 실상을 들여다보면, 맥밀란의 서적을 제3자$^{3rd\ Party}$로부터만 구입할 수 있도록 조치했다. 그리고 맥밀란의 전자책도 일정 기간 구입할 수 없도록 했다. 이렇게 아마존과 대형출판사 간의 전자책 가격 정책과 수익배분율 논란은 오래 전부터 존재했었다.

출판계에서는 아마존과 아셰트의 분쟁을 '다윗과 골리앗'에 비유한다. 아마존의 판매 거부로 타격을 입게 된 유명 작가들 역시 아마존 비판에 가세한 바 있다. 『티핑 포인트』, 『다윗과 골리앗』(이상 21세기북스)로 국내에서도 유명한 저자 말콤 글래드웰은 NYT와의 인터뷰에서 "아마존의 횡포가 아셰트 한 곳으로 끝날 것으로 믿는 작가들은 거의 없다. 양측의 이번 분쟁이 원만히 해결되지 않을 경우 작가들은 공동 대응에 나설 것"이라고 밝혔다. 인기 범죄 스릴러 소설 '알렉스 크로스' 시리즈의 작가 제임스 패터슨은 "아마존이 책 유통에 이어 출판까지 장악하고 있다. 이제 문학의 미래가 위험에 처했다"며 아마존을 비판했다. 아셰트의 간판 작가 중 한 명인 조앤 K. 롤링은 '로버트 갤브레이스'라는 필명으로 발표할 새 범죄소설 『누에$^{The\ Silkworm}$』의 예약 판매가 아마존에서 중단되었으므로, 다른 도서유통 채널을 이용해줄 것을 열성 팬들에게 부탁했다.

이처럼 아마존과 맥밀란의 분쟁 때와 달리 작가들도 나름대로 아마존에 대응하고 있다. 특히 두터운 고정 독자층을 확보하고 있는 대형 작가들은 아마존에 의해 출판생태계가 위기에 처할 수 있음을 인식하고, 이를 행동으로 보여준 것이다. 그 배경에는 아마존의 시장 지배력이 지금보다 더 강해진다면 출판사를 넘어 작가들의 수익도 아마존의 논리에 의해 조정될 수 있다는 우려가 깔려 있다.

한편 아셰트의 내부 상황도 그리 좋지는 않다. 최근에는 본사 직원의 3%를 정리해고하기도 했다. 2014년 1분기 매출액이 6.2% 감소하면서 경영 실적 개선을 위한 비용 절감에 먼저 들어가기로 한 것이다. 전자책 매출액이 증가하고 있지만 기존 조직과 인력구조를 유지하고서는 지속적인 성장이 어렵다는 판단을 내린 것 같다. 대형출판사이지만 경제난으로부터의 탄력적 회복을 위한 결심이라고 밝힌 아셰트는 이번 정리해고는 아마존과의 분쟁과는 무관하다며 선을 그었다.

아마존이 물러설 수 없는 두 가지 이유

이번 분쟁에 대한 아마존의 대응 방식은 크게 두 가지 관점에서 바라볼 수 있다.

첫째, 아마존이 일반 온라인서점이 아니라 유통 플랫폼 기업이라는 점이다. 아마존은 "어떤 상품을 판매할지 결정하는 것은 유통업자의 고유 권한이며 우리는 사용자들을 대표해서 공급업체들과 상품에 대한 협상 등 일련의 과정을 진행한다"고 말하면서 출판 유통도 일반적인 유통 시스템과 동일하다는 입장을 고수하고 있다.

대형출판사와 인기 작가들의 반대 논쟁과 성명에도 불구하고 다른 목소리도 들려오기도 했다. 이번 분쟁에 대해 한 소형 출판사가 아마존을 옹호하는 발언을 한 것이다.

아마존에 10년 이상 책을 납품해온 더퍼머넌트프레스$^{\text{The Permanent Press}}$ 창립자 마틴 쉐퍼드는 자신의 블로그에 다음과 같이 밝혔다. "아마존은 영세한 독립 출판사들에게 많은 혜택을 제공해왔다. 나는 아마존으로부터 부당한 처우를 받은 적이 없다." 소형출판사에게 있어 아마존의 판매 영향력과 'KDP셀렉트' 등 각종 파트너십 프로그램은 유용한 면이 있었던 걸로 판단된다.

둘째, 이제 투자자들을 위한 수익력 개선이 필요한 시점이라는 것이다. 아마존의 2013년 매출액은 611억 달러였으며, 아마존에서 거래되는 상품 규모는 한해 970억 달러다. 하지만 영업이익률은 약 1% 수준이다. 경쟁사인 넷플릭스나 월마트에 비해서도 매우 낮은 편이다. 그 이유는 아마존이 저가 정책을 펼치는 동시에 신기술과 물류센터에 대한 투자를 아끼지 않고 있기 때문이다. 공급사와의 거래 조건 개선을 통해 그 숫자만큼 이익 실현이 가능하다는 점에서 바잉파워가 강한 출판 부문을 선택한 것으로 보인다. 종이책뿐만 아니라 전자책 등 각종 디지털 콘텐츠와도 연결된다는 점에서 출판 분야는 아마존의 수익력 강화에 많은 도움이 될 것이다.

아마존과 아셰트의 극적 합의

2014년 11월 14일, 〈월스트리트저널〉은 아마존과 아셰트가 새로운 전자책 가격 합의안을 도출했다고 보도했다. 새 합의안에 따르면 아셰트가 직접 전자책 가격을 결정할 수 있으며, 유통사가 할인에 나설 경우 이에 대한 금융 지원도 받을 수 있다. 새 합의안은 2015년부터 적용되며 6년 동안 유효하다.

  기사는 두 회사가 연말 쇼핑시즌을 앞두고 판매 수수료 분쟁으로 인한 공멸을 막기 위해 이런 조치를 취한 것이라고 분석했다. 아셰트의 CEO인 마이클 피치Michael Pietsch는 이 합의에 대해 "출판사가 영업을 극대화하기 위해 역동적으로 전자책의 가격을 변경할 수 있게 되었다. 그리하여 저자의 콘텐츠도 보호할 수 있게 됐다"고 평가했다. 데이비드 내거 아마존 부사장 역시 "독자와 저자 모두에 큰 이득이 될 것"이라고 평했다.

  이러한 결과는 아마존이 한발 양보한 것처럼 보인다. 하지만 아마존은 저가 판매를 허용하는 출판사에게 인센티브를 준다는 조건을 걸었다. 장기적으로 보면 전자책의 가격할인이나 저가 판매는 전자책 시장 성장의 핵심 요인이 될 것이다. 서브스크립션 서비스가 활성화되고 시기에는 더욱 그렇다. 어쨌거나 이번 합의로 인해 '갑질' 논란으로 도마에 올랐던 아마존은 한숨 돌리는 중이다.

상생과 협력이 중요하다

최근 삼성전자가 반스앤노블과 손잡고 전자책 시장 공략에 나섰다. 2014년 8월 삼성전자와 반스앤노블은 공동브랜드의 태블릿PC '갤럭시탭4 누크'를 공개했다. 갤럭시탭4 누크는 삼성전자의 7인치 태블릿PC '갤럭시탭4'에 300만 권 이상의 책을 볼 수 있는 반스앤노블의 '누크 소프트웨어'를 탑재하였고, 판매가는 179달러이다. 갤럭시탭4 누크는 미국 전역 700여 개 반스앤노블 매장에서 판매되었다. 또한 2014년 10월 22일에는 10인치짜리 '갤럭시탭4 누크 10.1'을 선보이기도 했다. 이 새로운 버전의 태블릿PC는 300달러에 판매된다.

반스앤노블은 2014년 1분기 매출이 30% 이상 감소하면서 누크 사업 철수설까지 제기됐지만, '위기탈출 파트너'로 삼성전자를 만났다. 그리하여 하드웨어 생산에 대한 부담을 덜게 된 반스앤노블은 콘텐츠 경쟁력을 높이는 데 집중할 수 있게 되었다.

아마존과 아셰트의 분쟁으로 인해 출판업계가 혼란한 시점에서 반스앤노블의 반격은 큰 의미로 다가온다. 특히 전자책 가격 책정 문제로 출판사와 유통사가 분쟁을 겪고 있는 시기에, 반스앤노블이 삼성전자와 손을 잡은 것은 미국 전자책 시장에서 반스앤노블의 입지를 확대하고, 아마존을 견제할 기회가 될 수 있다. 아셰트와 아마존의 분쟁에서 알 수 있듯이 아마존을 견제할 수 있는 힘은 경쟁 플랫폼이 아닌 원천 콘텐츠 생산을 담당하는 출판사와 작가들에 있었다.

한국에 아마존이 종이책과 전자책 유통 서비스를 오픈한다면 국내 출판업계는 과연 어떻게 흘러갈까? 완전한 모습은 아니지만 도서정가제라는 장벽으로 일정 수준은 감당할 수 있을 것이다. 하지만 시장점유율이 목표치만큼 상승한다면 아셰트와 아마존의 갈등이 그대로 재현될지도 모른다.

출판생태계의 선순환 구조를 갖추기 위한 역사적인 변화가 일어나고 있다. 어떤 결과가 나오느냐에 따라 글로벌 출판산업의 미래에 대한 중요한 키워드가 제시될 것이다. 그 중에서 '상생'과 '협력'이라는 키워드가 1순위가 되어야 한다. 생산과 유통이 협력하지 않는 콘텐츠는 사용자의 관심와 소비를 이끄는 데 한계가 분명하기 때문이다. 출판산업은 자본의 극명한 논리로 재단되지 말아야 할 지식과 문화라는 정신적 가치가 선행되어야 한다.

애플과 대형출판사의 전자책 가격담합 소송

애플^{Apple}은 2010년 태블릿PC인 아이패드^{iPad}를 내놓으면서 전자책 시장에 본격적으로 뛰어들었다. 당시 시장점유율이 90%에 달했던 아마존은 전자책을 권당 9.99달러에 판매하는 방식으로 시장을 장악했다. 애플은 먼저 미국의 주요 출판사 5곳과 아이패드를 통한 전자책 판매를 목적으로 서비스 계약을 체결했다. "전자책 가격은 출판사가 자유롭게 정하되 판매 이익의 30%를 애플이 가져간다"는 조건이었다. 애플은 당시 출판사들에 권당 13~15달러의 가격을 제안했다.

이에 대해 미국 법무부는 2012년 4월, 애플과 맥밀란, 사이먼앤슈스터$^{Simon\&Shuster}$, 아셰트, 펭귄^{Penguin}그룹(현재 펭귄랜덤하우스), 하퍼콜린스^{HarperCollins} 등 5개 대형출판사가 전자책 가격을 담합했다며 반독점 소송을 제기했다. 애플이 출판사들과 계약을 체결하는 과정에 서로 가격담합을 했고, 출판사가 아마존과 전자책 계약을 맺지 못하도록 압력을 행사했다는 것이 법무부의 주장이었다. 이어서 미국의 33개 주 소비자단체는 애플의 담합행위로 전자책 가격이 올라가면서 소비자가 막대한 손해를 보게 됐다며 소송을 제기했다.

 아셰트, 하퍼콜린스, 사이먼앤슈스터는 가장 먼저 법무부와 합의했고, 이후 맥밀란과 펭귄그룹도 소송 대신 합의를 선택했다. 유일하게 합의하지 않은 애플이 현재까지 재판을 진행하고 있다. 특히 펭귄그룹은 랜덤하우스Random House와의 합병 과정상의 위험요소를 제거하기 위해 담합을 인정하지 않았지만, 일단 배상안에는 합의했다. 펭귄그룹이 합의한 배상금은 7500만 달러이다. 이미 배상금 4000만 달러가 모회사 피어슨Pearson의 2012년 회계 계산에 포함되었으며, 나머지 배상금액은 합병된 펭귄랜덤하우스에서 지불할 예정이다. 펭귄의 배상금은 2012년에 합의한 배상금보다 두 배 늘어난 규모이다. 지금까지 배상금을 지불한 출판사들은 맥밀란 2000만 달러, 아셰트 3200만 달러, 하퍼콜린스 2000만 달러, 사이먼앤슈스터 1800만 달러를 각각 지불했다.

 이번 합의로 대형출판사들은 앞으로 3년간 전자책 소비자 판매가를 정하는 권한을 유통사에 넘겨주어야 했다. 그리고 5년 동안 전자책 유통사가 할인하는 걸 막지 않기로 했으며, 애플의 아이북스에서 했던 것처럼 서로 긴밀하게 연락을 주고 받지 않기로 했다. 이번 담합 소송을 통해 확인할 수 있는 핵심은 전자책 시장의 헤게모니 장악을 위해 유통사와 유통사 간, 유통사와 출판사 간에 가격 경쟁을 치열하게 벌이고 있다는 점이다.

출판사들이 애플에 협력할 수밖에 없는 이유

가격 정책에서 애플이 채택한 '에이전시agency 모델'은 그간 출판사들이 채택해온 '홀세일wholesale 모델'과는 구조적으로 다르다. 홀세일 모델은 출판사가 유통업체에 책을 판매한 후 유통 업체가 마진을 남기고 가격을 책정해 책을 판매하는 방식이다. 에이전시 모델은 애플이 앱스토어에 도입한 모델로서, 생산자가 소매 가격을 정하고 유통업체가 약간의 마진(수수료)을 챙기는 형태다.

미국 법무부는 출판사들이 애플과 체결한 합의서를 이용해서 아마존에도 이와 유사한 형태의 합의를 해달라는 요구를 했다는 점에 주목했다. 만약 아마존이 이에 따르지 않으면 신간 출간을 보류하겠다고 했다는 발언을 인용하면서 이를 담합으로 본 것이다. 대형출판사들이 가장 우려했던 것은 아마존이 지속적으로 베스트셀러를 저렴한 가격으로 판매할 경우, 대다수 독자들이 전자책의 낮은 가격을 평균적인 가격대로 인식해버릴 수 있다는 점이었다. 이는 종이책 제작과 유통의 관점에서 볼 때 가장 염려되는 부분 중 하나다. 그리고 아마존이 일반적인 책의 유통 경로를 간소화하여 직접 작가와 계약을 체결하고 콘텐츠를 유통할 가능성에 대해서도 우려했다.

2010년에 출시한 애플의 아이패드는 논란의 불씨였다. 애플은 킨들과 달리 인터랙션 콘텐츠 구동이 가능한 아이패드가 전자책 디바이스로 더 편리하게 활용될 것이라고 생각했다. 그리하여 전자책 시장 장악을 위해 우선 출판사들이 지지할 수밖에 없는 가격 책정 모델을 내놓았다. 출판사가 베스트셀러 종이책을 전자책으로 판매할 때 12.99달러나, 14.99달러에 팔 수 있도록 했으며, 16.99달러나 19.99달러에 판매할 수도 있도록 했다.

애플과 출판사의 전자책 출판계약에는 유명한 책의 경우 종이책 발매일보다 애플스토어 전자책 발매일을 늦추지 않겠다는 항목이 포함되어 있다. 또한 에이전시 모델을 정착시키기 위해 다른 유통업체보다 낮은 가격으로 전자책을 팔지 않겠다는 원칙을 수립하여 모든 전자책 공급업체들이 동일한 가격 정책을 추구하도록 했다. 다만 애플이 출판사에 다른 전자책 공급 업체와의 계약을 변경하라고 요청할 수는 없었기에 "자사에게 가장 유리한 조건을 보장하는Most Favored Nation"이라는 계약 조항을 도입했다. 법무부는 이 조항이 사실상 출판사들이 에이전시 모델로 전환할 수밖에 없도록 만들었다고 판단했다.

애플도 할 말은 많다. 자사의 에이전시 모델로 인해 일부 책 가격이 상승한 것은 맞지만 다른 책의 가격은 훨씬 더 '유연하게' 책정되었다는 것이다. 이전에는 종이책에 비해 전자책이 한참 뒤에 출간되었던 방식에서 애플이 전자책과 종이책의 출판 시점을 동일하게 설정하도록 계약했기 때문에 시장 활성화와 독자의 만족도를 높였다고 주장했다. 더불어 모든 전자책의 가격이 인상된 것은 아니며, 대부분의 책 가격 인상은 신작 베스트셀러 위주로 나타났다는 주장도 설득력이 있었다. 결론적으로 애플은 출판사에 전자책 가격 책정을 위임했고, 전자책 시장 모델의 존속을 위해 최종 판매가격의 30%를 수수료로 요구했을 뿐이다.

　이러한 계약은 애플 입장에서도 큰 이익을 얻는 구조는 아니었지만, 박리다매 형태로 전자책을 판매해 충성 고객을 늘리겠다는 전략이었다. 그 원칙은 지금도 이어지고 있다. 상황이 급변해서 대형출판사들이 미국 법무부와 합의했고, 애플과 맺은 계약은 종료됐다. 애플은 이제 디즈니출판, NBC퍼블리싱 등 교육과 미디어출판 사업자들을 중심으로 아이북스스토어iBooks Store를 강화할 예정이다. 대형출판사에만 집중하지 않고, 이제 중소형 출판사와 개인 작가들에게까지도 플랫폼 접근성을 확대하고 있다.

　반스앤노블은 이번 재판에서 에이전시 모델 채택의 이유를 밝히기도 했다. 반스앤노블은 홀세일 모델에 따라 전자책을 판매하면 아마존의 낮은 가격 정책으로 인해 책을 많이 팔수록 오히려 손해가 나는 경우도 있었다고 말했다. 아마존이 시장을 독식한 가운데 에이전시 모델은 살아남을 수 있는 '새로운 경제모델'로 여겼다고 밝혔다.

전자책 가격을 둘러싼 총성 없는 전쟁

2013년 7월, 뉴욕 맨해튼 소재 연방법원은 애플의 전자책 가격 담합 혐의에 대해 유죄 판결을 내렸다. 그리고 가격담합에 따른 피해액을 산정해 애플에 배상금을 부과하기 위한 새로운 청문회를 개최할 것이라고 알렸다.

　데니스 코트 판사는 "애플이 출판사들과 가격담합을 해 전자책 가격을 올리려 한 혐의가 인정된다"고 밝히며 애플이 독점금지법 위반했다고 판결했다. 그는 애플과 출판사가 담합해 아마존을 압박했다는 증거로 고故 스티브 잡스$^{Steve\ Jobs}$의 자서전 문구들을 인용했다. "출판사들이 아마존에 찾아가 에이전시 모델로 계약을 하지 않으면 아마존에 책을 공급하지 않겠다"라는 스티브 잡스의 말은 애플과 출판사가 담합했다는 증거로 간주되었다.

애플은 판결이 나오자 즉각 항소의 뜻을 밝혔다. 애플의 CEO 팀 쿡$^{Tim\ Cook}$은 이번 재판에 앞서 "단순히 정상적인 사업 관행을 따랐을 뿐 잘못한 것은 없다"고 강조한 바 있다.

최근 애플은 전자책을 구입한 소비자들의 피해 보상 소송에 대해서는 배상 합의를 했다. 뉴욕 연방법원은 이날 33개 주 소비자를 대표한 스티브 버만 변호사가 애플을 상대로 낸 소송에서 양측의 합의 내용을 담은 양해각서를 제출했다고 밝혔다. 소송 당시 원고측이 요구한 피해 보상액은 8억 4000만 달러였다. 애플의 전자책 사업의 최대의 고비는 이 법적 공방을 어떻게 극복하느냐에 달려 있다.

2014년 3월에는 빅5 출판사의 가격담합으로 피해를 입은 독자들에게 전자책을 구입할 수 있는 크레딧이 지급되었다. 이는 2010년 4월 1일부터 2012년 5월 21일까지 아마존과 애플, 반스앤노블, 코보 등을 통해 해당 출판사의 전자책을 구입한 이들의 계정에 지급되었다. 당시 출판사와 합의된 총 보상금액은 1억 6600만 달러로 알려졌다.

저작권 보호와 DRM 프리^{Free} 이슈

전자책을 포함한 디지털 콘텐츠는 그 특성상 내용의 손실 없이 무한복제가 가능하기 때문에 콘텐츠의 저작권 침해 및 상거래 유통 질서의 파괴를 초래할 수 있으며, 이는 결국 양질의 콘텐츠 생산을 저해하는 요소로 작용한다. 따라서 인터넷상에서 디지털 콘텐츠가 유통될 때에는 저작권을 관리하는 기술이 필요하다.

현재 일반적으로 사용하고 있는 디지털 콘텐츠 저작권 보호 기술 중 대표적인 것은 DRM(Digital Rights Management, 디지털 저작권 관리)이다. DRM은 일반적으로 '디지털 콘텐츠의 불법 유통과 복제를 방지하고, 적법한 사용자만이 콘텐츠를 사용케 하며, 과금 서비스 등으로 저작권을 관리하는 기술'을 의미한다. 1990년대 말부터 산업계에서 디지털 콘텐츠 저작권 보호를 위해 가장 대표적으로 사용해온 기술이지만, 주로 디지털 콘텐츠의 불법 복제를 막기 위한 용도로 사용되어 권리자만을 위한 저작권 보호 기술로 인식되었다. DRM은 2001년 음악 공유 서비스로 유명한 냅스터^{Napster}가 MP3 저작권 보호를 위해 채택한 것이 콘텐츠 산업에서 최초의 시도였다.

DRM은 제작에서부터 유통, 소비에 이르는 콘텐츠의 모든 생명주기에서 콘텐츠 제작자와 유통업자, 최종 사용자가 이를 쉽게 이용할 수 있도록 하고, 관련 사업 모델들을 통합하며, 전자상거래를 응용하는 멀티미디어 프레임워크 표준으로 성장했다.

DRM의 구성과 특징

DRM을 구성하는 가장 기본적인 핵심요소는 사용자^{user}, 콘텐츠^{content}, 사용권한^{permission}, 사용조건^{condition}이다.

'콘텐츠'는 지적자산 가치가 있는 정보 단위로, 허가되지 않은 사용자로부터 보호해야 할 대상이다. '사용자'는 부여받은 '사용권한'과 '사용조건'에 따라 콘텐츠를 이용할 주체이며, 콘텐츠 이용 권리는 콘텐츠별로 정해진 '사용권한'에 의해 결정된다. '사용조건'은 사용권한이 수행되기 위한 요구 조건과 제한 요소를 포함하고 있다. 이 핵심요소 간의 연관성은 콘텐츠의 생명주기가 사라지지 않는 한 지속적으로 보호될 수 있어야 하며, 시스템적으로 처리할 수 있도록 기술해야 한다. 더불어 명시된 권리에 따라서 콘텐츠가 통제되는 기능도 갖추어야 한다.

전자책 저작권 보호 기술로 자리를 잡은 DRM은 전자책과 상호 보완적인 형태로 결합되어 있다. 국제전자출판포럼$^{International\ Digital\ Publishing\ Forum(IDPF)}$에서는 전자책의 호환을 위해 이펍 표준을 제정했지만, 이펍은 DRM에 대해서 최소한의 규격만 정하고 있는 상태이다. 해외에서는 어도비DRM, 페어플레이DRM 등 다수의 상용

DRM 기술을 사용하고 있다.

　국내에서도 전자책의 저작권 보호를 위해 다수의 DRM 기술을 적용하고 있다. 유통사마다 다른 전자책 DRM 솔루션을 사용하거나 DRM업체가 마련한 솔루션을 변형하기도 하고, 독자적인 DRM을 제작하기도 한다. 이러한 상황에서 전자책 디바이스 제작자가 각 유통사에 맞는 DRM을 적용하기는 쉽지 않았다. 태블릿PC와 스마트폰, PC의 뷰어 적용도 마찬가지였다. 전자책 DRM은 단순하게 어느 뷰어에서만 보여줄 것인지를 가리는 기술은 아니다. DRM은 디지털 파일의 판매와 정산, 대여, 파일 접속 권한 등을 관리하는 솔루션이다. 전자책 DRM이 모든 업체에 호환된다고 해도 이 기능은 유지돼야 할 것이다.

　2012년 9월 초, 구글^{Google}이 '구글 플레이$^{Google\ Play}$'를 통해 한국에서 출시한 전자책 서비스는 어도비DRM을 채택하고 있으며, 클라우드를 기반으로 한 PC, 스마트폰, 태블릿PC, 전자책 디바이스 등 다양한 디바이스에서 전자책 콘텐츠를 읽을 수 있도록 지원한다. PC에서 제공되는 전자책 콘텐츠는 어도비DRM이 아닌 HTTP 통신을 통해 저작권을 보호하고 있으며, 전자책을 다운받을 경우 어도비DRM으로 보호된 'ACSM'이라는 확장자가 붙은 파일을 다운받아 '어도비 디지털 에디션즈$^{Adobe\ Digital\ Editions}$' 또는 어도비 DRM 기술이 탑재된 전자책 전용 디바이스에서 읽을 수 있다. 구글은 기본적으로 판매하는 모든 전자책에 DRM을 적용하여 보호하지만, 전자책 판매자가 사용자에게 전자책 사용에 대한 높은 편의성을 제공하고자 할 경우 DRM 없이 다운로드할 수 있다.

해외 전자책 DRM 시장에서 가장 많이 사용하고 있는 어도비 DRM은 자체적으로 ADEPT(Adobe Digital Experience Protection Technology) 기술을 개발했다. 웹 기반 통합 문서 제공 솔루션인 '어도비 콘텐츠 서버4$^{Adobe\ Content\ Server4}$'에서는 ADEPT 기술을 이용하여 전자책 콘텐츠를 암호화하고 콘텐츠의 표시, 발췌, 출력 기능에 대해 전자책의 저작자가 다양한 조건으로 사용 제어를 명시할 수 있도록 지원하고 있다.

전자책 시장에서 DRM 기술이 조명받기 시작한 것은 DRM 기술 자체의 내재적 발전 결과라기보다는, 전자책 시장의 형성과 그로 인한 기술적 필요에 기인한 측면이 크다. 실제 전자책 시장 내 DRM 사업자로 어도비, 파수닷컴, 마크애니, 인큐브테크, 유니닥스 등이 존재하며, 개별적인 전자책 유통사들이 DRM 기술을 자체 개발하거나 기존 솔루션을 변형하여 사용하고 있다.

DRM 프리 논쟁

2008년 2월, 온라인 전자책 판매 사이트 e리더닷컴(ereader.com)에서 DRM이 적용되지 않은 1만 7000권의 전자책을 판매하면서 DRM 프리에 대한 이슈가 촉발되었다. 그해 7월에는 출판사 오라일리$^{O'Reilly}$가 30권의 신규 전자책을 DRM 프리로 판매했다. 최근 대형출판사를 중심으로 DRM 프리 전자책을 유통하는 사례가 이어지고 있다. 맥밀란은 자사 책 판매 사이트 토르닷컴(Tor.com)에서 독자들에게 직접 DRM 프리 전자책 판매를 시작했으며, SF와 판타지로 유명한 출판사 토르북스^{TorBooks}는 전자책에 대한 저작권 보호를 하지 않겠다고 밝힌 바 있다. 이후 1년간 토르북스의 매출에 적자는 없었다고 발표하면서 DRM 프리 전자책에 대해 긍정적인 평가를 내렸다.

하지만 이 문제를 둘러싼 출판계의 의견은 여전히 엇갈리고 있다. DRM 없이 전자책이 계속 유통된다면 결국 해당 출판사의 매출에 치명적인 손실이 생길 것이라고 하는 의견과 DRM만으로 근본적인 저작권 보호와 불법 복제를 막기 힘들다는 의견이 맞서고 있다. 토르북스의 경우, 독자들이 대부분 장르문학을 선호하고 저자와 출판사, 독자들 간의 유대 관계가 타 분야보다 높기 때문에 유료 구입율과 불법 복제율이 낮다. 그렇기에 DRM 없이 책을 판매해도 매출에 큰 영향이 없었을 것이다.

대형출판사인 와일리^{Wiley}도 오라일리의 DRM 프리 전자책 판매 사이트에서 3000권 가량의 DRM 프리 전자책을 판매하기로 결정했다. 와일리 디지털 사업 개발부장인 피터 발리스는 "앞으로 대형출판사들의 신간과 구간 모두에서 DRM 프리 판매 참여가 늘어날 것이다"라고 말하면서 전자책 기획과 제작, 유통에 대해 다각적이고 실험적인 시도가 이어질 것으로 전망했다. 하퍼콜린스도 자사가 개발한 페이스북의 소셜리딩 앱을 통해서 DRM 프리 전자책을 판매하기 시작했다. 셀프 퍼블리싱 플랫폼인 룰루닷컴도 자사의 저작툴을 통해 제작, 판매되는 전자책의 DRM을 제거할 예정이다. 룰루닷컴은 그간 이펍이나 PDF 전자책 파일을 출판하기 전에 어도비DRM을 추가 수수료를 받고 제공해왔다. 룰루닷컴이 DRM 제거를 추진하는 것은 아마존과 애플, 구글 등 메이저 전자책 플랫폼 사업자들과의 경쟁 구도에서 보다 편리한 방식을 선호하는 독자들을 사로잡기 위한 전략으로 볼 수 있다.

DRM 프리 전자책에 대해 콘텐츠 생산자인 저자들의 생각은 어떨까. 디지털북월드Digital Book World와 잡지 〈라이터스 다이제스트 Writer's Digest〉가 5000명의 작가에게 실시한 설문조사 결과를 보면, 'DRM을 더 강화해야 함'(32%), 'DRM을 그대로 두어야 함'(11%), '더 많은 독자들이 책을 공유하도록 유연해질 필요가 있음'(16%), 'DRM은 폐지되어야 함'(11%) 순으로 답변이 나왔다. 아직까지 대부분의 저자들은 DRM에 호의적이라는 평가다.

저작권을 보호하는 새로운 방식

소비자의 입장에서는 지금의 DRM 시스템은 디바이스 간에 전자책 파일을 서로 호환할 수 없고, 자유로운 전송과 복제가 불가능한 시스템이다. 불편하다는 의미다. 이러한 기술적 환경으로 인해 전자책을 이용하려는 독자가 늘어나지 않는 측면이 크다. 불법 복제의 위험성과 함께 저조한 판매량으로 저자들과 출판사는 전자책 제작과 판매를 망설이게 된다. 불법 복제의 위험성으로 출판사가 시장 진입을 기피하고, 저작권 보호 기술의 불편함으로 독자가 전자책을 이용하지 않는 악순환이 형성되는 것이다.

업계에서는 DRM이 아닌 HTML5을 이용해 브라우저 자체에서 저작권 문제를 해결하는 방식도 제기되었다. 이 방식은 디바이스와 운영체제에 구애받지 않고 소프트웨어를 서비스할 수 있다는 장점이 있다. 아마존, 코보와 같은 전자책 업체는 HTML5 기반 웹 응용프로그램과 클라우드 리더를 통해 효과적인 콘텐츠 제작과 유통 및 저작권 보호 기능도 일시에 해결하기 시작했다.

요즘에는 소셜 DRM도 전자책 마케팅의 일환으로 좋은 반응을 얻고 있다. 이미 아마존과 반스앤노블에서 이 방식을 채택한 바 있다. 소셜 DRM이란 쉽게 말해 종이책처럼 전자책도 다른 사람에게 대여해줄 수 있도록 하는 기술이다. 누크의 경우, 구입한 전자책을 동일한 애플리케이션이 설치된 다른 사람의 디바이스에 공유할 수 있게 만들었다. 전송된 전자책은 14일간 대여 형태로 이용이 가능하며, 이 기간에 원래의 전자책 소유자는 볼 수 없도록 제한된다. 14일이 지나면 다른 사람에게 공유된 전자책은 자동 회수되며, 이때부터 소유자가 사용 가능하다.

생산자와 소비자의 간극을 어떻게 줄일까

전자책 DRM은 여전히 플랫폼에 종속적인 측면이 강하다. 유통사가 DRM을 직접 제작하기 때문이다. 전자책 시장이 그리 크지 않아 출판사에서 DRM 제작에 인력과 자본을 투자하기는 어렵다. 음악 산업에서는 DRM을 적용하지 않는 쪽으로 옮겨가고 있지만 출판사가 DRM을 포기하기에는 아직 전자책 산업의 기반이 미약하다. 앞서 언급했듯이 출판사에서 DRM 없이 전자책을 유통하는 사례가 있지만, 실질적으로 DRM을 없애는 것에 대해서는 해외에서도 신중하게 접근하는 경우가 대부분이다.

전자책의 불법복제는 출판산업에 위기를 가져올 수 있다. 그래서 저작권 보호를 위해 모든 콘텐츠를 암호화된 형태로 서버에 저장하고, 이를 안전한 네트워크 환경을 이용하여 전달하며, 인증된 사용자만이 해당 콘텐츠를 즐길 수 있게 만드는 저작권 보호 기술이 더 개발되어야 한다. 출판사와 유통사는 이 기술을 마케팅 관점에서 소비자들에게 다양하게 제공할 수 있도록 기획하고 적용 방법을 고민해야 한다.

지금도 전자책을 둘러싼 수많은 저자, 편집자, 출판사, 유통사, 독자들이 디지털 콘텐츠의 불법 복제와 DRM 문제에 대해 고민하고 있다. 전자책 시장에서 DRM의 장점과 단점에만 국한해서 보지 말고, 다양한 실험적 시도를 통해서 검증된 결과로 새로운 기준과 프로세스를 만들어가야 한다. 기술은 명확한 정책에 따라 얼마든지 적용할 수 있다는 점을 알아야 한다. DRM을 포함한 저작권 보호 기술은 일시적으로 흘러가는 것이 아니다. 앞으로도 계속 논의해야 될 내용이다. 저작권자와 소비자의 간극을 줄이려는 단계적 노력이 그만큼 중요하다.

오프라인서점의 전자책 사업

2014년 6월, 반스앤노블은 누크nook 사업과 서점 사업을 분리하겠다고 발표했다. 2015년 3월까지 완료될 분사를 통해 누크미디어 nook media는 반스앤노블의 전자책과 디바이스 사업, 대학교 매장 운영을 전담하는 별도의 회사가 된다.

  2013년 누크미디어 설립 당시에는 마이크로소프트Microsoft와 피어슨Pearson이 투자자로 참여했다(반스앤노블은 직접적인 투자 지분이 없다). 반스앤노블은 오프라인서점의 침체와 출판시장의 쇠퇴, 아마존과의 치열한 경쟁 등으로 어려움을 겪었지만 아직까지는 안정적 수익을 내는 기업이다. 보더스의 파산을 목격한 반스앤노블은 많은 적자를 발생시키는 디지털 사업에 대해 고민하지 않을 수 없었을 것이다. 이것이 반스앤노블이 고심 끝에 분사를 결정한 핵심적인 원인이다.

반스앤노블의 선택, 실패가 아닌 새로운 가능성

반스앤노블의 결정은 투자사 마이크로소프트와 피어슨에도 고민을 안겨주었다. 지분의 16.8%를 가진 마이크로소프트는 자사의 부진한 모바일 사업에 콘텐츠 공급처로 누크미디어를 활용하겠다는 전략을 가지고 투자를 단행했다. 대형출판사 피어슨도 아마존의 대항마로 반스앤노블을 선택했고, 교육 분야의 콘텐츠 사업 활성화를 위한 좋은 투자처로 보았다. 일각에서는 반스앤노블의 분사 결정이 디바이스 및 콘텐츠 사업의 실패 때문이라는 분석도 나온다. 하지만 이번 결정은 속도감 있는 전략 추진이 필요한 디지털 콘텐츠 사업에 긍정적인 영향을 더 많이 미칠 것으로 보인다.

2012년 12월 4일, 마이크로소프트는 반스앤노블과의 전자책 사업 제휴를 끝내겠다고 발표했다. 반스앤노블의 CEO 마이클 휴즈비Michael P. Huseby는 "마이크로소프트와의 전략적 제휴 종료가 우리에게 누크 전자책 사업을 보다 합리적이고 자유롭게 할 수 있게 해줬다"는 입장이다. 누크미디어의 분사가 완료되더라도 고객들이 경험하는 디지털이나 매장에서의 서비스는 차이가 없을 것이다. 마이클 휴즈비는 매장에서 고객들에게 더 나은 디지털 경험을 제공하는 것에 초점을 맞출 것이라고 밝힌 바 있다.

반스앤노블은 최근에 삼성전자와 브랜딩 파트너십을 맺어 태블릿PC 사업의 새로운 동력을 획득했다. 기반 콘텐츠를 확보한 반스앤노블과 태블릿PC 시장의 반등이 필요한 삼성전자의 사업 제휴는 일정 수준 이상의 시너지를 창출할 것으로 기대된다. 양사는 공동브랜드 태블릿PC인 '갤럭시탭4 누크'와 '갤럭시탭4 누크 10.1'을 출시했다. 반스앤노블은 태블릿PC 생산을 삼성전자에 맡기고 전자책 소프트웨어 '누크' 개발에 전념할 계획이다. 태블릿PC는 삼성전자를 통해 생산하지만, e잉크 디바이스인 '누크 글로라이트' 모델은 반스앤노블 매장에서 계속 판매할 예정이다.

해외 오프라인서점의 변화

일본에서도 오프라인서점의 전자책 사업 진출이 활발하게 이어지고 있다. 지난 10여 년간 전자책의 더딘 성장 때문에 투자에 소극적이었던 주요 서점들은 아마존을 비롯한 글로벌 플랫폼의 진출로 전자책 시장이 성장하면서 본격적으로 전자책 사업에 뛰어들기 시작했다.

기노쿠니아Kinokuniya, 산세이도三省堂 등 일본의 대표적인 오프라인서점과 라쿠텐Rakuten을 비롯한 전자책 판매업체가 손을 잡는 사례가 이어졌으며, 현재까지 13개 사가 협력한 것으로 알려졌다. 서점 종사자들은 많은 독자들이 서점에 방문해서 전자책 구입 요청을 해온 사실에 주목했다. 그리하여 이들은 전자책 판매업체와 협력해 '오프라인서점의 활성화'와 '전자책 시장의 확대'를 목표로 공동법인을 설립했다. 그리고 수도권과 지방의 일부 서점에서 전자책을 판매하기로 했다. 13개 협력사들은 전자책 전용 카드를 제작하고 공용으로 사용할 수 있는 시스템을 적용했다.

기노쿠니아는 그동안 콘텐츠 소싱 관점에서 주력했던 전자책 사업을 플랫폼까지 지원하는 방향으로 전략을 바꾸었다. 서점은 고객이 책과 만나는 공간이고, 고객의 지속적인 독서욕에 부응한다는 창업 철학을 디지털 공간에서도 실현시키겠다는 뜻으로

일본 기노쿠니아 서점의 전자책 서비스 '키노피'
출처 : k-kinoppy.jp

2011년에 전자책 서비스 '키노피Kinoppy'를 시작했다. 키노피는 기노쿠니아 북웹을 통해 종이책과 전자책을 동시에 구입할 수 있는 채널을 담당한다. 전자책 구입과 이용에 있어서 N스크린과 클라우드형 서재는 기본적으로 지원된다. 기노쿠니아도 반스앤노블과 마찬가지로 주요 오프라인 매장에 전자책 체험존을 설치해서 고객 접점 창출과 경험을 극대화시키고 있다.

독일의 오프라인서점도 주목할 필요가 있다. 독일의 출판시장에서 아마존의 영향력은 여타 유럽 국가들처럼 상당히 높은 편이었다. 독일 전자책 시장의 43%를 차지할 정도로 영향력이 컸다. 그러다가 2013년 3월, 독일의 대형출판사 베텔스만Bertelsmann, 서점체인 탈리아Thalia와 후겐두벨Hugendube, 통신사 도이치텔레콤Deutsche Telekom이 연합해 만든 전자책 프로젝트 회사 '토리노 얼라이언스Tolino alliance'가 출범했으며, 이 전자책 회사는 35% 이상의 시장점유율을 확보할 만큼 아마존과 치열하게 경쟁하고 있다.

토리노 얼라이언스는 참여 주체별로 업무가 확실하게 구분되어 있다. 출판사와 서점은 전자책 판매와 마케팅에 집중하고, 도이치 텔레콤은 IT와 하드웨어 등 기술적인 부분을 맡았다. 다른 주체들이 전자책 사업을 위한 기본적인 시스템 백엔드와 콘텐츠 관리, 각종 애플리케이션과 전자책 디바이스 개발에 주력하고, 서점은 고객 서비스와 같은 고유의 역할을 수행한다. 이들의 비전은 유럽을 선도하는 전자책 독서 환경을 만들고, 최고의 전자책 콘텐츠를 제공하는 것이다. 전자책이 출판시장에서 10%를 차지하는 독일에서 토리노 얼라이언스의 선전은 지속될 것으로 보인다.

하이브리드 플랫폼으로서의 서점

출판시장의 정체가 지속되고 있는 현재 상황에서 오프라인서점의 생존과 성장을 위한 전략적 대응이 필요하다. 서점의 규모와 환경에 따라 선택과 집중의 차이는 존재할 수 있다. 반스앤노블이나 기노쿠니아 같은 대형 서점체인의 경우, 보다 거시적인 환경 분석과 기민한 전략이 필요하다. 특히 전자책을 중심으로 한 디지털 콘텐츠 시장의 급속한 변화와 재무적인 포트폴리오를 복합적으로 연결해야 할 것이다.

중소형 서점은 분야별 전문서점으로 변화해야 시장에서 차별성을 가질 수 있다. 온라인으로 제공받기 힘든 1대 1 도서 추천과 작가와의 만남 등 오프라인만의 감성을 충족시킬 수 있어야 한다.

인터넷이 일상을 지배하고 스마트 디바이스와 모바일 서비스가 산업의 변화를 주도하는 시대를 서점도 빗겨갈 순 없다. 독자들은 오프라인서점에서 종이책의 질감을 느끼고 새로운 책을 발견하기도 하지만, 스마트폰으로 책을 검색하고 결제하기도 한다. 전자책은 초기의 독서 경험이 중요하다. 그에 따라 해외 주요서점들은 오프라인서점 내에 전용 체험존을 구성해서 각종 디바이스와 전자책에 대한 진입장벽을 낮춰주는 전략을 취하고 있다.

다수의 오프라인서점이 우려하는 것은 바로 카니발리제이션cannibalization(한 기업의 신제품이 기존 주력 제품의 시장을 잠식하는 현상)이다. 전자책 판매가 증가하면 그만큼 종이책 판매가 줄어들고 독자들의 방문이 줄어들면서 운영이 더욱 힘들어질 것이기 때문이다. 물론 독자들이 책이라는 콘텐츠를 소비하는 패턴이 변화하고 있다는 점을 간과해선 안 된다. 지금 이대로 가만히 서 있는다면 성장을 떠나 생존마저 어려운 환경에 부딪힐 것이다. 그렇다고 해서 당장 오프라인서점이 전자책 서점으로 대변신을 하자는 말은 아니다.

서점은 하이브리드 관점에서 적절한 균형감을 가지고 모바일 시대의 새로운 지식문화 플랫폼으로 영역을 확장시켜야 한다. 전자책 사업을 통해서 이익 구조를 강화하고, 온라인에 익숙한 독자들을 오프라인으로 끌어들이는 다양한 마케팅 전략을 수립하고 실행해야 한다. 이를 위해서는 인접 산업의 노하우를 적극적으로 벤치마킹하고, 북클럽 모델의 활성화를 통해 책을 즐기는 독자들과의 커뮤니티를 더욱 끈끈하게 만들어야 한다.

오프라인서점은 디지털 사업을 별도로 분리할 수도 있고, 제휴와 연합 등을 통해 확장시킬 수도 있다. 방법론은 각자의 내외부 환경에 따라 다양할 것이다. 출판 산업의 본질과 비전과 결합된 전략 수립과 적절한 시기의 과감한 의사 결정이 필요하다.

도서관의 변화와 디지털 아카이빙 프로젝트

디지털 시대로 접어들면서 도서관을 둘러싼 환경 역시 급변하고 있다. 전자책 관련 플랫폼의 발달이 장서 구성에 영향을 미치고 있으며, 모바일 네트워크로 각종 자료의 원격 이용과 제공이 가능해져 디지털 도서관의 실현이 일반화되고 있다. 디지털 도서관은 다양한 형식의 전자화된 정보(본문, 이미지, 비디오 등을 전자화한 정보)를 시간과 공간의 제한 없이 이용할 수 있는 도서관을 의미한다.

전통적인 도서관이 다소 권위적이고 폐쇄적인 자료 저장 공간의 개념이었다면, 디지털 도서관은 유연하고 개방적인 이용자 중심의 서비스가 이루어지는 공간이다. 디지털 콘텐츠는 도서관이 이용자에게 자료와 서비스를 제공하는 방식을 변화시키고 있다. 도서관은 저작권법과의 충돌에도 불구하고 디지털 콘텐츠를 꾸준히 수집, 제작, 활용하고 있다. 이용자가 디지털 형태의 자료를 선호하고, 도서관에 디지털 형태에 대한 접근을 지속적으로 요구해 오기 때문이다.

디지털 시대 도서관의 변화

오늘날 도서관은 이용자가 스스로 찾아오기를 마냥 기다리지 않는다. 단지 책을 읽고 빌리고 반납하는 공간으로만 존재하지도 않는다. 도서관은 작가와의 만남 등 다양한 문화행사를 접할 수 있는 공간으로 거듭나고 있다. 스매시워즈의 설립자 마크 코커[Mark Coke]는 "도서관이 지역 작가들을 전문 출판인으로 육성하고 지역사회의 자원을 모음으로써 지역 공동의 '출판 포털'의 역할을 할 것"이라고 말한 바 있다.

1990년대 중반, 빌 클린턴 행정부가 초고속 정보통신망 사업을 국가 정책의 최우선 과제로 선정하면서 디지털 도서관의 건립이 대학교를 중심으로 퍼져나갔다. 예일대, 하버드대, 스탠퍼드대, 미시건대 등 명문대학들은 많은 예산을 들여 도서 자료를 디지털화하여, 교수와 학생들이 시간과 공간의 제약을 받지 않고 자료를 열람할 수 있는 디지털 도서관을 단계별로 추진했다. 미국 대학도서관들이 디지털화한 대부분의 장서들은 저작권이 소멸되었거나, 이전의 저작권법 하에서 제작된 퍼블릭 도메인에 속하는 것들이 대부분이다.

최근 미국에서는 공공도서관의 전자책 대여 서비스가 민간 기업과 연계해서 빠르게 확산되고 있다. 직접 도서관에 갈 필요 없이 디지털 자료를 다운로드해서 보는 세상이 일상화되었다. 대표적인 사례로 아마존이 2011년 하반기부터 1만 1000여 개의 공공도서관과 연계해서 전자책 대출 서비스를 시행한 것이 있다. 이 서비스는 킨들 디바이스를 보유한 이용자만 이용이 가능하다는 점에서 중장기적으로 킨들 판매량 증가에도 기여할 것으로 전망된다.

전자책 디바이스를 연계한 공공도서관 서비스는 아마존 이전에 반스앤노블 누크에서 먼저 시작한 바 있다. 이제 미국의 공공도서관들은 대다수 전자책 디바이스에서 전자책 대여 서비스를 실시하고 있다. 뉴욕, 시카고, 샌프란시스코 등에 위치한 공공도서관은 무료로 전자책 대여 서비스를 제공한다. 전자책 디바이스 사용자들은 직접 방문하지 않고도 도서관 카드를 이용해 웹 사이트에서 전자책을 내려받을 수 있다. 도서관마다 대여 규정은 다르지만 보통 대여 기간은 2~3주 정도다.

2013년 하반기에는 책 없는 도서관이 실제로 등장했다. 바로 텍사스 샌안토니오 지역에 위치한 비블리오테크Biblio Tech 도서관이다. 이 도서관에는 책은 단 한 권도 없고, 오로지 전자책 전용 디바이스, 데스크톱PC, 태블릿PC만 비치되어 있다. 도서관 회원은 도서관에 비치된 디바이스를 대여하거나, 자신의 디바이스에 전자책을 담아서 대여하면 된다. 비블리오테크는 500대의 전자책 전용 디바이스, 45대의 아이패드, 40대의 노트북, 48대의 데스크톱PC를 갖추었으며, 약 1만 권의 전자책과 오디오북, 교육 소프트웨어를 제공하고 있다. 이 도서관은 개관 한달 만에 지역 주민 7000여 명을 회원으로 가입시켜 눈길을 끌었다.

출판사와 도서관의 관계

2011년에 발생한 미국 도서관계와 출판사 하퍼콜린스 사이에 벌어진 전자책 계약 논쟁을 주목해보자. 도서관과 출판사는 오랫동안 상생관계를 유지해왔다. 그런데 도서관이 출판사의 책을 구입하지 않는 일이 발생한 것이다. 330개 공공도서관이 가입해 있는 캔자스도서관협회가 하퍼콜린스의 책을 구입하지 않기로 한 결정이 미국 내 다른 지역 도서관으로도 이어졌다. 앞서 언급했듯이 분쟁의 이슈는 바로 전자책이었다.

하퍼콜린스는 자사가 발행하는 전자책의 경우 공공도서관에서의 대출 횟수를 26회로 제한하겠다는 입장을 선언했다. '26'이라는 숫자는 전자책 평균 대출이 26회에 이르면 기존 종이책 수요가 바닥으로 떨어진다는 회사 자체 통계 결과에 근거한 것이다. 하퍼콜린스는 전자책이 공공도서관에 들어갈 경우, 다운로드 횟수를 26회로 제한해 27회부터는 웹이나 앱에서 사라지는 소프트웨어를 설치하는 방식을 제안했다. 반면 공공도서관은 이에 대해 기존의 종이책처럼 국민 세금으로 운영되는 공공도서관의 책은 읽기를 원하는 사람이 있는 한 지속적으로 빌려주어야 하며, 이는 전자책이라고 해서 예외일 수 없다는 입장을 내세웠다.

하퍼콜린스 역시 지지 않고 전자책이 지배하는 21세기와 아날로그 텍스트 시대인 20세기의 비즈니스는 구별돼야 한다고 주장했다. 도서관에서 다운로드된 전자책이 불법적으로 다른 사람에게 쉽게 전송될 수 있다는 점과 이에 따라 기존의 종이책에 대한 수요가 급격히 줄고 있다는 점을 근거로 들었다. 하지만 공공도서관 측의 강경 방침이 확산되면서 하퍼콜린스는 수세에 몰렸고, 실제 대출 횟수 제한 방식이 적용되지는 않았다.

이 논쟁의 이면을 자세히 들여다보자. 미국의 공영라디오 NPR에서는 '전자책 시대를 맞은 도서관의 미래'라는 제목으로 이 이슈를 다루었다. 방송에서는 전자책 시대를 맞아 도서관을 찾는 사람이 급감하면서 장차 공공도서관 자체가 사라질 수도 있다는 불안감이 도서관계에 높아지고 있다고 밝혔다. 공공도서관 입장에서는 최신작 전자책 구입비도 문제지만, 대출 횟수를 제한할 경우 전자책과 독자들을 연결하는 흐름이 끊길지도 모른다고 우려한다.

최근 대형출판사들은 하퍼콜린스와 대조적인 움직임을 보이고 있다. 2014년 5월, 아셰트는 자사의 모든 전자책을 미국 전역의 공공도서관과 학교도서관에 제공한다고 발표했다. 수년간 미국도서관협회 전문가, 지역도서관, 뉴욕 공공도서관과의 협의를 거친 후 도서관에 전자책을 판매하기로 했다. 기본적으로 전자책은 종이책과 동시 출간을 원칙으로 하고, 전자책의 초기 가격은 종이책의 세 배로 설정했다. 한 번에 한 명의 이용자만 이용할 수 있도록 전자책을 판매하며, 출간 이후 만 1년이 지나면 도서관에서 전자책을 구입하는 가격은 초기 가격의 1.5배까지 할인되는 조건이다. 아셰트는 가능한 한 많은 도서관에서 자사의 책들이 이용되는 것을 목표로 삼고, 각 지역의 공공도서관과 다양한 방법의 협력을 진행하기로 했다. 사이먼앤슈스터에 이어 아셰트가 도서관 서비스에 합류하면서 미국의 독자들은 대형출판사의 거의 모든 전자책을 전역의 공공도서관에서 이용할 수 있게 되었다.

전자책 유통사와 도서관

미국 전자책 유통사 오버드라이브Overdrive는 2만 7000개의 도서관과 36개국의 학교와 파트너십을 맺고 콘텐츠를 제공하고 있다. 오버드라이브 부사장 클라우디아 웨이즈만은 지역 도서관과 학교에서 전자책과 오디오북 등 전자 출판을 통해 제작된 콘텐츠에 대한 관심이 급증하고 있다고 말했다.

오버드라이브는 2013년에 말레이시아, 터키, 아이슬란드, 인도, 인도네시아, 캐나다, 독일, 노르웨이, 대만 등에 진출하기 위해 지역서점과 쇼핑체인과의 제휴를 추진했다. 최근 호주에서 가장 큰 쇼핑체인인 빅더블유와 제휴를 체결하고 본격적인 전자책 콘텐츠 유통을 시작하기도 했다.

승승장구하는 오버드라이브의 강력한 경쟁자로 생활소비재기업 3M이 떠올랐다. 3M은 코보와의 제휴를 통해 도서관 웹사이트에서 전자책을 판매할 수 있는 '3M 클라우드 라이브러리' 서비스를 출시했다. 이 솔루션은 도서관 이용자가 구입 버튼을 클릭하면 코보의 전자책 스토어에 연결되어 전자책을 구입할 수 있는 시스템이다. 3M은 전자책 매출의 일부를 도서관에 기증하고, 3M 클라우드 라이브러리에서 추가로 전자책을 구입할 때 기증되는 금액을 사용할 수 있게 만들었다. 3M과 코보의 제휴 모델은 B2B와 B2C

의 채널 간 하이브리드가 가능해졌다는 측면에서 업계의 시선을 집중시키고 있다.

세계 디지털 아카이빙 프로젝트와 구글 프로젝트

영국에서는 국립도서관이 자국에서 생산되는 온라인상의 기록을 모두 수집해 전산 보관하는 디지털 아카이브를 구축할 예정이다. 이 디지털 아카이브는 전자책과 DVD는 물론 웹사이트와 온라인 매체, 블로그 등을 포함하는 대규모 프로젝트다. 디지털 아카이브의 콘텐츠는 런던의 국립도서관 외에 옥스퍼드대, 케임브리지대 등 각 지정된 도서관에서 열람할 수 있다. 영국의 디지털 아카이브 구축 작업은 빠르게 사라져가는 온라인상의 기록을 보존해서 후세와 미래 연구자들에게 남겨주기 위한 목적을 가지고 있다. 종이책을 전자적 형태로 아카이빙하는 것은 전자책의 여러 장점 중 효율적인 저장 공간 지원, 검색 편의성 등을 제대로 구현할 수 있는 기회로 확장될 것이다.

독일의 국립도서관도 도서의 목차를 디지털화함으로써 체계적이고 종합적인 목록정보를 개발하고 있다. 현재 약 88만 건의 도서에 디지털화된 목차를 지원하고 있어 이용자들이 도서를 정확하게 찾고 활용할 수 있다.

유럽에서 가장 오래된 도서관인 오스트리아국립도서관은 2010년부터 구글과의 제휴를 통해 16~19세기의 역사적 소장자료를 디지털화하는 '오스트리아 북스 온라인Austrian Books Online' 프로젝트를 시행하고 있다. 퍼블릭 도메인public domain인 약 60만 권의 도서가 디지털화될 예정인데, 현재 10만 권의 도서를 온라인에 공개한 상태다. 해당 작품들은 온라인 목록을 통해 검색이 가능하며 온라인상에서 무료로 이용하는 것은 물론 전문 검색 서비스를 통해 전체를 다운로드받을 수 있다.

디지털 아카이빙 모델과 관련한 최대 이슈는 구글의 '디지털 도서관 프로젝트'다. 2004년 12월에 '구글 프린트Google Print'란 이름으로 서비스를 개시한 '구글 북서치Google Book Search'는 세계에 흩어진 정보를 사람들이 쉽게 온라인에서 이용할 수 있도록 하기 위해 만들어졌다. 구글 디지털 도서관 프로젝트는 저자와 출판사의 저작권을 확보하여, 사용자들이 일반도서와 절판도서를 쉽게 찾을 수 있도록 했다. 또한 협력 도서관의 소장 도서에 대해 디지털 형식의 서지정보를 제공하며, 검색어를 포함한 몇 개의 문장으로 이루어진 원문도 보여준다. 원문의 일부만을 제공하는 이유는 저작권자의 권리를 보호하기 위해서이며, 저작권 보호기간이 경과하였거나 정부간행물처럼 저작권 보호를 받지 않는 퍼블릭 도메인 도서는 원문 전체를 열람할 수 있다. 아울러 해당 도서를 구매할 수 있는 온라인서점 및 절판도서를 위한 중고서점으로 바로 연결되는 '도서 구매' 링크도 제공한다.

구글의 디지털 도서관 프로젝트의 가장 큰 이슈는 바로 각 국가별 저작권자들과의 협상, 소송, 합의의 과정들이었다. 특히 인쇄된 책을 스캔해 전자책 형태로 배포하는 것을 두고 수년 간 저작권

다툼을 벌여온 구글과 대형출판사의 소송은 최근 합의로 마무리되었다. 독자들은 대형출판사들의 절판된 수많은 책을 전자책 형태로 구매할 수 있게 되었다. 미국의 작가단체인 '작가길드^{Authors} ^{Guild}'로부터 제기된 소송도 분쟁이 많이 조정된 상황이다. 이로써 구글의 야심찬 '디지털 도서관' 계획도 탄력을 받게 됐다. 저작권 분쟁과 관계없이 작가가 사망한 지 70년이 지났고, 출판사가 없어졌거나 공개에 동의해 저작권이 소멸된 책은 '구글 북스^{Google} ^{Books}'에서 무료로 볼 수 있다. 구글이 스캔해 데이터베이스화한 책은 현재 2000만 권에 이른다.

  2013년 초, 미국 듀크대학교의 도서관은 저작권이 만료된 도서를 스캔하여 디지털 파일로 무료 발송해주는 주문형 디지털화 서비스를 시행하기로 발표했다. 이 서비스를 받을 수 있는 대상은 교수, 학생, 직원들로 한정되며, 이용자들은 퍼블릭 도메인의 도서 스캔을 요청할 수 있다. 신청자는 2주 이내에 온라인 아카이브에 저장된 디지털 도서에 접속할 수 있는 링크를 이메일로 받게 된다. 링크 페이지를 클릭하면, 디지털화된 도서를 온라인상에서 바로 읽거나 킨들로 다운받을 수 있고, 이는 PDF로 변환이 가능하다. 텍스트 파일로 다운로드하면 해당 자료에 대한 검색도 가능하다.

국내 디지털 도서관 프로젝트

국립중앙도서관은 2009년 5월 디지털 도서관 '디브러리^{Dibrary}'를 개관했다. 디지털도서관은 국립중앙도서관에 디지털 자료를 열람할 컴퓨터실을 마련하고, 웹사이트 디브러리를 운영하여 온·오프라인을 통합한 서비스를 제공하고 있다. 이와 함께 국립중앙도서관이 2006년부터 시작한 온라인 자료 구축 프로젝트인 '오아시스'도 운영 중이다. 디지털 도서관은 디지털 콘텐츠의 거점이자 서비스 거점으로서 제몫을 다하기 위해 링크 데이터를 구축하는 작업을 시작했다.

국내 IT 인프라의 발전 속도가 세계 최고 수준인 만큼, 공공도서관, 학교도서관 등 각급 도서관의 디지털 콘텐츠 확대와 이용자 서비스 모델도 최첨단 수준으로 발전하고 있다. 특히 각종 스마트 디바이스를 이용한 모바일 서비스가 인기를 끌고 있다. 모바일 회원증을 발급하고, 해당 도서관 전용 또는 연계 애플리케이션을 설치하면 각 도서관 정보, 전자책, 도서 관련 정보(도서검색, 예약, 대출이력, 추천도서), 알리미, 기타 홈페이지 서비스 등을 간편하게 이용할 수 있다.

최근 국내에서도 하퍼콜린스의 전자책 대출 횟수 제한 방식과 비슷한 도서관 대상 전자책 계약 방식에 대한 논의가 진행 중이다. 수십 개의 출판사가 출자한 e-KPC에서 가이드라인이 발표되었으며, 도서관계와 전자책 유통사 간 협의 및 상생 방안에 대해서 다양한 논의를 하고 있다.

문화체육관광부에서 2013년 3월 6일에 발표한 「2012년 전자책 독서실태조사」에 따르면 전자책 이용자는 인터넷 포털(34.1%), 앱 스토어(30.3%), 온라인서점(12.9%) 등에서 주로 전자책을 구했고,

공공도서관을 이용한 사람은 6.2%에 불과했다. 디지털 도서관의 콘텐츠가 이용자를 만족시킬 정도로 충분하지 않은 점이 저조한 이용률의 원인으로 보인다.

하드웨어만큼 중요한 것은 소프트웨어, 즉 전자책 등 각종 디지털 아카이빙 콘텐츠다. 인터넷에 넘쳐나는 정보, 무료나 저렴한 가격으로 제공되는 콘텐츠, 자리를 차지하지 않고 가상 공간에 많은 양을 저장할 수 있는 전자책의 등장으로 도서관도 종이책과 함께 위기에 처했다. 최고의 지식 정보 플랫폼이자 네트워크 기능을 가진 디지털 도서관으로 거듭나기 위해서는 지금보다 더 많은 관심과 투자가 필요하다. 저자와 출판사, 유통사도 도서관을 종이책 거래 관계로만 생각할 것이 아니라, 디지털 시대의 독서문화를 구축할 큰 축으로 보고 상생을 위한 소통과 협력을 더욱 끈끈하게 이어가야 할 것이다.

3장
세계 전자책 시장의 현황

세계 전자책 시장은 어디까지 왔나

2013년에 들어서면서 미국과 영국의 전자책 시장은 성장이 다소 지체되는 성숙기에 접어들었다. 그러나 유럽과 아시아, 라틴아메리카는 2012년부터 전자책 시장이 확대되면서 사업자 간의 경쟁은 더욱 치열해졌다. 유럽의 프랑스, 독일, 스페인과 아시아의 일본, 중국 등의 전자책 시장은 여전히 성장하고 있다.

아마존, 애플, 구글과 같은 글로벌 기업은 중국, 브라질을 비롯한 신흥 전자책 시장에 진출하여 시장을 더 크게 열어가고자 했으나, 로컬 출판사와 유통사들의 견제가 만만치 않다. 이러한 상황을 타개하기 위해 코보는 프랑스의 '프낙^{Fnac}', 브라질의 '리브라리아 쿨투라$^{Livraria\ Cultura}$' 등 각국의 로컬 사업자들과 파트너십을 체결하는 전략을 펼쳤다. 유럽의 경우 전자책과 관련하여 공정성 이슈가 계속 제기되면서 시장 진출에 제약이 많은 편이다. 유럽위원회가 룩셈부르크에 위치한 아마존 유럽에 대해 세금 포탈 우려를 표명한 것이나, 구글의 디지털 저작권 관련 소송 등이 유럽의 환경을 보여주는 대표적인 사례다.

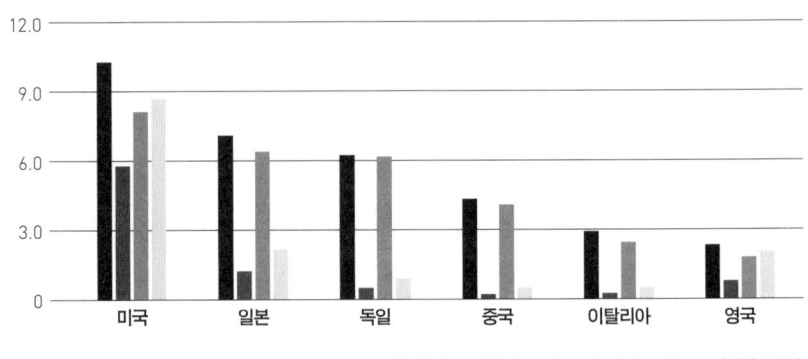

출처 : PwC

디지털, 모바일 시대의 도래

디지털 경제의 확산과 모바일 라이프의 대중화는 출판산업에도 많은 변화를 요구하고 있다. 해외에서는 펭귄그룹과 랜덤하우스의 합병, 피어슨의 누크미디어 지분 참여 등 출판사의 지배구조와 투자 부문에서 다양한 변화가 이어졌다. 작가들은 직접 자신의 책을 전자책으로 출간하는 셀프 퍼블리싱 플랫폼을 이용하는 사례가 늘어갔다. 독자 역시 스마트 디바이스를 이용한 전자책 독서를 즐기는 비율이 늘고 있다. 이처럼 디지털은 출판의 모든 분야에 녹아들어 변화를 이끌어냈다.

전자책 시장의 진화는 복합적인 힘으로 연결되어 있다. 보통 콘텐츠 제작자와 유통사 간의 계약을 통해 시장이 활성화된다고 생각하기 쉽다. 그러나 저자-독자-통신사-스타트업-디바이스 제조사 등 가치사슬에 속한 각자의 프레임이 복잡하게 연결되어 있으며, 이 프레임들이 연결되지 않으면 실제 시장이 선순환되는 구조가 만들어지기 어렵다. 국가별 언어와 문화적 특수성, 세금 적용 관련 법규, 저작권 정책 등 생태계를 구성하는 요소는 생각보다 광범위하고 복잡하다. 그렇다면 전자책 생태계의 원활한 구성을 위해 어떠한 전략이 필요할까.

전자책이 베스트셀러가 되기 위해서는 종이책과 동일한 구성이 필요하다. 전자책의 기획과 제작, 마케팅 등 일련의 시스템은 종이책의 그것과 대동소이하기 때문이다. 물론 플랫폼과 디바이스마다 최적화된 기획과 포맷은 다르게 갈 수 있다. 이제 전자책은 좀더 역동적인 형태로 시장에 세분화되어 자리를 잡을 것이다. 전자책에 무리하게 멀티미디어 기능을 더할 필요도 없다. 이는 제작비와 판매가를 상승시키는 요인이 될 뿐이다. 종이책 가격과 균형을 맞춘 전자책 판매 가격 정책과, 업계가 상생하는 유통 구조의 정립이 필요하다.

전자책 시장에 뛰어든 새로운 경쟁자들은 기존의 보수적인 분위기에 과감하게 도전해야 한다. 서브스크립션subscription(정기구독)과 큐레이션curation(정보를 수집, 선별, 전파하는 일) 서비스, 소셜 북커뮤니티 등이 도전해볼 만한 대표적인 분야다. 셀프 퍼블리싱 플랫폼 역시 출판계가 이를 배타적으로 볼 것이 아니라 양질의 콘텐츠와 무명의 작가를 발굴할 수 있는 채널로 인식하고 과감한 투자를 병행해야 할 것이다.

저작권 문제는 소비자의 입장에서만 풀어나가서는 안 된다. 전자책 이용에 관한 방법론과 법규를 저작권자의 권리를 보호하는 방향으로 이끌어가야 한다. 이는 독자들에게도 긍정적인 요소로 작용할 것이다.

정체 현상을 보이고 있긴 하지만, 독서 시장이 성장하는 국가들의 공통점은 모국어와 영어를 공용어로 쓴다는 것이다. 그만큼 영어로 된 출판물을 제작하고 유통하는 출판사와 유통사는 새로운 기회를 더 많이 가질 수 있다. 하지만 이를 언어권의 한계로 규정할 필요는 없다. 콘텐츠가 아무리 많다 하더라도 사용자의 구매 활동이 줄어들면 시장도 축소되기 때문이다. 종이책을 많이 읽는 독자가 결국 전자책도 많이 읽는다. 독서문화 확대를 위해 출판업계의 실천적인 노력과 투자가 필요하다. 이를 바탕으로 종이책 시장과 전자책 시장이 함께 상호보완적으로 지속 성장할 수 있을 것이다.

이제는 협력이 필요한 때

2012년부터 본격화되고 있는 대형출판사와 글로벌 유통사의 해외 시장 확대 전략은 실제 여러 국가들의 출판시장에 많은 영향을 주고 있다. 모국어 기반이 강하거나 문화적 자부심이 강한 국가들을 중심으로 자국의 출판과 콘텐츠 산업을 보호하기 위한 다각적인 노력과 정책을 입안하고 있다.

프랑스는 2013년 10월 3일 아마존의 자국 내 확대 진출을 저지하기 위해 할인율 제안 및 무료 배송 정책을 금지하는 법률을 의회에 통과시키기도 했다(아마존규제법). 그러나 디지털과 모바일로 대변되는 시대적 변화에 물리적인 방어만 취하는 태도는 자칫 책과 독자의 거리를 멀어지게 만드는 요인이 될 수도 있다. 이제는 디지털 패러다임의 변화를 직시하고 시장 참여자들이 힘을 모아서 선순환이 가능한 합리적인 생태계를 구축하려는 노력이 더 필요한 시점이다.

우리가 전자책을 둘러싼 국가별 변화에서 주목해야 할 사항이 있다. 바로 독자를 중심에 둔 합리적인 출판생태계의 조성과 글로벌 사업자들의 진출에 대한 전략적 대응방안의 수립과 실행이다. 재편되는 시장의 주도권은 항상 변화를 바르게 이해하고 준비하는 자의 편에 서 있다.

로컬 사업자가 뛰어난 IT시스템과 대규모 마케팅 자금력을 가진 글로벌 업체와 정면승부를 벌인다면 이기기 힘든 판이다. 출판사와 서점(유통사)을 중심으로 인접 사업군과의 긴밀한 협력을 통해 시너지 효과를 내는 구조를 만들어야 한다. 공정한 경쟁의 장을 만들기 위해서라도 자생적인 힘을 키워야 할 것이다. 특히 콘텐츠를 기획하고 제작하는 출판사의 역할이 더욱 중요하다.

"콘텐츠가 왕이다"라는 말이 실제적인 성과 창출로 이어지려면 출판과 유통의 효과적인 결합을 통해 독자를 만나야 한다. 2014년 한국 시장에도 글로벌 사업자들의 진출이 보다 가시화될 전망이다. 각 국가별 로컬 사업자들의 전략과 성과를 통해 우리의 모습을 가늠해볼 필요가 있다.

  아마존, 구글, 애플, 코보 등 메이저 플랫폼 사업자들의 진출을 물리적으로 막을 수 있는 방법은 현실적으로 없다. 디지털과 모바일을 기반으로 한 대부분의 산업은 무제한적으로 영역을 확장할 수 있기 때문이다. 무조건 장벽을 쌓고 우리들만의 산업으로 구축하려 하는 정책과 전략은 디지털 시대에 갈라파고스 현상$^{\text{Galápagos syndrome}}$(1990년대 이후 일본의 제조업과 IT산업이 일본 시장에만 주력할 것을 고집한 결과 세계 시장으로부터 고립된 현상을 일컫는다)을 초래할 수 있다. 시장이 커지면 진출하겠다는 수동적인 자세와 전략은 시장 성장의 걸림돌이자, 사업자 관점에서도 생존의 불확실성을 더 높이는 길이다.

미국 : 성숙기에 접어든 전자책 진원지

2007년부터 미국의 전자책 시장은 아마존이 주도해왔다. 그리고 반스앤노블, 코보, 애플, 구글 등 메이저 유통사들의 투자로 독자들은 새로운 형태의 독서를 즐길 수 있게 되었다. 출판사 역시 독자의 변화에 주목하여 새로운 콘셉트의 책을 만들어냈다. 아마존의 킨들을 선두로 한 전자책 혁명이 시작된 지 6년, 미국의 출판시장은 어떻게 변화했을까?

정체기를 맞이한 미국의 전자책 시장

미국출판협회(AAP)가 발표한 「2013 출판산업BookStats 2013」 보고서에 따르면, 전체 출판시장에서 전자책이 20%의 점유율을 확보했다고 한다. 1196개의 출판사를 대상으로 조사한 결과 2013년 상반기 미국 출판시장에서 어린이와 성인 분야 페이퍼백 판매량은 6.2% 줄었고, 전자책의 판매량은 전년에 비해(2012년 3360만 달러)보다 5.5%(2013년 3540만 달러) 증가했다. 이전의 2~3년간 두자릿수 이상 성장세를 보였던 전자책 시장이 2013년에 접어들면서 그 성장세가 다소 주춤해진 것이다. 이로써 미국의 전자책 시장이 캐즘에 접어들었음을 알 수 있다.

전문가들은 성장세는 다소 주춤했지만, 시장은 균형을 찾아가고 있다는 분석을 내놓았다. 사이먼앤슈스터의 2013년 매출액은 8억 900만 달러로, 전년대비 2.4% 성장했다. 이중 디지털 판매는 전년 대비 22% 성장했고, 총 수익에서 27%의 점유율을 달성했다(2012년 점유율은 23%). AAP에 따르면, 2013년 전자책 시장의 성장이 정체되었음에도 불구하고 빅5 출판사 중 3곳은 전자책 판매 수익이 증가했다.

아마존에서는 2011년부터 전자책이 종이책보다 많이 팔리고 있다. 그러나 전체 출판시장에서는 여전히 종이책이 80~90%의 점유율을 차지하고 있다. 전자책을 종이책의 대체제로 보기에는 다소 무리가 있는 것이다. 궁극적으로는 전통적인 독서를 보완하는 오디오북처럼 종이책과 전자책이 상호보완적인 역할을 할 것으로 보인다.

미국의 전자책 시장은 IT기기에 친숙한 혁신자와 얼리어답터에 속하는 독자들을 중심으로 초기에 빠르게 성장을 이어갔다. 이제 전자책 시장의 대중화를 맞이하기 전, 캐즘을 뛰어넘어야 하는 시기에 접어들었다. 초기 시장에서 주류 시장으로 진입하기 위한 기술수용주기의 법칙이 미국의 전자책 시장에 적용되고 있는 것이다. 따라서 열정적으로 전자책을 구입하고 이용하는 대규모 소비자층을 확보하는 일이 매우 중요한 과제로 대두되는 상황이다.

진지하고 깊이 있는 책을 선호하는 독자들은 로맨스, 판타지, 미스터리 분야 중심의 전자책을 선호하지 않는다. 그러나 순수문학과 비즈니스, 자기계발, 취미 실용 등 다양한 분야의 전자책 출간이 늘어나면서 점차 이용률이 증가하는 추세다. 하지만 손으로 만지고 책장에 꽂을 수 있다는 종이책의 감성적인 느낌은 독자들에게 높은 매력으로 작용한다.

  2013년 6월 퓨리서치센터의 발표에 따르면, 16~29세의 세대가 기술을 가장 많이 사용하며 IT기기에 가장 편안함을 느끼는 계층이다. 이러한 젊은 세대들이 여전히 종이책을 읽거나 빌리고 있으며 과거에 비해 종이책을 더 많이 읽는다는 사실에 주목했다. 종이책과 전자책은 서로 보완재로서 역할을 하고 있었다. 기술을 통해 책에 접근하고 공유하는 방식이 편리해짐에 따라 실질적인 독서량이 더 많아지는 효과를 얻은 것으로 해석된다.

디바이스 시장의 변화

독자들의 관심이 전자책 전용 디바이스에서 스마트폰과 태블릿PC 등 멀티플레이가 가능한 디바이스로 이동하는 흐름도 전자책 시장의 성장이 정체되는 요인이다. 시장조사 전문업체 아이서플라이 iSuppli의 발표에 따르면, 2012년 전자책 디바이스의 매출은 1490만 달러로 전년대비 36% 감소했다. 성장률이 감소하는 추세가 계속되면 2015년에는 780만 달러를 기록할 것으로 예상했다. 아이패드와 킨들 파이어Fire 같은 태블릿PC를 통해 게임, 동영상 등 엔터테인먼트와 SNS를 이용할 수 있기 때문에 소비자들의 전자책 이용 시간은 그만큼 줄어들고 있다는 분석이다.

출판산업 조사기관 BISG(Book Industry Study Group)에 따르면, 전자책을 처음 이용하는 독자들의 17%가 아마존의 킨들 파이어를 첫 디바이스로 선택했다고 한다. 초기에는 태블릿PC의 다양한 기능이 독서 몰입에 방해가 된다는 부정적인 평가가 많았지만, 전자책의 속성상 단기간 읽는 콘텐츠나 멀티미디어가 결합된 앱북App Book의 경우 태블릿PC가 더 편리하다는 평가와 함께 판매도 늘고 있다. 제조사의 할인 경쟁으로 태블릿PC의 가격이 전자책 디바이스의 가격과 크게 차이가 없다는 점도 영향을 주었다.

유통사와 출판사의 대결

한때 미국 전자책 시장의 뜨거운 감자로 떠오른 것은 메이저 유통사 애플과 하퍼콜린스, 사이먼앤슈스터를 비롯한 대형출판사의 담합 소송과 그에 대한 법무부의 판결이었다. 대부분의 출판사는 판결이 나온 후 사전 합의를 통해 벌금을 내기로 했지만, 애플은 이에 불복하고 소송을 이어가고 있다.

이 사건은 전자책 가격 정책을 둘러싸고 아마존의 '홀세일 모델(총판방식)'과 애플의 '에이전시 모델(대리점 계약 모델)'의 대결로 보였다. 미 법무부는 일단 아마존의 손을 들어주었다. 출판사는 적정 금액을 받고 전자책을 유통사에 넘기고, 유통사는 자사의 마진율과 프로모션 정책에 따라 판매가를 정할 수 있다는 판결을 내렸다. 미 법무부는 이 판결의 취지가 유통사 간 경쟁을 통해 독자가 콘텐츠를 저렴하게 구입할 수 있게 하는 것이라고 밝혔다.

주목받는 셀프 퍼블리싱

셀프 퍼블리싱은 기존의 종이책 제작과 유통 과정을 벗어난 새로운 모델로 전자책과 함께 주목을 받는 분야다. 미국 시장에서 셀프 퍼블리싱은 많은 성장을 일구었다.

아마존의 KDP, 스매시워즈, 반스앤노블의 펍잇 등 전자책을 편리하게 제작하고 출간할 수 있는 시스템을 갖춘 셀프 퍼블리싱 플랫폼이 등장하여 독립작가를 비롯한 주류작가들의 시선을 끌었다. 아마존의 경우 KDP를 통해 출간된 전자책이 전체 전자책 매출의 30% 이상을 차지하고 있다.

셀프 퍼블리싱은 전자책뿐만 아니라 종이책 출간으로도 연결된다. 예컨대 POD 시스템을 간편하게 구축한 '에스프레소 북머신 Espresso Book Machine'은 자동판매기에서 커피를 뽑아내는 것처럼 빠른 속도로 단행본을 제작할 수 있는 장비이다. 이 장비는 원고의 인쇄 및 제본까지 5~10분 만에 단행본을 만들어낸다. 이처럼 쉽고 편리하게 책을 출간할 수 있는 환경이 확장되면서 출판사 역시 숨은 작가를 발굴하는 창구로 셀프 퍼블리싱을 활용하고 있다.

유럽과 러시아 : 로컬 사업자들의 빛나는 활약

미국과 함께 전자책 시장을 주도하는 영국

2013년 상반기, 영국의 전자책 시장점유율은 20%로 전년 15%에서 상승한 것으로 나타났다. 미국의 시장과 유사하게 성장률은 전년대비 감소했다. 영국출판협회(PA)는 영국출판사의 청구서를 기준으로 볼 때 종이책 매출은 2012년에 비해 4% 증가하였다고 발표했다. 전자책 매출액은 66% 증가했는데, 이는 전년 동기 대비 1% 감소한 수치다.

  영국은 오프라인과 온라인이 결합된 서점 사업자들이 전자책에 대해 적극적으로 대응하고 있다. 대표적인 서점체인인 워터스톤즈Waterstones는 아마존의 킨들 디바이스를 판매하고, 코보, 반스앤노블과 파트너십을 체결했다. 이는 블랙웰Blackwell, 포일스Foyles 등 다른 서점체인들도 시장에 뛰어들게 하는 역할을 했다.

  70파운드 정도의 가격대로 출시되는 전자책 전용 디바이스와 태블릿PC 역시 영국의 전자책 시장을 견인하고 있다. 영국 독자의 3분의 1 정도가 전자책 디바이스를 소유하고 있으며, 이 중 40%가 킨들을 가지고 있다. 태블릿PC로 전자책을 이용하는 독자들도

12% 이상인 것으로 나타났다. 2012년 최고의 전자책 베스트셀러는 E L 제임스의 '그레이의 50가지 그림자' 시리즈로 6500만 건이나 다운로드되었다. 2위는 수잔 콜린스의 '헝거 게임' 시리즈가 차지했는데, 상위 50위 권 내 43개의 타이틀이 영국 출판사의 작품이라는 점이 인상적이다

독일, 아마존에 맞선 전자책 프로젝트

세계 3대 출판강국 중 하나인 독일의 2013년 상반기 출판시장 규모는 95억 2000만 유로로, 전년대비 2.5% 성장했다. 독일 출판시장을 세부적으로 살펴보면, 서점체인은 3.7% 줄었고, 전자책은 8~10% 시장점유율을 기록했다. 출판사의 84%는 자사의 출판물을 전자책으로 출간할 계획을 가지고 있다.

독일에서 아마존의 영향력은 여타 유럽의 진출국들처럼 상당히 높은 편이었다. 아마존의 무차별적인 할인 공세와 무료배송 정책 등으로 지역 서점들과 도매상들의 손실이 컸다. 2011년에는 킨들이 홀리데이 기간 최고 베스트셀러 상품이 될 정도로 그 영향력이 대단했다. 이런 아마존의 공세에 대응하기 위해 출범한 것이 바로 '토리노 얼라이언스'다.

2013년 2월에 출범한 토리노 얼라이언스(토리노)는 독일의 출판사 베텔스만을 비롯해 대형서점체인 탈리아와 후겐두벨, 통신사 도이치텔레콤 등이 합작하여 설립한 전자책 회사다. 아마존의 킨들의 대항마로 출시한 전자책 디바이스 '토리노 샤인$^{Tolino\ Shine}$'이

그 첫 성과였다.

도서 검색 서비스 기업 리브레카Libreka의 CEO 로널드 실트Ronald Schild는 2013년 독일 전자책 시장에서 "아마존독일이 50%를 차지하고, 토리노가 34%, 애플이 10%를 차지하고 있다"고 밝혔다. 토리노는 출시 1년도 채 되지 않아 아마존을 위협하는 라이벌로 떠오른 것이다. 토리노 프로젝트는 바이로컬buy local 운동의 일환으로, 유럽의 다른 국가에도 확대되고 있다.

초기의 토리노 프로젝트는 아마존을 막아야 한다는 절박한 명제 아래 상호 이해관계를 원만하게 풀어냈다. 하지만 독립서점들과의 협력을 통해 시도한 플랫폼 확장이 지지부진해지면서 프로젝트 전체가 흔들리고 있는 상황이다. 토리노는 독립서점들의 투자를 요구했지만, 독립서점 입장에서는 수익을 악화시킬 것이라는 전망이 지배적이었다. 게다가 토리노 디바이스 외에 다른 디바이스의 전시를 제한하는 등 로컬 사업자들 간의 이해관계가 첨예하게 엇갈렸다. 현재 토리노 프로젝트는 해외 사업자들의 공세를 막기에는 역부족인 상황으로 흘러가고 있다.

한편, 독일의 독자들은 전자책보다 종이책을 선호하지만, 2012년 이후 종이책 시장은 꾸준히 하향세를 기록했다. 전체 출판 매출에서 전자책의 비중은 2010년 5.4%, 2011년 6.2%, 2012년 9.5%를 기록했고, 2013년에는 10.6%의 점유율을 보일 것으로 전망된다.

독일 출판 관계자들은 전자책과 디바이스 판매의 최대 걸림돌로 '가격 장벽'을 지적한다. 독일의 독자들은 여전히 전자책 가격이 종이책 가격에 비해 저렴하지 않다고 생각한다. 다수의 출판사들이 종이책보다 20% 이상 낮은 가격으로 전자책을 제공하지만, 독자들은 종이책보다 40% 더 낮은 가격이 적정 가격이라고 생각했다. 다른 국가에서처럼 생산자와 소비자의 인식 차이가 존재하는 것이다.

서브스크립션 모델과 셀프 퍼블리싱에 대한 관심은 독일에서도 높다. 대표적인 곳으로 닷북스^{dotbooks}, 크란도^{clando}, 텍스터^{Txtre}, 스쿠베^{Skoobe} 등이 있다. 스쿠베는 독일의 대표적인 서브스크립션 서비스 기업으로, '스쿠베 베이직' 서비스는 매달 9.99유로를 내면 무제한으로 책을 빌릴 수 있다(여러 권을 동시에 빌릴 때는 한 번에 세 권으로 제한을 두었다). 스쿠베는 400여 개 출판사의 책 2만 5000종을 서비스한다. 두 개의 기기에서 동시 사용이 가능하고, 오프라인 환경에서도 24시간 읽을 수 있다.

서브스크립션 모델은 불법 복제 플랫폼에 대응할 수 있고, 독자의 흥미를 끌 수 있다는 장점을 지녔다. 이 서비스의 주 고객층은 도서 소비가 많은 헤비리더$^{Heavy\ Reader}$이다. 다만 무제한으로 책을 제공하는 것에 대한 출판사의 불안감은 여전히 존재한다. 1인당 한 달에 20권 이상을 보면 수지타산이 맞지 않는다는 분석이 있지만, 서비스 업체들은 회원 수를 더 늘리는 쪽으로 마케팅을 강화해 가고 있다.

자국의 콘텐츠 보호에 앞장선 프랑스

유럽에서 두 번째로 큰 프랑스 출판시장의 규모는 27억 7100만 유로다. 프랑스는 수년 간 출판시장이 점차 축소돼왔다. 전자책 시장점유율은 2011년 2%에서 2012년 3.1%로 성장했다. 프랑스의 대형출판사들은 자국의 문화 콘텐츠 보존과 건전한 유통구조 구축을 위해서 '에덴eden'이라는 컨소시엄을 구성했다. 이들은 아마존, 구글, 애플 등 글로벌 사업자들의 무차별적인 진출을 견제하고자 정부 정책관계자들과 협력하고 있다. 콘텐츠 판매 사업의 세금과 저작권 문제 등에 대해 법적 대응하고 있다.

현재 아마존은 프랑스에서 종이책 온라인 판매율의 60%를 차지하고 있다. 미국과 영국의 사례와 유사하게 프랑스에서도 각종 전자책 디바이스와 태블릿PC의 판매량이 증가하면서 전자책 시장도 동반 성장하는 모습을 보였다. 아마존과 코보는 이미 프랑스의 최대 유통업체인 프낙과의 제휴 등을 통해 시장 진입을 추진하고 있으며, 로컬 스타트업 기업들이 전자책 시장의 새로운 모델을 만들어가고 있다.

문제점과 가능성이 공존하는 러시아

설문조사기관 로미르리서치Romir Research가 2013년에 발표한 보고서 「러시아의 전자책 이용률 분석Russian Book Chamber report」에 따르면, 응답자의 70%가 전자책을 이용한다고 답했다. 이들 중 92%가 인터넷에 배포된 무료 콘텐츠를 이용하고 있었는데, 대부분 저작권을 침해한 콘텐츠였다.

러시아는 낮은 인터넷 보급률에 비해 전자책 독서 인구가 상당히 높은 편이다. 그러나 그 이면에는 불법 저작권 문제가 있다. 실제로 청소년들의 상당수가 불법 다운로드로 전자책을 이용하고 있으며, 유료 전자책을 이용하는 경우는 20% 미만으로 알려졌다. 러시아 정부는 '(인터넷)불법복제방지법'을 시행하기 위해 여론을 적극적으로 수렴하고 공청회를 여는 등 다각적인 노력을 기울였지만 독자들은 물론이고, 일부 정당에서까지 조직적으로 이 법안을 반대하고 있는 상황이다.

러시아 전자책 시장의 특징은 전자책 디바이스 보급이 활성화되어 있고, 전자책 독서 인구가 매우 높다는 점이다. 청소년 독자의 50% 이상이 전자책 디바이스를 이용하고 있으며, 대형 전자책 업체 '리트레스LitRes'는 2013년 상반기에 130만 권 이상의 전자책을 판매하기도 했다. 이에 주목하여 아마존은 2013년에 본격적으로 러시아 시장에 진출했으며, 킨들 페이퍼화이트Paperwhite에 러시아어를 지원하고 있다. 코보는 2012년부터 이미 전자책 디바이스에 러시아어를 지원하고 있다.

엠비데오, 엘도라도와 같은 가전 양판점에서의 전자책 디바이스 판매도 활력을 얻고 있다. 전자책 전용 디바이스 외에도 태블릿 PC, 스마트폰 등을 통한 전자책 이용률도 꾸준히 증가하고 있다. 이와 관련하여 러시아 태블릿PC 시장점유율 1위를 차지한 삼성은 2013년 9월부터 '삼성북스'를 통해 러시아에서 전자책을 판매했다.

러시아 전자책 시장은 만연한 불법 다운로드에도 불구하고, 판매량의 지속적인 증가와 세계 최고 수준의 독서 인구를 감안하여 그 성장세가 더욱 강화될 것으로 보인다. 모스크바 지하철에서 전자책 대여 서비스를 제공하고, 전자도서관 설립 투자도 확대하는 등 러시아 정부에서도 전자책 인프라 구축을 위해 많은 노력을 기울이고 있다.

〈포브스〉 러시아판 기사에 따르면, 아마존은 킨들스토어를 통해 러시아에 잡지 서비스를 제공할 예정이다. 아마존은 러시아 전자책 시장의 성장과 발전을 긍정적으로 예측하고 러시아에서의 플랫폼 구축에 힘을 기울이고 있다. 2012년 12월, 애플은 러시아에서 아이튠즈스토어를 오픈했고, 구글도 플레이스토어를 오픈했다.

일본 : 글로벌 기업의 진출과 새로운 변화

2002년 일본의 전자책 시장은 10억 엔 수준이었다. 당시 휴대전화 보급이 빠르게 확산되고, 데이터 통신의 정액제 도입, 휴대전화 소액결제 시스템 등이 다른 국가보다 빨리 구축되면서 휴대전화용 전자책이 크게 성장했다. 그로부터 10년 후, 2011년 일본의 전자책 시장 규모는 약 10만 종(만화책 제외) 출간, 651억 엔 매출을 기록했다. 그해 일본 출판시장은 지진, 쓰나미 등의 영향으로 마이너스 3.4%의 성장률을 보이고 있었다.

일본 출판시장의 특징은, 만화책과 만화잡지가 전체 시장의 20%를 차지하며, 세계적으로도 독보적인 만화시장 규모를 가졌다는 점이다. 그리고 만화 콘텐츠는 일본의 전자책 시장을 견인하는 데 큰 역할을 하고 있다.

글로벌 기업의 진출

과거 일본의 출판시장은 각자의 사업자들이 모여 변화를 주도했다. 1998년 출판사, 서점, 신문사, 위성통신사 등 각 분야를 대표하는 주요 기업 155개사가 모여 일본전자책컨소시엄(JEC)을 구성하고, XML기반의 일본문서표준인 JEPAX를 탄생시키기도 했다. 현재는 저자의 콘텐츠 직접 판매, 출판사의 전자책 서비스, 온라인 교육사업, 오락용 콘텐츠 판매 등 전자책 시장을 형성하기 위한 다각적인 움직임을 보이고 있다. 특히 해외 사업자들의 본격적인 진출로 일본의 전자책 시장은 큰 전환점을 맞이했다.

2012년 7월, 일본 최대의 온라인쇼핑몰 라쿠텐은 아마존에 맞서 전자책 사업에 뛰어들었다. 라쿠텐은 그해 1월에 인수했던 캐나다 전자책 회사 코보를 통해 전자책 디바이스 '코보 터치'를 출시하는 등 적극적인 행보를 보였다.

2012년 10월에는 일본의 대표 서점체인 기노쿠니아를 누르고 도서시장에서 1위를 차지한 아마존재팬이 킨들스토어 오픈과 킨들 페이퍼화이트 출시를 선언했다. 킨들 페이퍼화이트의 경우 사전 주문이 줄을 이으며 품절 사태를 일으키기도 했다.

아마존재팬의 킨들스토어 오픈 당시 일본을 방문한 아마존 CEO 제프 베조스Jeff Bezos는 "아마존 일본 법인이 종이책을 판 지 12년이 지났다. 수백만 일본 고객에게 새 킨들스토어를 선보이게 돼 기쁘다"라는 소감을 밝혔다. 덧붙여 "킨들 페이퍼화이트, 킨들 파이어, 안드로이드폰, 안드로이드 태블릿PC, 아이폰, 아이패드를 가진 누구나 오리콘 베스트셀러, 문고본, 만화 등 5만 권이 넘는 일본어 타이틀을 이용할 수 있다"고 선언했다.

치열한 디바이스 판매 경쟁

아마존보다 앞서 전자책 시장에 뛰어들었던 라쿠텐-코보는 사업 초기부터 많은 난관을 겪었다. 전자책 서비스에 빈번하게 오류가 발생하고, 보유한 전자책이 총 3만 권이라는 숫자도 부풀려진 것이라는 소비자의 항의로 일본 소비자청의 행동지도를 받아야 했다. 그런데 설상가상으로 아마존의 진출이라는 직격탄까지 맞았다. 라쿠텐은 자사의 신용카드 프리미엄 회원에게 전자책 디바이스를 무료로 제공하는 정책까지 선보였지만, 당초 목표로 했던 100만 대 보급에는 크게 못 미치는 실적을 기록했다.

구글과 애플도 일본 시장에서 두각을 나타냈다. 구글은 2012년 9월 태블릿PC 넥서스7을 발매하는 동시에 '플레이북스' 일본어판을 개설했다. 애플은 11월에 아이패드 미니를 발매했으며 '아이북스'의 일본어판도 오픈했다. 애플은 일본 소비자들의 강한 충성도를 기반으로 아이폰과 아이패드 등 디바이스 보급에서 압도적인 우위를 보이고 있다. 콘텐츠만 충실하다면 아마존의 강력한 대항마가 될 가능성이 높다.

2016년 2000억 엔 규모가 예상되는 일본 전자책 시장은 디바이스 판매 경쟁 이후 콘텐츠 제공 역량이 승패를 좌우할 열쇠가 될 것으로 보인다. 일본의 시장은 '디바이스 경쟁'을 넘어 '콘텐츠 승부'의 장으로 전환기를 맞이하고 있다.

중국 : 세계 시장 1위 점령 프로젝트

세계 최대 인구를 자랑하는 중국에서는 인터넷을 통한 전자상거래와 디지털 콘텐츠 산업이 빠르게 성장하고 있다. 그 규모와 성장 속도가 이미 미국을 따라잡을 정도다. 특히 모바일 시장의 규모는 기하급수적으로 확대됐다. 이러한 환경의 변화는 콘텐츠 시장의 성장에도 든든한 기반으로 작용하여 전자책 역시 동반 성장할 것으로 기대된다.

정부의 적극적인 지원

중국의 전자책 시장은 '디지털 출판'이라는 개념을 도입한 2005년을 기점으로 도입기를 거쳐 성장기에 접어들었다는 평가가 지배적이다. 2011년 중국 정부는 '12차 경제개발 5개년 계획'의 일환으로 디지털 출판 지원 정책을 발표한 바 있다. 중국 정부는 콘텐츠의 혁신과 디지털화를 중심으로 자원 통합의 가속화, 서비스 혁신, 신기술 도입 및 전략형 신흥 출판사업 육성을 위해 향후 5년간 전폭적으로 지원할 것을 약속했다. 정부의 각종 지원과 출판계의 새로운 시도로 전자책 시장은 빠른 성장을 이어갔다.

그러나 기존에 출판된 종이책의 디지털화는 매우 느리게 진행되었다. 여기에는 디지털 출판 분야 인재의 부족, 시스템 미비, 저작권 보호 등의 문제점과 개선과제가 산적해 있었다. 전자책 판매율이 부진한 이유는, 출판사의 낮은 참여도와 대형 온라인 출판 플랫폼의 부재가 크게 작용한 듯 보였다. 하지만 2011년 하반기에 당당망^{当当网}, 징동샹청^{京东商城}, 아마존차이나 등의 중국 대형출판사와 유통사가 본격적으로 진출하면서 많은 과제가 해결되었다. 출판사들은 온라인 출판 공급업체와 긴밀히 협력하여 전자책 가격 결정 구조, 전자책 디바이스, 편리한 다운로드와 결제시스템 등을 마련했다. 시장이 활성화되면서 중국의 전자책은 단순히 종이책을 디지털화한 수준에서 벗어나, 오디오와 비디오 기능을 첨부한 인핸스드 전자책 제작으로 산업의 범위가 확장되고 있다.

주목할 대목은 중국에서 10년 넘게 온라인서점과 종합쇼핑몰을 운영해온 아마존차이나가 본격적으로 전자책 시장에 진출한 것이다. 당당망, 징동샹청 등 로컬 온라인서점에 밀려 고전했던 아마존차이나는 2013년 6월에 킨들스토어를 오픈하고, 킨들 디바이스 시리즈를 출시했다. iOS와 안드로이드 버전으로 출시된 킨들 시리즈는 중국 독자들에게 큰 반향을 일으켰다. 킨들스토어에서는 약 2만 5000권의 중국어 전자책 타이틀을 제공하며, 이들 중 절반을 무료로 이용할 수 있다.

그러나 로컬 사업자들의 위세도 만만치 않다. 1998년에 설립된 전자책 디바이스 회사 한본^{Hanvon}은 전자책 디바이스를 누적 100만 대 이상 판매하면서, 디바이스 시장에서의 입지를 강화했다. 도

우칸都看과 당당망 역시 아마존과 치열하게 디바이스 경쟁을 펼치고 있는 회사다. 인포테인먼트 포털 시나닷컴sina.com과 아파비Apabi도 전자책 유통사로 유명하다. 이미 2010년 중국에서 가장 큰 전자책 서점을 만들겠다고 선포했던 차이나모바일China Mobile은 현재 휴대전화용 전자책 플랫폼을 통해 30만 종 이상의 전자책 타이틀을 제공하고 있다. 매일 3~4억 페이지가 다운로드된다고 하니 그 규모가 만만치 않다.

2013년 아마존과 애플이 중국 시장에 진출하여 강세를 보이면서 기존의 강자였던 로컬 사업자들과의 치열한 경쟁 양상을 띠고 있다. 전자책 전용 디바이스, 스마트폰, 태블릿PC 등 각종 스마트 디바이스의 수요가 폭발적으로 늘어남에 따라, 시장 선점을 위해 여러 기업들이 디바이스와 콘텐츠 사업으로 영역을 확장하는 중이다.

최대 규모 최대 가능성

중국의 주요 출판사들은 대부분 신문출판총서新闻出版总署 산하의 국영기업으로, 약 600여 개가 있다. 최근 개혁개방의 영향으로 민간 출판사도 급속히 늘어났는데, 출판물 유통에 필요한 ISBN의 확보가 쉽지 않아서 국영출판사와 긴밀한 협력 속에 운영되고 있다. 대다수 출판사는 전자책 전문 부서를 따로 두어 콘텐츠를 제작, 유통하고 있다. 이와 더불어 중국의 도서관 절반 이상이 전자책 전용 시스템을 운영하는 등 전자책을 쉽게 접할 수 있는 인프라가 구축되어 전자책과 디바이스 활성화의 기반이 되고 있다.

중국 시장은 일본과 유사하게 휴대전화를 중심으로 콘텐츠 소비 구조가 이루어져 있다. 세계 최대의 인구인 만큼 휴대전화의 보급 대수도 상당한데 이들이 잠재적인 전자책 독자층이라 할 수 있겠다. 최근 전자책 디바이스의 판매가 점차 늘어나고 있는데 2014년까지 1760만 대 판매를 달성할 것으로 예상된다.

중국 전자책 시장 활성화의 1등공신은 스마트폰이라 해도 과언이 아니다. 글로벌 IT미디어 그룹 IDG(International Data Group)의 발표에 따르면, 중국 스마트폰 시장의 평균 성장률은 매년 25%에 달하고 있으며, 2012년 15.7%를 기록했던 스마트폰 보급률은 2013년 상반기 약 24%까지 상승했다고 한다. 2012년 1인당 평균 전자책 독서량도 2.35권으로 조사되었는데, 이는 2011년 대비 65.5% 상승한 수치다. 향후 중국 정부의 적극적인 지원과, 이동통신망 기술 발전, 스마트 디바이스 보급의 확산으로 중국 전자책 시장은 모바일 출판을 중심으로 더욱 눈부신 발전기를 맞이할 것으로 예상된다.

중국 정부는 2015년까지 전체 출판시장에서 전자책이 차지하는 비중을 최대 25%까지 끌어올리는 것을 목표로 했다. 그때가 되면 중국의 전자책 디바이스 시장은 미국을 제치고 세계 최대 규모로 부상할 것이라는 전망도 나오고 있다. 중국 전자책 시장은 탄탄한 콘텐츠 풀이 뒷받침하고 있기 때문이다. 전자책 콘텐츠 수급에 어려움을 겪는 다른 시장에 비해 중국은 대다수의 출판사가 전자책 콘텐츠를 제공하고 도서관을 통해 활발히 유통하고 있다.

인도와 스페인 : 본격적인 전자책 시대의 개막

도전과 혁신의 시장, 인도

인도의 출판시장은 급변하고 있다. 경제 성장, 중산층 확대, 문맹률 감소 등 여러 긍정적인 요인들이 작용하여 전자책 시장을 성장시켰다. 특히 교육산업이 발전하면서 출판 분야가 도전과 혁신이 가능한 영역으로 인정받는 분위기다.

　인도의 디바이스 시장은 자국에서 만든 윙크리더^{Wink Reader}와 아마존의 킨들을 비롯하여 70여 개가 넘는 전자책 디바이스가 유통되고 있다. 교육산업의 경우, 18세 미만의 인구가 2억 명이나 되는 인도는 매우 큰 시장이라고 할 수 있다. 그 중 약 7000만 명이 도시 지역에서 모바일 기기를 사용하고 있으며, 도시의 부모들은 아이들 교육을 위한 각종 콘텐츠 유틸리티를 구입하는 데에 매우 호의적이다.

　2012년 8월에는 아마존이 인도에 정식으로 스토어를 오픈했으며, 로컬 가전유통업체 크로마와의 파트너십을 통해 확장 속도를 높이고 있다. 아마존 외에도 소니, 코보 역시 인도에 진출할 예정이다. 인도의 대표적인 전자책 유통사로는 플립카트^{Flipkart}, 크로스

워드Cross word 등이 있다. 영어를 공용어 수준으로 사용하기 때문에, 인도 작가들은 셀프 퍼블리싱 플랫폼을 활발히 활용하여 전자책 출간을 시도하고 있다.

서브스크립션 서비스를 주도하는 스페인

2011년까지 스페인 출판시장에서 전자책 점유율은 1~2% 정도로 낮은 수준이었다. 스페인에 전자책이 도입되고 본격적으로 확장된 시기는 출판계 침체와 해외 메이저 전자책 사업자들의 진출이 맞물려 있었다.

예컨대 2011년 말에 아마존이 진출하여 스페인어 전자책을 판매하고 킨들 디바이스를 출시하면서, 스페인 전자책 시장은 성장세를 그리기 시작했다. 킨들은 스페인에서 처음으로 판매된 전자책 디바이스였고, 킨들스토어에서 2만 2000권이 넘는 스페인어 전자책을 제공하면서 전자책 플랫폼 시대가 열린 것이다.

코보 역시 2011년에 스페인에 진출했다. 코보는 서점체인 라센트랄La Central과 제휴하는 등 오프라인 매장과 적극적인 협력을 시도했다. 구글은 2012년에 디지털 콘텐츠 서비스 '구글 플레이'를 출시하면서 전자책 서점도 오픈했다. 구글 플레이는 플라네타, 랜덤하우스 등 여러 출판사의 전자책 10만 종 이상을 서비스 중이다.

현재 스페인 전자책 시장에서는 애플이 40% 점유율을 달리며 1위를 굳건히 지키고 있다. 2위는 30%를 차지한 아마존 스페인이며, 로컬 사업자 중에는 점유율 15%를 차지한 까사델리브로Casa del libro가 돋보인다.

서브스크립션 모델을 채택한 24심볼즈24symbols는 스페인의 대표적인 전자책 회사로, 현재 1만 5000종의 타이틀을 제공하고 있다. 출판사 시르쿨로데렉토레스Circulo de Lectores와 통신사 텔레포니카Telefonica가 합작하여 2013년 9월에 설립한 누비코Nubico도 주목할 만한 회사다. 전자 도서관 서비스를 제공하는 누비코 역시 서브스크립션 모델을 채택했으며, 한 달에 8.99유로를 내면 3000여 종의 전자책과 독자 커뮤니티를 이용할 수 있다. 스페인 출판사 70%가 누비코 서비스에 참여할 의사를 밝혔으며, 플랫폼 개선을 위한 500만 유로 투자도 확정했다. 24심볼즈, 누비코와 같은 로컬 사업자들은 아마존, 구글, 애플, 코보에서 채택한 단권 판매 방식과 다른 길을 선택하면서 틈새시장을 형성하고 있다.

4장
메이저 사업자의 전략

아마존 1 : 전자책 디바이스의 선구자

킨들, 역사의 시작

"빨리 성장하라Get Big Fast"는 비즈니스 철학으로 전자책 시장을 선점한 아마존.

아마존은 북미지역 전자책 시장점유율 60% 이상을 차지하고 있는 명실상부 세계 1위 기업이다. 킨들 디바이스를 개발할 당시 아마존은 하드웨어를 만든 경험이 없었다. CEO 제프 베조스는 IT전문가들과 함께 자회사 '랩126Lab 126'을 설립했으며, "모든 언어로 된 서적과 인쇄물을 60초 내에 구해서 볼 수 있게 한다"는 비전으로 킨들 프로젝트가 시작되었다. 이후 3년간의 개발 과정을 거친 후 2007년 11월 19일, 마침내 킨들이 세상에 공개되었다.

당시 킨들 개발자들이 가장 역점을 둔 부분은 '독자들이 책을 읽을 때 어떻게 하면 전통적인 독서에서처럼 이야기만 남고 킨들은 사라지게 만들 것인가?'였다. 물리적인 형태를 지닌 종이책이 이미 진화의 끝에 도달했고 독자들에게 매우 감성적인 존재로 남아 있기에, 전자책으로 모습을 바꾼다 하더라도 기능을 개선시키기가 쉽지 않았다. 아마존은 사람들이 책 내용에 몰입하면 물리적인 특성에 대한 관심이 급격히 떨어진다는 점에 주목했다. 이러한 종이 책의 특성을 살려 킨들 디바이스의 디자인과 기본 설계 방향도 텍스트를 담아내는 그릇의 역할에 충실하도록 했다. "불을 지피다"라는 뜻을 지닌 킨들은 말 그대로 전자책을 통한 지식의 불꽃을 본격적으로 피워나갔다.

아마존은 초기에 역逆마진을 남기더라도 시장을 키우는 데 최우선 순위를 두면서, 전자책에 대한 대중의 관심이 아마존으로 집중되길 원했다. 일단 초기 시장을 장악하면 그 다음은 콘텐츠 공급자들과의 협상을 통해 콘텐츠 수량 확보와 수익 배분 구조를 자사에 유리한 방향으로 진행할 수 있다는 생각이었다. 9.99달러 전자책 판매가격 정책 고수에 따라 대형출판사들의 보이콧 선언 등도 있었지만, 아마존은 적정선에서 상호 합의를 도출하면서 전자책 시장 초기 진출의 리스크를 줄여나갔다.

아마존이 전자책 시장의 강자로 자리 잡을 수 있었던 것은 역마진 전략 외에도 바로 책을 읽는 독자들을 '안다'라는 점 때문이었다. 독자에 대한 정보는 아마존이 출판사와 관계를 맺을 때 굉장히 중요한 기술적 환경을 제공했다.

기술적인 측면에서 킨들의 중요한 성공 요인은 무엇일까? 킨들은 모니터로 전자책을 읽는 경우 눈이 쉽게 피로해지는 단점을 흑백 e잉크 디스플레이를 적용하여 극복했다. 3G 네트워크의 높은 콘텐츠 다운로드 비용을 MVNO(Mobile Virtual Network Operators)를 통해 낮춘 점도 킨들이 빠르게 시장에 확산되는 데 기여했다.

제프 베조스는 "킨들은 디바이스를 넘어선 서비스, 그 자체가 핵심이다"라고 말했다. 그는 킨들을 이야기할 때마다 전자책을 종이책의 대체품이 아닌 완전히 새로운 정보 전달 수단으로 만들고 싶다는 의지를 끊임없이 밝혔다.

최상의 독서 환경을 제공하는 디바이스의 개발

2012년 9월, 아마존은 킨들의 5세대 버전인 '킨들 페이퍼화이트'와 한층 업그레이드된 태블릿PC '킨들 파이어 HD'를 공개했다. 신제품을 공개하면서 제프 베조스는 "소비자들이 우리 제품을 구입할 때가 아니라 직접 사용할 때 수익이 생기길 원한다"라고 말했다. 이 말에 바로 아마존 콘텐츠 사업의 핵심이 담겨 있다. 아마존은 킨들 페이퍼화이트의 하드웨어 스펙만을 강화하지 않고, 독서에 집중할 수 있도록 하는 소프트웨어적인 측면도 강화했다. 사용자의 독서시간을 파악해 책을 완독하는 데 걸리는 예상시간을 제공하고, 클라우드 서비스, 오디오북과 전자책의 교차서비스를 지원하는 등 디지털 디바이스에서 구현할 수 있는 최상의 독서환경을 제공하는 모델로 진화했다.

2014년 9월 17일(현지시간)에는 또 다시 새로운 전자책 디바이스 '킨들 보이지Voyage'를 선보였다. 200달러 가격의 킨들 보이지는 마그네슘으로 만든 본체에, 지금까지 나온 킨들 시리즈 가운데 가장 얇으며, 선명도는 이전 버전인 '킨들 페이퍼화이트'보다 39%나 개선되었다. 전자책을 읽는 동안 눈의 피로도를 덜어주는

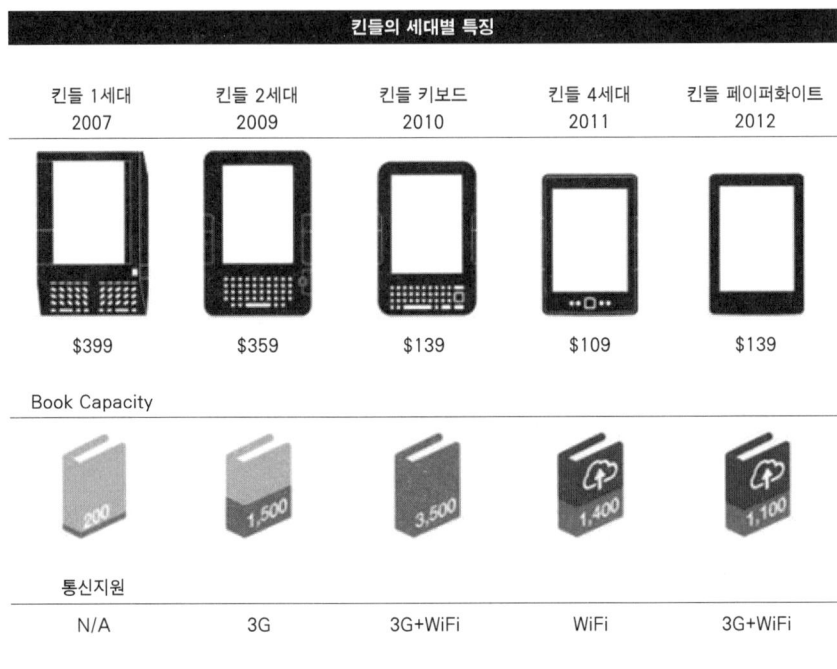

출처 : ebookfriendly.com

것은 물론이고, 야외에서 직사광선을 쬐더라도 쉽게 읽을 수 있도록 설계됐다고 한다. 또 3G 이동통신 접속도 가능하다.

보이지와 함께 저가 태블릿PC 시장을 겨냥한 100달러짜리 '킨들 파이어 HD6'도 공개했다. 아마존 부사장 피터 라슨Peter Larsen은 6인치 킨들 파이어 HD6에 대해 "아마존닷컴에서 팔린 뒤 자주 반품되는 질 나쁜 저가 태블릿에 대응하기 위해 나온 것"이라며 강한 자신감을 보였다. 저가지만 그만큼 품질이 뛰어난 제품이라는 것이다. 이날 140달러 가격의 7인치 '킨들 파이어 HD7'도 선보였는데, 해상도가 1280×800픽셀로 개선된 점이 가장 눈에 띄었다. 이들 태블릿PC 시리즈는 모두 1.5GHZ 쿼드코어 프로세서를 탑재했다.

아마존 2 : 고객을 향한 플랫폼 서비스

아마존은 자사의 웹사이트를 온라인서점이 아닌 '플랫폼'이라고 재정의하면서 콘텐츠(C) - 네트워크(N) - 디바이스(D)를 킨들 플랫폼을 중심으로 연결하는 생태계를 구축했다. 2010년 들어서서는 콘텐츠 확대를 위해 작가를 모집하기 시작했다. 누구나 직접 만든 콘텐츠를 킨들스토어에서 판매할 수 있었다.

아마존은 기존에 제조사가 주도했던 콘텐츠 비즈니스 모델과는 다른, 유통사가 중심이 되는 플랫폼 비즈니스를 추진한 것이다. 이를 통해 독자는 저렴한 가격에 다양한 콘텐츠를 구입하고, 저자와 출판사는 도서 판매 확대로 인세와 판권 수익을 올릴 수 있었다. 아마존은 주로 디바이스 판매로 수익을 거뒀지만, 콘텐츠를 박리다매함으로써 시장이 커진다면 유통 수수료 수익 창출도 가능했다.

2011년 하반기, 킨들 디바이스를 구입한 독자는 미국 내 1만 1000여 개의 도서관에서 킨들 전자책을 대여할 수 있게 됐다. 공공도서관의 전자책은 무료로 대여할 수 있고, 동일한 전자책을 다시 빌리거나 나중에 구매할 경우에도 본인이 이전에 표시한 내용과 북마크가 그대로 적용되는 N스크린 서비스를 제공한다. 그리고 아마존은 킨들 디바이스를 소유한 프라임 회원을 대상으로 매월 한 권의 전자책을 대여해주는 '킨들 소유자 대여 도서관$^{Kindle\ Owner's\ Lending\ Library}$(KOLL)' 서비스도 시작한다고 밝혔다. 현재 약 20만 권의 전자책이 이용 가능하며 빌린 책을 반납하면 다른 책을 또 빌려볼 수 있다.

아마존이 전자책 대여 모델을 강화하는 것은 충성도 높은 프라임 회원을 확대하겠다는 측면과 전자책을 소유가 아닌 소비의 관점으로 활용성을 높이겠다는 측면이 복합적으로 연결되어 있다. 결국 전자책 대여 모델은 '충성 고객 확보'와 '콘텐츠 시장의 헤게모니 장악'이라는 두 마리 토끼를 다 잡을 수 있는 카드인 것이다.

아마존이 전자책 대여 서비스에 저자와 출판사의 참여율을 높이기 위해 꺼낸 새로운 카드는 바로 출판펀드 'KDP셀렉트'이다. 아마존은 'KOLL' 서비스 참여에 정식계약을 체결한 저자와 발행인에게 연간 1000만 달러의 지원금을 월별로 지불한다. 출판사는 콘텐츠의 다양한 프로모션을 지원받는 대신, 킨들스토어에 90일간 전자책 서비스 독점권을 제공한다. 이를 통해 출판사와 작가는 보다 전문적인 독자들과 만나고, 높은 로열티를 제공받는 채널을 확보하게 되었다.

새로운 콘텐츠 확보 전략, 셀프 퍼블리싱과 미니 전자책

아마존은 기존 출판사와의 파트너십으로 수백만 권의 전자책을 서비스하고 있었다. 그러나 지속적인 사업 확장과 콘텐츠를 중심으로 한 가치사슬의 변화에 대비하기 위해 원천 콘텐츠 생산자인 저자의 확보에 집중하지 않을 수 없었다. 이미 아마존은 자신이 만든 책, 영화, 음악을 직접 판매하는 '크리에이트 스페이스^{Create} $_{Space}$' 서비스를 통해 창작자와의 직거래에 대한 다양한 노하우를 구축하고 있었기에 그것이 어려운 일은 아니었다.

KDP는 누구나 직접 전자책을 제작하고 판매할 수 있는 셀프 퍼블리싱 플랫폼이다. 이를 통해 다양한 분야의 저자들이 출판사의 지원 없이도 자신의 저작물을 독자에게 알리고 판매할 수 있게 되었다. KDP로 제작한 전자책이 킨들스토어에서 많이 알려지고 독자들의 검증이 병행되면서 아마존퍼블리싱이나 POD 시스템을 통한 종이책 출판으로 이어지게 되고, 매출과 인세 수익도 증가했다.

킨들 플랫폼의 콘텐츠 확보 전략은 빠르게 변화하고 있다. 출판사 중심의 출판에서 벗어나 저자의 직접적인 출판과 시장 진입이 늘 것이라는 전망과 분석이 나오는 시기이다. 셀프 퍼블리싱 플랫폼이 발달하고 저자의 직접적인 시장 진출이 늘어나는 모습을 볼 때, 결국 콘텐츠를 생산하는 저자의 역할과 위상이 확실히 높아지고 있음을 알 수 있다.

최근 킨들스토어에서 주목해야 할 카테고리가 있다. 바로 '싱글즈^{singles}'라는 미니 전자책 섹션이다. '싱글즈'는 3만 단어, 종이책 100쪽 내외의, 2~3시간 정도면 완독할 수 있는 분량의 콘텐츠를 모아놓은 카테고리로, 경제경영, 정치적 견해, 일러스트, 과학 논문, 에세이 등 현재 출판이 가능한 모든 분야의 킬러 콘텐츠를 볼 수 있다. 이 카테고리는 신문이나 잡지와 같은 가벼운 글보다는 무겁고, 단행본보다는 가벼운 읽을거리라는 콘셉트를 가지고 기획되었다. 현재 300여 개의 콘텐츠를 서비스하고 있으며, 단위 종수당 매출액은 일반 단행본 전자책보다 높은 편이다. 특히 스마트폰 사용자들에게 많은 관심을 받고 있는데, 단문에 장르 분야의 콘텐츠들이라서 무겁고 긴 책보다 인기가 많다. 특정 이슈나 사회적 사건, 시류를 설명하는 콘텐츠를 출판하여, 사건의 심층적인 이해를 원하는 독자들의 갈증을 풀어주고 있다.

셀프 퍼블리싱 플랫폼 KDP의 성장세와 개선된 서비스도 눈에 띈다. 기존의 KDP 시스템은 독자가 자신의 책을 구입해도 작가는 24시간 이후에 그 내역을 확인할 수 있었는데, 이제는 판매 내역을 고객의 구매 시점과 동일한 시점에 제공하기로 한 것이다. KDP의 작가는 아마존의 '세일즈 대시보드'를 통해 매출과 정산 내역을 실시간으로 확인할 수 있게 되었다. 투명하고 빠르게 가장 중요한 사항을 공개하기로 한 이번 결정에서 고객 최우선주의로 무장한 아마존의 철학을 엿볼 수 있다.

킨들스토어에서는 독자가 구입한 전자책, 빌려간 전자책, 무료 전자책을 각각 구분하여 그 내역을 출판사와 저자에게 제공한다. 계약을 맺은 작가 또는 출판사는 세일즈 대시보드에서 제목, 마켓플레이스, 시간별로 검색이 가능하다. 더불어 특정 기간 진행되었던 마케팅 캠페인의 성과와 피드백도 제공한다. 이는 마케팅의 실효성을 데이터로 확보할 수 있기 때문에 후속 마케팅 전략과 계획의 수립에 많은 도움이 될 것이다.

아마존은 이제 공급자 관점을 넘어 소비자, 고객과 동일선상에서 저작권자를 바라보고 있다. 저작권자가 필요로 하거나 선제적으로 제공해야 할 기능과 편의에 대해 계속 고민하고 그 결과를 서비스로 제공하고 있다.

다채로운 서비스의 출시

아마존은 디바이스의 사양을 높이는 것만큼 서비스 강화에도 상당한 노력과 투자를 기울였다. '매치북^{Matchbook}', '카운트다운^{Countdown}', '퍼스트^{First}', 〈데이원$^{Day\ one}$〉 등의 서비스들이 대표적인 예다. 이는 아마존이 기존에 가진 콘텐츠 구매력을 기반으로 출판계와 독자 간 직접적인 커뮤니케이션 채널을 더 많이 아마존에 모이게 하려는 전략으로 보인다. 더불어 2014년 여름에 인수한 굿리즈^{Goodreads}를 출판마케팅에도 적극적으로 연계해 추천을 통한 책 구입에 긍정적인 성과를 끌어내겠다는 전략이다. 아마존이 첫 선을 보인 각각의 서비스를 간략하게 살펴보자.

'킨들 매치북'은 종이책과 전자책을 묶어서 판매하는 서비스이다. 1995년 이후 아마존에서 종이책을 구매한 적이 있는 회원에게 동일한 타이틀의 킨들 전자책을 할인가 혹은 무료로 제공하는 서비스로, 약 1만 개의 타이틀을 가지고 시작할 예정이었다. 그런데 POD 시스템을 이용한 개인 작가들의 작품이 대량 포함되면서 정식 오픈할 때에는 약 7만 종의 타이틀이 되었다. 아마존은 매치북 서비스를 활성화시키기 위해 셀프 퍼블리싱 작가들과 적극적으로 계약을 추진하고 있다. 이 서비스는 독자가 종이책을 사면 저렴한 가격으로 전자책을 구입할 수 있고, 한 권의 책을 구입하면 언제 어디서나 읽을 수 있다는 장점을 부각해서 종이책 판매에도 긍정적인 효과를 미칠 것으로 전망된다.

기존 POD 서비스를 담당해온 '크리에이트 스페이스'와의 시너지 효과를 생각하면, 셀프 퍼블리싱 저자가 매치북을 가장 잘 활용하는 생산자 층이 될 확률이 높다. 이제 이들은 출판사를 통한 전통적인 출판보다 매치북 모델에서 더 많은 가치를 찾아낼 것이다. 물론 많은 전문가들이 아직 종이책과 전자책을 동시에 구입하거나 확보하길 원하는 독자는 드물 것이라고 이야기한다. 하지만 아마존의 생각은 다르다. 음악CD를 구입하면 무료로 mp3를 제공하는 아마존 '오토립^{AutoRip}' 서비스의 성장세를 보면, 매치북도 소유욕을 자극함으로써 독자의 이용률을 충분히 높일 수 있다는 생각이다. 검증은 이제부터다.

'킨들 퍼스트'는 종이책 출간 1개월 전에 전자책 버전을 무료로 제공하는 서비스이다. 아마존 자회사인 아마존퍼블리싱 편집부에서 발간 1개월 전 도서 중 매월 몇 권을 선정하여 그것의 전자책 버전을 1.99달러나 무료(프라임 회원에 한정)로 제공한다. 이 서비스는 2013년 11월에 『우리가 열 올리는 것들$^{Things\ We\ Set\ on\ Fire}$』를 비롯한 총 5개 타이틀을 가지고 시작되었다.

'킨들 카운트다운'은 KDP를 이용하여 아마존에 게재한 책과,

독립 저자와 출판사의 책을 포함한 킨들 전용 타이틀에 기간 한정 프로모션 할인을 제공하는 서비스이다. 할인가를 적용한 시점부터 정상가격과 비교하면서 카운트다운을 매긴다.

한편 〈데이원Day One〉이라는 디지털 문학잡지도 오픈했다. 전통적인 문학출판 영역에 디지털 환경을 도입해 (아마존을 통해 출시하는) 디지털 문학 관련 작품과 저자 정보를 제공한다. 52주 연간 회비는 19.99달러이며, 단 권은 9.99달러로 판매한다.

11월 7일, 동네서점과 소규모 소매상을 위한 서비스인 '아마존 소스Amazon Source'도 공개됐다. 이 프로그램에 참여하는 서점과 소매상은 아마존의 킨들 디바이스와 태블릿PC, 액세서리 등을 도매가로 공급받고, 독자들에게 이를 정가에 판매해서 이익을 남길 수 있다. 또 동네 서점에서 킨들 디바이스를 산 고객이 전자책 콘텐츠를 구입하면 아마존에서 2년간 콘텐츠 가격의 10%를 수수료로 동네 서점에 지급한다. 서점이 아닌 일반 소매상도 킨들 디바이스 판매에 관심이 있을 것으로 보고, 전자책 콘텐츠 수수료 지급을 하지 않는 대신 판매 이윤을 권장독자가격 대비 9%로 높여 책정한 프로그램도 별도로 만들었다.

아마존은 '아마존 소스 포털'을 개설하고, 이곳에서 서점과 소매상들이 도매가로 재고를 주문하고 마케팅 및 판매를 할 수 있도록 지원할 계획이다. 이는 그간 킨들 전자책 사업의 가장 큰 약점으로 지목됐던 오프라인 유통망을 대폭 보강하기 위한 전략이다.

아마존 3 : 전방위적 사업 확장

일본 시장에 주목하다

일본에서는 킨들스토어 오픈 1주년을 기념하여 연재 서비스를 오픈했다. 이 서비스는 미국에서 진행 중인 '킨들 시리얼Kindle Serials'과 동일한 모델로 작가의 특정 작품을 연재 방식으로 공개하고 판매한다. 미리 연재 횟수와 전송 일정이 정해져 있으며, 해당 내용은 자동으로 가입자의 킨들 디바이스나 킨들 앱을 통해 전달된다. 이미 연재가 시작된 작품은 유료 구입 시 해당 회차까지 바로 읽을 수 있으며 추가 요금은 없다. 만약 예정대로 연재 콘텐츠가 배달되지 않으면 환불이 가능하다. 연재가 종료되고 하나의 작품으로 완성되면 도서 카테고리로 이동한다.

   일본은 아마존이 아시아에서 가장 많은 공을 들이는 곳이다. 현재 아마존재팬 킨들스토어에서 판매하고 있는 일본어로 된 책은 15만 종에 달하며, 종이책 대비 킨들 전자책의 판매비율은 2007년에 오픈한 미국 킨들스토어의 1년 성과와 비교하면 좀더 높은 수치를 기록했다. 이는 영국과 대등한 수준이며, 비영어권인 독일보다 높은 편이라 아마존은 일본 시장에 대해 강한 자신감을 보이고

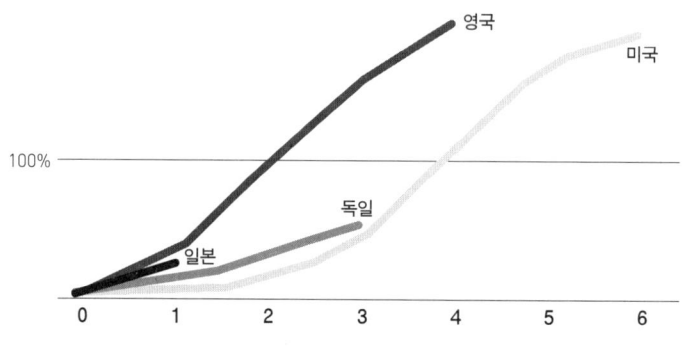

출처 : ebookfriendly.com

있는 것이다.

특히 아마존은 일본 시장에 빠르게 진입하기 위한 킬러 콘텐츠로 만화를 들고 나왔다. 페이퍼화이트로 편리하게 만화를 감상할 수 있게 한 점이 일본 독자들에게 호응을 얻었다. 아마존의 기술진은 일본 독자들이 가장 좋아하는 만화 서비스를 종이로 읽는 것 같은 경험을 주고 싶어 했다. 그래서 만화 이미지마다 아주 정교한 방식으로 렌더링 기술을 적용하고 수차례 테스트한 결과를 선보였다. 아마존은 오리콘 베스트셀러를 포함해 1만 5000 타이틀이 넘는 만화를 시장에 선보였다.

아마존은 만화와 전자책뿐만 아니라, 앱스토어와 음원스토어도 일본에 오픈했다. 아마존 앱스토어에서는 츠타야TV와 야후 헤드

라인, 헬로우키티 스케줄, 〈닛케이신문〉 온라인판, 〈파이널판타지〉 등의 일본 이용자를 대상으로 한 서비스를 제공하고, 음원을 구매하고 들을 수 있는 아마존 클라우드 뮤직도 편리하게 이용이 가능하도록 했다. 아마존은 각종 디지털 콘텐츠를 서비스하기 위해 킨들 페이퍼화이트와 함께 태블릿PC 킨들 파이어 시리즈도 출시했다. 당시 킨들 페이퍼화이트는 와이파이 버전은 8480엔, NTT도코모와 제휴한 3G 버전은 1만 2980엔, 7인치 킨들 파이어 8GB는 1만 2800엔, 7인치 킨들 파이어 HD 16GB는 1만 5800엔, 32GB는 1만 9800엔에 출시하면서 일본 전자책과 디지털 콘텐츠 시장에 강력한 변화의 바람을 몰고 왔다.

만화 콘텐츠에 주목하다

2014년 4월, 아마존은 디지털 만화 플랫폼 '코믹솔로지Comixology'를 인수했다. 2007년에 출범한 코믹솔로지는 마블, DC코믹스 등의 대형만화출판사나 그래픽노블 출판사의 콘텐츠를 제공받아서 이를 디지털 디바이스에서 볼 수 있도록 서비스하는 업체이다. 2억 건 이상 디지털만화 다운로드를 기록했으며, 아이패드 앱은 2011~2013년 비게임 앱 가운데 가장 많은 수익을 달성한 것으로 알려졌다. 2012년에는 매출액 7000만 달러를 달성하며, 설립 당시보다 3배 이상 성장한 수치를 보였다. 75개 출판사의 만화책과 다수 독립만화가들의 작품을 보유한 코믹솔로지를 아마존이 인수함에 따라 만화책 유통 시스템의 변화가 거세질 것으로 보인다.

그동안 대형만화출판사들과 긴밀한 관계를 유지해오며 『스파이더맨』, 『X맨』, 『어벤저스』 등 블록버스터 만화책 콘텐츠를 보유한 코믹솔로지는 아마존의 고객들에게 더 공격적인 마케팅을 펼칠 기회를 만난 것에 대한 기대가 높다. 코믹솔로지 CEO 데이비드 스타인버거는 "코믹솔로지의 임무는 모든 형태의 만화책과 그래픽소설의 사용자층을 확대하는 것"이라며 "코믹솔로지와 아마존이 만화책과 그래픽소설의 새로운 시대를 여는 촉매제가 될 것"이라고 기대감을 드러냈다.

소셜리딩에 주목하다

최근 소셜리딩 플랫폼 '굿리즈^{Goodreads}'에서는 가입 회원이 아마존에서 구입한 책을 가상서재에 자동 등록할 수 있게 만들었다. 미국, 캐나다, 오스트레일리아에서 이 서비스를 제공하고 있으며, 아마존에서 종이책을 구입하거나 킨들 전자책을 구입하면 이용이 가능하다. 이용 방법은 굿리즈에서 'Add Amazon Book Purchases'라는 링크를 선택하고, 'My Books' 페이지로 이동하여 책을 등록하면 된다. 이번 서비스로 아마존 회원들은 보다 편리하게 책을 추천하고 공유할 수 있게 되었다. 상품과 콘텐츠를 구입할 수 있는 채널을 더 많이 연결했다는 점에서 시너지 효과가 클 것으로 기대된다.

2000만 명이 넘는 회원을 확보한 굿리즈에서 추천 기반의 도서 구입 비중이 증가하는 가운데 대형출판사와 작가들도 속속 가입하고 있다. 아마존에서 구매한 책을 굿리즈에 직접 연결한다는 것은 아마존이 굿리즈를 인수한 핵심 목적이기도 했다. 전통적인 출판유통 시스템에서 아마존의 입지를 더욱 강화시키고, 플랫폼 경쟁자들에게는 구매력이 높은 헤비리더 독자층에 대한 접근을 막는 전략이다. 전자책의 경우 본문의 일부를 공유하거나 느낌을 자유롭게 기록할 수 있다는 점에서 킨들 플랫폼을 확장하는데 굿리즈의 역할은 더욱 커질 것이다. 결국 출판콘텐츠 유통은 아마존이 담당하고, 커뮤니티는 굿리즈를 통해 연결되면서 아마존 플랫폼의 유기적인 구조는 더욱 단단해질 전망이다.

출판사업에 주목하다

아마존의 출판사업을 총괄하는 아마존퍼블리싱이 미국, 영국, 독일을 중심으로 사업을 계속 확장하고 있다. 아마존퍼블리싱의 담당 책임자(부사장) 제프 벨은 아마존의 출판사업이 기성 출판산업에 악영향을 주거나 충돌한다는 주장에 동의하지 않으며, 자신들이 출판산업의 서비스 영역을 더 확장시키고 인력을 계속 충원하면서 일자리를 만들고 있다고 강조했다.

아마존퍼블리싱은 독일에서 200종, 영국에서 500종의 책을 출간할 계획이며, 이와 함께 유럽에서 킨들의 확장 속도를 더욱 높일 전략이다. 현재 70여 명 이상의 편집 인력을 충원하면서 시애틀, 뉴욕, 룩셈부르크, 뮌헨에서 활동하고 있으며, 15개의 임프린트를 운영하고 있다. 지급액 기준으로 보면 미국 킨들스토어에서 세 번째로 높은 수익을 올리고 있는 출판사이기도 하다. 아마존퍼블리싱의 임프린트는 대부분 장르문학 중심이지만, 최근 종교 분야로 확장하면서 전방위적 출판사의 외양을 갖춰나가고 있다.

아마존은 출판사와의 직접적인 경쟁을 부인하고 있지만 몇 몇 출판사, 그 중에서도 특히 대형출판사의 시선이 곱지만은 않다. 대형출판사들은 변화하는 시대에 대응하여 셀프 퍼블리싱 플랫폼 구축, 디지털 출판 임프린트 설립 등 콘텐츠 생산자 관점에서 새로운 돌파구를 만들고자 노력하고 있기 때문이다. 이런 시점에서 등장한 아마존퍼블리싱이 달가울 리 없을 것이다.

아마존퍼블리싱은 유럽에 이어 아시아권에 본격적으로 사업 확장을 시도할 예정이다. 킨들스토어와 디바이스가 판매되는 곳에 퍼블리싱 서비스를 1대 1로 연계하여 출판브랜드를 더욱 강화하겠다는 전략으로 보인다. 이것이 실현된다면 대륙별로 아마존의 출판브랜드와 서비스는 아마존 디바이스와 더욱 유기적으로 연결될 것이다. 결국 콘텐츠 생산의 큰 축을 자체적으로 해결하면서 아마존은 출판산업의 가치사슬을 변화시키는 데 역량을 집결할 목적인 것이다.

아마존의 신규 서비스와 출판사업의 중심은 결국 플랫폼이다. 그렇기 때문에 아마존은 유통 구조를 혁신시키는 동시에 생산자와 소비자를 네트워크로 연결시키는 데에 모든 역량을 집중하고 있다. 애플, 구글, 페이스북, 월마트 등 산업별 경쟁자들은 아마존의 사업 전략에 많이 힘들어하는 눈치다. 여유 있는 투자력, 유통과 서비스 기술력, 탄탄한 고객층 등 어느 하나 쉽게 틈새가 발견되지 않는 기업이 바로 아마존이다.

끊임없는 연결과 확장

이제 아마존의 전자책 서비스는 종이책과 본격적으로 연계를 강화하기 시작했다. 자체 출판 브랜드의 확장을 위해 전문 인력도 충원하고 있다. 셀프 퍼블리싱 플랫폼으로 개인 작가들과 직접적인 계약을 빠르게 맺고 있다. 그러면서 각종 디바이스와 앱을 통한 전자책 서비스로 시장 1위를 군건히 지키고 있다.

유통과 콘텐츠 업계의 공룡이 된 아마존이 낳을 부작용을 우려하는 목소리가 높다. 아마존 역시 이러한 목소리를 외면하지 말고, 균형과 상생의 키워드를 추구해야 할 것이다. 주춤하고 있는 애플과 구글의 공세, 대형출판사의 디지털 서비스, 융복합화가 진행되는 지식 콘텐츠 시장 등 아마존을 흔들 만한 다양한 변수들이 출판산업에 존재한다. 과도한 욕심은 오히려 아마존이 기대하는 방향과 다르게 흘러갈 공산이 크다.

아마존이 추진하는 전방위적 출판사업 전략은 지난 20년간의 도서 유통 경험에서 쌓아온 독자 개개인의 취향과 패턴 분석을 바탕으로 하고 있다. 최근 아마존은 작가와 출판사를 고객의 관점에서 바라보며 보다 친밀하고 세부적인 사항까지 지원하고 협력하는 구조를 만들어가고 있다. 이러한 행보는 결국 모든 결정을 고객의 관점에서 한다는 아마존의 철학을 더욱 밀도 있게 보여준다. 전자책 시장의 선두에 선 아마존은 쇠퇴하지 않고 더욱 거센 공세로 새로운 승부수를 던지고 있다.

아마존은 도전정신과 파트너십이 빛나는 기업으로 평가받는다. 최근에는 무리한 투자와 공격적인 사업 확장으로 인해 시장에서 제기되고 있는 부정적인 평가를 개선하기 위해 노력하고 있다. 온라인서점에서 시작한 아마존의 책에 대한 비즈니스 철학은 확실히 다른 경쟁사와 차별성이 있다. 예컨대 사업 초기 희귀도서를 온라인서점을 통해 구입할 수 있게 만든 점이나, 독자의 별점 평가 도입, 1대 1 맞춤형 추천 시스템이 대표적이다.

이러한 철학을 바탕으로 출판유통과 콘텐츠 산업의 패러다임 변화를 선도적으로 이끌어가고, 고객(독자)의 콘텐츠 소비에 최고의 편의성을 제공하기 위해 집중 투자하고 있다. CEO 제프 베조스는 2012년에 "전자책이라는 신기술을 잘 활용할 것인가, 무리하게 저항할 것인가의 선택에 출판사의 경쟁력이 달려 있다"고 말한 바 있다. 그는 미국과 유럽의 일부 출판사는 전자책을 이용해 사상 최대의 이익을 내고 있다고 덧붙이며 출판사의 구조적 변화와 실행의 중요성을 강조했다. 현재 아마존은 킨들 플랫폼을 통해 저자와 출판사, 독자를 선순환시키는 생태계 구축과 확장에 주력하고 있다.

애플 : 다른 생각으로 만들어낸 새로운 비즈니스 모델

애플은 본격적으로 전자책 사업을 하기 위해 아이북스 서비스를 만들었다. 기존의 디지털 콘텐츠 유통 마켓인 아이튠즈에서도 전자책 콘텐츠를 이용할 수 있다. 게임, 음원 등 다른 애플리케이션 분야에 비해 전자책이 상대적으로 취약하지만 멀티미디어 기능을 충분히 지원하는 앱북이라는 점에서 사용만족도는 다른 플랫폼에 비해 높은 편이다. 아마존에 이어 전자책 유통 경로 2위에 애플의 아이북스가 오를 만큼 출판사와 독자들의 신뢰도는 높다. 따라서 지금보다 판매율이 높아진다면 아마존을 위협할 가장 큰 경쟁자가 될 가능성이 있다.

교육 서비스 강화

애플이 주도적으로 추진하는 사업 부문은 교육 분야의 전자책 서비스다. 2012년 초에 열린 신제품 발표회에서 애플은 아이패드용 디지털 교과서를 구현하는 '아이북스2^{iBooks2}'와, 디지털 교재를 만들 수 있는 애플리케이션 '아이북오써$^{iBooks\ Author}$'를 발표했다. 이는 디지털로 교과서와 교육을 바꾸겠다는 애플의 야심찬 선언이었다. 맥그로힐^{McgrawHill}, 피어슨 등의 교육출판사와 함께 추진한 디지털 교과서 프로젝트는 아직 갈 길이 멀어 보인다. 교육 정책의 변화, 콘텐츠 제작비용 대비 효과 등 고려해야 할 변수가 많기 때문이다. 소비자의 반응 역시 아직 미온적이다. 중장기 관점에서 이를 진행해야 할 것이다.

더불어 애플은 새롭게 업그레이드된 버전의 '아이튠즈U$^{iTunes\ U}$'를 공개하기도 했다. 2005년에 스탠퍼드대학과 제휴하여 만든 아이튠즈U는 대학생 수업 관리 프로그램이다. 아이튠즈U의 디지털 교과서는 이미 10억 건의 다운로드 수를 훌쩍 뛰어넘었고, 그 중의 60%가 미국 외의 국가에서 이용한 것이라고 한다. 교육콘텐츠의 글로벌화에 대한 긍정적인 파급 효과를 확인할 수 있는 대목이다. 새로운 버전의 아이튠즈U는 2012년에 출시된 아이패드3의 전용 앱으로 공개되었다. 현재 2000개 이상의 대학과 고등학교, 유치원에서 이 서비스를 이용하고 있으며, 총 155개국에서 아이튠즈U의 교육콘텐츠를 이용할 수 있다. 또한 기존의 디지털 교과서 출판기업뿐만 아니라, 교육기관도 적극적으로 '아이튠즈U' 콘텐츠 개발에 나서는 중이라고 한다.

엔터테인먼트 투자

아마존, 코보와 같은 경쟁 기업들의 빠른 성장에 자극을 받은 애플은 또 다른 행보를 보였다. 바로 전자책 단행본 시장을 주력 시장으로 삼고, 적극적인 투자와 파트너십을 체결하기 시작한 것이다.

다른 기업과의 차이점이라면 전통적인 출판사가 아닌, 디즈니와 NBC퍼블리싱처럼 출판 영역으로 뛰어든 엔터테인먼트, 미디어기업을 협력 모델로 선택한 것이다.

애플은 종이책을 전자화한 버전이 주류를 형성하는 지금의 전자책 시장은 아마존을 중심으로 더욱 공고해질 것으로 보았다. 그리하여 이종 영역의 업체들과 협력하여 콜라보레이션 형태의 멀티미디어 전자책을 제작하고 이를 자사의 플랫폼과 디바이스와 연계하여 새로운 시장에서 우위를 점하려는 전략을 선택했다. 이는 아마존, 구글 등 타 경쟁사들이 취약한 분야라는 점과 향후 교육 분야의 전자책 서비스들과 많은 접점이 형성될 수 있다는 점 때문에 일거양득의 효과를 거둘 것으로 보인다.

가격담합 소송

이제 전자책 가격 정책으로 불거진 애플과 대형출판사 간의 담합 소송 이슈를 짚어보자. 미국 법무부는 애플이 아이패드 출시에 앞서 2009년~2010년 초까지 대형출판사들과의 협상을 통해 전자책 가격을 올리는 방식의 수익모델을 제시한 점에 주목하고 가격담합 소송을 제기했다. 당시 대형출판사들은 아마존이 공급률보다 낮은 가격으로 전자책을 판매하면서 시장 지배력을 높이는 데에 불만이 많았다. 아마존은 출판사들과 도매 계약으로 가격을 낮춰 역마진을 남기는 방식의 홀세일 모델을 채택했다. 예를 들어 2007년에 킨들을 처음 내놓았을 때 아마존은 전자책을 도매가 11.99달러에 구매해 베스트셀러를 포함한 도서 다수를 9.99달러에 판매했다. 킨들 판매를 촉진하고 소비자를 끌어들이기 위해 전자책 판매에서 손해를 감수한 것이다. 이러한 아마존의 판매 정책에 따라 소비자들은 저가의 전자책에 익숙해 있었다. 그리하여 아마존이 전자책 디바이스 시장에서도 지속적인 우위를 선점하면서, 도매가를 9.99달러 미만으로 낮춰달라는 요구를 할 것이라는 우려가 대형출판사를 중심으로 확산되었다.

이에 대응하기 위해 펭귄그룹을 비롯한 주요 출판사들은 2010년 애플과 손을 잡았다. 애플 모델은 출판사가 소매가격을 결정하고 애플이 매출의 30%를 수수료로 가져가는 방식이었다. 예컨데 출판사가 전자책 소매가격을 14.99달러로 결정하면 애플의 몫은 4.49달러, 출판사 몫은 10.50달러를 배분하는 식이다. 애플이 전자책 시장에 진출하기 전, 아마존은 베스트셀러 전자책 가격을 평균 9.99달러 수준에서 유지했다. 하지만 애플의 진출 이후 전자책 가격은 평균 12.99~14.99달러로 올랐다.

2012년 아마존과 애플의 전자책 가격 정책 대결 양상으로 흘러가던 가격담합 소송은 애플과 함께 조사를 받던 사이먼앤슈스터, 하퍼콜린스, 맥밀란, 아셰트 등 대형출판사의 합의를 통해 마무리되었다. 이로써 아마존 등 유통사들은 향후 2년간 자체적으로 할인된 가격에 판매를 할 수 있게 되었다.

가격담합 소송으로 애플과 대형출판사의 협력 관계는 퇴색된 것처럼 보이지만, 아마존의 대항마로 잠재적인 파트너십은 더 강해질 가능성이 높다. 더불어 애플은 유럽에 이어 아시아 진출에 속도를 내기 시작했다.

애플의 전자책 뷰어는 업계 전문가와 이용자들에게 최고의 퀄리티를 내는 것으로 인정받고 있다. 애플의 사용자경험은 그만큼 우수하지만 소셜리딩 기능 등 전자책 독자들의 선호도가 높은 유틸리티는 아직 부족한 편이다.

수많은 책 중에서 이용자에게 어떤 책이 어울리는지 추천하는 역량도 전자책 마케팅에서 중요하다. 애플이 전자책 시장에서 지금보다 더 높은 시장 지위를 확보하기 위해 필요한 것은 결국 독자를 이해하는 힘이다. 물론 이 부분은 기술적인 보완을 통해서 일정 수준을 확보할 수 있다. 전자책 독서 관련 유틸리티의 접목과 소셜커뮤니티를 구축하는 것으로도 가능하기 때문이다.

애플은 그동안의 시행착오를 통해 많은 경험을 했을 것이다. 더불어 그동안 앱북 사용자들의 다양한 데이터 확보를 통해 새로운 서비스 전략도 앞으로 많이 선보일 것으로 전망된다. 특히 콜라보레이션을 통한 멀티미디어 전자책과 교육콘텐츠는 아마존보다 더 강력한 경쟁 무기로 시장의 긍정적인 반응을 얻을 것으로 본다.

구글 : 최강 검색 플랫폼의 야심

구글은 2004년부터 시작된 디지털 도서관 프로젝트 사업의 연장선으로 '구글북스' 채널을 만들면서 본격적으로 전자책 사업을 시작했다. 디지털 아카이빙을 통해 제작된 전자책 콘텐츠 중에서 퍼블릭 도메인 약 300만 종 등 1000만 종 이상의 유, 무료 전자책 콘텐츠를 확보했다. 안드로이드 앱스토어가 본격적으로 성장하면서 구글은 2012년에 구글 플레이를 통해서 전자책 서비스 채널을 일원화하였다.

선택과 집중

구글의 초기 전자책 사업 확장 전략은 독특했다. 책은 서점을 통해서 독자와 만나고 유통할 수 있게 해야 한다는 관점에서 사업 모델을 세워나갔다. 아마존, 반스앤노블과 같은 절대 강자들과 직접 경쟁하지 않고, 독립서점의 인터넷 사이트에 구글의 전자책 콘텐츠 API를 연계하는 방식을 선택했다. 이를 위해 구글은 미국서점협회(ABA)와 전략적 제휴를 체결하고, 전자책 콘텐츠와 뷰어, 서버 및 네트워크 시스템 등 제반적인 전자책 서비스 시스템을 지원했다.

해당 프로세스를 거치며 1년 이상 전자책 서비스를 시행했지만 경쟁사들에 비해 성장이 뒤처지는 결과를 맛본 구글은 전략 방향을 수정해야 했다. 그리하여 독립서점과 연계한 파트너십 전략을 포기하고 자체 전자책 채널인 '구글 플레이'를 선택한 것이다(이후 미국서점협회와의 전자책 서비스 제휴는 코보가 체결했다).

애초에 구글이 전면에 나서지 않고 파트너십을 통해 전자책 사업을 추진한 이유는 아마존을 비롯한 경쟁자들의 힘이 생각보다 강했고, 디지털 디바이스와 모바일 비즈니스를 앞세운 플랫폼 전쟁도 치열했기 때문이다. 안드로이드OS의 주인으로서 구글은 흩어진 콘텐츠 비즈니스들을 한 곳에 모으는 '선택과 집중' 전략으로 선회했다.

구글은 구글 플레이에서 판매되는 전자책 콘텐츠에 대해 애플과 동일한 IAP(In App Purchase) 정책을 적용하고 있다. IAP는 앱을 통한 판매액에서 일정 금액의 수수료(통상 30%)를 직접 공제하는 방식으로 플랫폼 전쟁의 기폭제가 되고 있는 정책이다. 콘텐츠 종수로 따지면, 아마존보다 구글이 훨씬 많은 전자책을 보유하고 있다. 기술 경쟁력에서도 밀릴 부분이 없다는 점에서 구글의 전자책 시장점유율도 빠르게 치고 올라갈 가능성은 충분하다. 전자책 시장에서 구글이 던질 히든카드는 검색광고를 통한 막대한 수입을 전자책 사업에 투자하는 것이다. 구글은 과연 그럴 수 있을까?

구글 검색창과 책이 만난다면

하루에 수억 명이 방문하는 구글 검색창은 책과의 만남을 보다 빠르고 광범위하게 만들어준다. 이용자의 속성별로 잘 어울리는 책 콘텐츠와 관련 광고를 배너의 형태로 추천하고, 이를 종이책의 경우 파트너십을 체결한 서점 사이트로 링크와 연결하고, 전자책은 구글 플레이를 통해서 판매한다. 시스템은 상당히 잘 갖춰진 셈이다.

구글의 결국 판매 수수료율을 대폭 낮추는 데에 투자를 집중해야 할 것이다. 우선 아마존보다 애플, 반스앤노블 등 2위 그룹과의 경쟁에서 이기는 것이 먼저기 때문이다. 구글은 책 검색을 통해 광고 수익 일정하게 창출되고 있다. 만약 구글이 콘텐츠 판매 수수료를 10% 미만으로 책정할 경우, 보다 많은 콘텐츠 생산자들이 유통 플랫폼으로 구글 플레이를 우선순위로 선택할 가능성이 높다. 구글은 검색의 질을 높이기 위해 도서 본문 검색까지 영역을 확장하고, 여기에 전자책을 활용할 수도 있다. 검증된 지식 정보라는 점에서 책의 가치는 웹 세상에서 더 크게 인정받고 있기 때문이다.

구글은 2011년에 인수한 모토로라를 통해서 스마트폰과 태블릿 PC 등 각종 스마트 디바이스를 자체적으로 개발하고 있다. 아마존과 삼성전자 등 커스텀 안드로이드 서비스 업체들을 통한 OS 확장이 많이 이루어진 가운데 이제 자체 디바이스를 통해 보다 안정적인 매출과 이익을 확보하겠다는 전략인 것이다.

구글도 애플처럼 아직 출판 유통의 본질에 대한 철학적 접근법에 있어 부족한 것이 사실이다. 하지만 전자책에 대한 대중의 관심을 확산시키는 플랫폼으로는 상당히 큰 역할을 할 수 있고, 그만큼의 역량도 충분히 확보하고 있다. 구글 플레이를 통한 전자책 마케팅과 검색을 통한 책과의 만남이 구글 특유의 창의적인 아이디어로 나온다면 시장의 패러다임도 바뀔 가능성이 높다. 콘텐츠 산업을 구축하고 있는 플랫폼과 생태계의 관점에서 구글의 안드로이드는 우리가 알고 있는 것보다 단단한 기반을 갖추고 있기 때문이다.

반스앤노블 : 전자책 시장에 띄운 마지막 승부수

CEO 교체, 누크미디어 분사

전통적인 서점 소매업의 위기를 타개하기 위해 반스앤노블이 채택한 전략은 전자책 디바이스 누크 사업이었다. 그러나 반스앤노블은 2014년 초 오프라인 매장의 30% 정도를 줄이기도 했다. 누크는 선두주자인 아마존의 킨들과 격차를 좁히지 못했을 뿐만 아니라, 애플, 구글, 코보 등의 디바이스가 출시되면서 확연히 경쟁에서 밀리고 있었다. 반스앤노블은 누크 태블릿PC의 가격을 대폭 낮추는 등 노력을 기울였으나 별다른 성과를 거두지 못했다.

 2013년 여름, 반스앤노블은 누크 사업을 총괄했던 CEO 윌리엄 린치William Lynch를 전격 교체하면서 외부에서 디지털 사업 전문 임원을 영입했다. 마이크로소프트, 피어슨과 합작한 누크미디어는 사업 부진으로 분사를 결정했다. 태블릿PC 제조 사업 역시 치열한 경쟁구도 속에서 앞날이 불투명하다. 각종 멀티미디어 콘텐츠와 애플리케이션 스토어를 운영하고 있지만, 아마존과 애플, 구글, 삼성전자 등 경쟁사보다 플랫폼의 완결성에서 뒤처진다는 평이 지배적이다. 2013년 연말 연휴기간에 누크와 관련한 매출이 60.5%

급감했으며, 누크의 시장점유율은 20% 이상 하락했다. 이제 누크는 북미지역에서 한 자리 숫자의 점유율을 보이고 있다.

반스앤노블은 2014년 1월 신임 CEO로 마이클 휴즈비를 선임했다. 그는 2012년 3월 반스앤노블에 합류하기 전까지 케이블비전 시스템에서 경력을 키워온 인물이다. 윌리엄 린치의 공석 기간 동안 휴즈비는 반스앤노블 대표와 누크미디어의 CEO를 맡기로 했다. 반스앤노블의 최대 주주인 레너드 리지오Leonard Riggio 회장은 "소매서점사업에서 상대적으로 경험이 짧지만 회사가 마주한 특별한 기회와 도전에 대한 이해가 깊고 빠르게 대처하는 인물"이라며 "우리의 미래에 대해 일치된 비전을 갖고 있다"고 설명했다.

그동안 반스앤노블 주주들은 누크 판매량이 정체를 보이면서부터 사업부의 분사를 요청했다. 이를 거부한 반스앤노블은 CEO 교체라는 카드를 꺼내며 전자책 사업에 대한 의지를 보였지만, 실적이 나오지 않는 상황에서 사업 지속은 어려울 것이라는 예상이 우세하다. 게다가 최근에는 누크 사업 부문의 인력을 줄일 예정이라는 보도가 나오기도 했다. 아마존 킨들과의 경쟁에 밀리면서 수익이 하락하자 이 같은 결정을 내린 것으로 풀이된다. 회사 측은 몇 명의 인원을 줄였는지 언급하지 않았다. 이와 관련해서 누크 하드웨어 팀의 모든 직원을 감축한 것은 아니며, 새로 구성한 팀은 매출을 공격적으로 끌어올리면서 재무 성과와 효율성을 증대시킬 것이라고 답변했다.

누크는 어디로 가는가

여기에서 생각해볼 문제가 있다. 바로 누크의 미래다. 전자책을 포함한 디지털 사업은 반스앤노블 전체의 성패를 좌우할 만큼 매우 중요한 사업이 되었다. 반스앤노블은 오프라인 매장 내 누크존을 구성해서 종이책 구입 고객을 대상으로 직접 디지털 경험을 할 수 있게 만들었다. 이는 아마존, 코보 등 온라인 기반의 경쟁사들이 시도하기 어려운 차별화된 마케팅이었다.

반스앤노블이 전자책 디바이스에 이어 태블릿PC로 사업을 확장하면서 전자책과 각종 미디어 애플리케이션 유통까지 그 영역을 발전시켰다. 디지털 출판과 유통 패러다임의 급변화, 보더스의 파산 등 일련의 상황에서 반스앤노블에게 누크 사업은 반드시 품고 키워야 할 영역이었다. 아마존보다 시장 선점은 늦었지만, 두터운 기반 고객층과 출판사와의 오랜 파트너십은 누크의 초기 성장에 큰 도움이 되었다.

문제는 지속적인 투자와 사업 추진 속도였다. 출판시장의 성장 정체로 인해 반스앤노블은 오프라인 매장과 인력을 단계적으로 축소시켰다. 아마존과 격차를 줄일 만큼 투자 여력도 없었다. 교육 콘텐츠 개발을 위해 누크미디어를 설립했지만 가시적인 성과 없이 사업은 지지부진했다. 아마존의 대항마로 시장의 관심을 끌 것이라 예상했지만, 경쟁사들의 성장 속도를 넘어서지 못한 것이다.

2014년 12월 4일(현지시간) 마이크로소프트는 반스앤노블과 함께 추진했던 전자책 사업에서 손을 뗄 것이라고 발표했다. 마이크로소프트는 누크미디어 사업이 고전을 거듭하자 현금 및 주식을 포함 1억 2500만 달러에 지분을 되팔았다. 투자금액(3억 달러)의 반도 회수하지 못한 셈이다. 마이크로소프트와의 제휴 종료 소식이 전해지자 반스앤노블의 주가는 10% 가량 급락하기도 했다.

전자책은 플랫폼 사업이다. 콘텐츠와 스토어, 뷰어, 디바이스 등 개별적인 시스템과 프로세스가 일관성 있게 연결되어야 한다. 기술 중심의 회사가 아닌 반스앤노블 입장에선 수익이 미미한 전자책 사업을 미래 성장 엔진으로만 볼 수는 없었을 것이다. 현재 외부 전문 인력 영입을 통해 반등을 노리고 있지만, 실적 부진 등으로 사임한 윌리엄 린치를 따라 이탈하고 있다. 신임 CEO 마이클 휴즈비가 모토로라와 야후 등에서 스마트 디바이스와 디지털 콘텐츠 사업 전문가들을 영입하고 있지만 20% 이상 하락한 시장점유율을 어느 정도 반등시킬지는 의문이다.

열쇠는 하이브리드와 파트너십

그렇다면 반스앤노블이 전자책과 디지털 콘텐츠 시장에서 위기를 탈출할 수 있는 전략은 무엇일까. 업계 전문가들의 공통된 의견은 바로 '하이브리드 마케팅'과 '파트너십 강화를 통한 시장 선점'이다. 예컨대 오프라인 매장에서의 누크 디바이스와 콘텐츠 체험은 지금보다 더 적극적으로 진행해야 한다.

또한 종이책 판매 방식과는 다르게 전자책은 누크 이용자에게 큐레이션을 통한 추천 역량도 강화해야 한다. 아마존에 비해 추천 역량이 떨어진다는 평가는 기술적인 면에서 본 것이다. 기본적인 추천 역량은 반스앤노블이 경쟁사들보다 우월하다. 이를 기술적으로 다양하게 매칭하고 지원하는 방법이 부족한 점이 단점으로 지적되는 것이다. 이 부분을 해결하는 것은 그리 어려운 일이 아니다. 외부 전문 인력이나 전문 솔루션 회사를 통해 충분히 개발하고 적용할 수 있다. 하나의 시스템에서 품질을 높이는 작업과 함께 웹과 모바일에서 원활하게 사용할 수 있다면 누크 사업 전체에도 긍정적인 영향을 줄 수 있을 것이다. 누크를 통해 선호하는 분야나 작가의 책을 맞춤형으로 추천받고 각종 할인 혜택까지 제공받는다면 아마존과의 격차뿐만 아니라 애플, 구글, 코보 등 메이저 사업자들과의 경쟁에서도 유리한 위치를 선점할 수 있을 것이다.

더불어 파트너십 강화와 인수합병에도 적극성을 보여야 한다. 전자책 시장에서 틈새시장을 공략하는 스타트업과의 협력 또는 투자를 통한 인수합병도 누크의 반등을 꾀할 수 있는 전략이다. 서브스크립션 모델이 전자책 서비스에서 주목받고 있다. 반스앤노블이 오이스터Oyster, 리드밀Readmill 등과 같은 소셜리딩 업체를 인수한다면 시장과 독자들의 반응이 많이 달라질 것이다. 핵심은 전자책을 중심으로 한 디지털 콘텐츠 사업에서 아마존과의 직접적인 대결 국면을 피해야 한다는 점이다. 안정적인 출판 파트너십을 바탕으로 기술 서비스 사업자들과 연결한 누크 생태계를 빠르게 구축해야 한다.

속도감 있는 의사결정이 뒷받침되는 경영진의 리더십 변화도 필수적이다. 한번 밀리기 시작하면 반등하기 어려운 산업이 디지털 시장이다. 최근 반스앤노블은 태블릿PC 사업부문에 이어 누크 심플터치도 생산 중단을 발표했다. 누크는 디바이스의 몸집을 줄이고 교육 플랫폼 사업을 강화하는 방향으로 선회했다. 삼성전자와 합작하여 만든 '갤럭시탭4 누크'의 결과도 주목된다. 이는 디지털 사업에 있어서 반스앤노블의 마지막 전략적 카드로 보인다.

코보 : 다윗은 골리앗을 이길 수 있을까

코보는 전자책 서비스를 제공하는 기업 중 가장 빠르게 성장하고 있다. 총 320만 권의 전자책과 잡지, 신문을 세계 190여 개국의 이용자에게 제공하고 있으며, 모든 사용자에게 "독서할 수 있는 자유$^{Read\ Freely}$"를 제공해야 한다는 사업 철학을 가졌다.

코보는 콘텐츠 이용자에게 다양한 디바이스 옵션을 제공한다. 코보 터치^{Touch}, 코보 미니^{Mini}, 코보 글로^{Glo}, 코보 아르크^{Arc}, 코보 아우라 HD$^{Aura\ HD}$ 등 전자책 디바이스와 태블릿PC까지 제작하고 판매한다. 운영체제도 애플의 iOS, 구글의 안드로이드, 마이크로소프트의 윈도우 등 거의 모든 사양을 완벽하게 지원하는 애플리케이션을 배포하고 있다. 코보의 경영진은 IT산업과 출판산업의 전문가가 균형적으로 구성되었다는 점에서도 기존 전자책 회사들과 차이가 있다.

한때 전자책 시장의 선두 그룹을 형성했던 반스앤노블과 소니는 사업 실적의 부진으로 소비자의 눈에서 사라지고 있는 분위기다. 그런데 코보는 대규모의 투자와 다양한 콘텐츠, 서비스 이슈 등을 만들어내면서 아마존의 강력한 대항마로 떠오르는 중이다.

그만큼 소비자인 독자의 전자책 이용 패턴을 잘 읽어내고, 이를 반영한 서비스 최적화에도 상당한 투자를 진행하고 있는 것이다.

라쿠텐과의 운명적인 만남

2009년 12월에 설립된 신생회사 코보가 지금처럼 사세를 확장할 수 있었던 것은, 바로 일본의 인터넷 쇼핑몰 회사인 라쿠텐을 만났기 때문이다. 2011년 11월, 라쿠텐은 본격적인 디지털 콘텐츠 시장 진출을 위해 코보를 3억 1500만 달러(약 3500억 원)에 인수했다. 코보의 주식을 전량 매입해 코보를 완전한 자회사로 만들었고, 코보의 CEO 마이클 서비니스Michael Serbinis 등 경영진과 230여 명의 직원도 모두 승계하는 조건을 수락했다. 당시 라쿠텐은 같은 사업 분야에서 치열한 경쟁하고 있는 아마존의 디지털 콘텐츠 사업에 많은 위협을 느끼고 있었다. 코보를 과감히 인수키로 결정한 것은 빠르게 성장하는 전자책 디바이스와 태블릿PC 시장을 둘러싼 글로벌 경쟁에서 살아남기 위한 포석이라 할 수 있겠다.

라쿠텐의 CEO 히로시 미키타니三木谷浩史는 "코보는 소셜미디어를 이용하여 세계에서 가장 소통하는 전자책 독서 경험을 제공하는 곳이다. 라쿠텐은 세계에 퍼진 전자상거래 자회사를 통해 코보의 전자책 사업 기회를 제공할 것이다"라고 하면서 강한 자신감을 보였다. 그는 코보의 인수와 사업 확장은 결국 아마존에 대항하기 위한 전략임을 직설적으로 밝혔다. 전자책 사업에서 자사의 디바이스가 없으면 경쟁에 불리함을 인식하고, 가장 좋은 인수 대상으로 코보를 정한 것이다. 출판사와 유통사 모두 아마존을 두려워하지만, 라쿠텐은 아마존에 비해 거래처와의 관계를 더 중요하게 생각하고 있다는 점도 강조했다. 모든 것을 독점하는 사업자의 모습이 아닌, 유통사들과의 합리적인 관계를 구축하고 유지하는 것이 아마존과의 차별적인 전략임을 시장에 내세웠다.

라쿠텐은 코보를 인수한 후 디바이스와 콘텐츠 등 플랫폼 기능 개선과 해외 진출 확장에 대대적인 투자를 단행했다. 당시 마이클 서비니스 코보 CEO는 "전자책 시장 경쟁은 한 국가에서의 싸움이 아니다. 도서 시장의 60%는 북미지역 바깥에 있다. 우리는 우리가 1등이 되는 나라들로 진출하겠다"라고 선언하면서 아마존을 향해 본격적인 도전장을 내밀었다.

라쿠텐의 강점은 강력한 파트너십 유지와 확대에 있다. 이를 기반으로 주력 사업인 쇼핑몰뿐만 아니라 증권, 카드, 여행사업도 운영한다. 안정적인 현금 유입이 가능한 사업들이기 때문에, 한쪽에서 손해가 나도 다른 쪽 이익으로 메울 수 있는 경영구조를 갖추고 있다. 전자책과 디바이스 사업이 단기 이익이 많이 나지 않고, 리스크가 큰 사업임에도 라쿠텐의 투자 여력은 충분했던 것이다. 아마존이 사업 초기에 손해를 감수하면서까지 전자책 가격의 역마진화 전략을 채택했던 것도 든든한 수익창출원인 일반 유통과 아마존웹서비스가 있었기에 가능한 것이었다.

아마존과의 정면승부

라쿠텐-코보는 본거지인 일본의 전자책 시장 진출에 박차를 가했고, 2012년 7월에 아마존보다 한발 빠르게 서비스를 오픈했다. 당시 전자책 전용 디바이스인 코보 터치를 출시했는데 판매가는 7980엔으로, 아마존의 킨들 터치 미국 판매가격인 99달러와 비슷한 수준이었다. 동급의 스펙에 거의 같은 가격의 전자책 디바이스를 출시하면서 아마존을 향한 선제공격을 감행한 것이다.

저가의 디바이스를 출시하면서 라쿠텐은 시장을 빠르게 확대하고자 했다. 라쿠텐-코보는 일본어 전자책 3만 권(무료 1만 권)을 가지고 사업을 시작했다. 그러나 경쟁사인 소니가 보유한 전자책은 6만 권으로 라쿠텐-코보가 전자책 시장에서 자리매김하기 위해서는 콘텐츠 확보가 여전히 핵심 관건이었다. 이후 라쿠텐-코보는 컬러 디스플레이를 장착하여 전자책뿐만 아니라 음악이나 영상 콘텐츠를 즐길 수 있는 태블릿PC를 출시하였고, 이를 기반으로 사업 영역을 확대하는 전략을 이어갔다.

라쿠텐의 도전장을 받은 아마존도 가만히 있지는 않았다. 10년 넘게 일본에서 쇼핑몰 사업을 하고 있었던 아마존 역시 동종업계의 전자책 사업 진출을 그냥 보고만 있을 수는 없었을 것이다. 이미 2007년부터 세계 전자책 시장에서 압도적인 1위를 유지하고 있는 아마존에게 열성적인 고객층이 있는 일본 시장은 매력적이었다. 라쿠텐-코보가 서비스를 오픈한 지 3개월이 지난 2012년 10월에 아마존재팬은 사이트 내에 킨들스토어를 오픈하고 킨들 페이퍼화이트를 판매하기 시작했다. 당시 아마존 CEO 제프 베조스가 직접 일본에 가서 킨들 서비스에 대해 인터뷰를 할 정도로 일본 시장에 큰 관심을 보였다.

특히 아마존은 일본 시장을 장악하기 위해 만화를 들고 나왔다. 오리콘 베스트셀러를 포함해 1만 5000타이틀이 넘는 만화 콘텐츠를 킨들 페이퍼화이트에서 이용할 수 있도록 하여 일본 독자들의 관심을 끌었다.

즐거운 독서경험을 제공하겠다

코보가 시장에서 주목받은 이유는 바로 독자들과 함께 호흡할 수 있는 채널을 적극적으로 활용했기 때문이다. 기존 사업자들이 일방향으로 독자들과 소통한 것과 달리, 코보는 SNS를 통한 독서경험 공유가 전자책 콘텐츠 판매를 늘리는 중요한 요소임을 깨닫고 이를 실제 사업화하는 전략을 택했다.

코보는 디바이스 연구개발과 제작에 많은 노력과 투자를 아끼지 않았다. e잉크 디바이스 시장이 과거에 비해 축소되고 있지만, 여전히 헤비리더층의 수요는 늘어나고 있다. 이와 병행해서 본격적인 해외 시장 진출, 멀티미디어 콘텐츠의 활용과 애플리케이션 서비스를 위해 태블릿PC의 출시도 필수 불가결한 요소가 되었다. 코보 역시 경쟁사들과 마찬가지로 전용 디바이스와 태블릿PC를 출시하면서 상호 보완적인 디바이스 라인업을 구축했다.

코보는 종이책 유통을 하지 않는다는 점에서 기존 출판사와의 이해관계를 조정하는 데 수월했다. 코보는 콘텐츠 파트너십을 맺기 위해 출판사와 저자를 설득하는 데 전문 인력과 비용을 투자하고 있다.

특히 코보가 강조하는 부분은 온라인 사업에 대한 마인드의 변화다. 코보는 독자들의 독서 습관이 변하고 있으며, 이제 출판사들은 전자책을 핵심 사업으로 삼지 않으면 살아남기 어려운 시대가 오고 있다고 말한다. 종이책이 먼저이고 전자책은 나중에 한다는 고정관념을 버려야 한다는 것이다. 코보의 이러한 견해는 실제 판매 데이터에 기반을 두고 있다. 오랜 기간 판매 데이터를 분석한 결과, 전자책을 즐겨보는 독자들이 신간 전자책과 종이책을 자신의 독서 패턴에 따라 더 많이 구입한다는 점을 확신했기 때문이다.

코보의 대표적인 애플리케이션 서비스는 '리딩라이프Reading Life'이다. 코보는 이 서비스가 경쟁사와 차별적인 새로운 독서 경험을 제공할 것이라고 밝혔다. '리딩라이프'는 독자가 전자책을 읽는 순간의 데이터를 모아 책을 언제 펴고 덮었는지, 몇 페이지를 읽었는지, 몇 권을 읽는지를 분석해서 통계를 내고, 우수 활동 독자들에게는 각종 보상을 해준다. 실제 '리딩라이프' 사용자의 만족도는 아주 높은 편이며, 이를 통해 전자책 판매도 늘었다. 코보의 전자책 서비스 전략은 책을 읽는 것뿐 아니라 책을 고르고 책장을 넘기는 경험에도 즐거움을 주는 것이다. 책 본문에 각종 이벤트를 삽입하거나, 책의 스토리 전개가 달라지게 하는 등 독자들이 즐겁게 책을 읽고 타인들과 나눌 수 있는 시스템을 갖추고 있다.

2012년에는 전자책 콘텐츠 확대 전략의 일환으로 셀프 퍼블리싱 플랫폼 서비스 '라이팅라이프'를 시작했다. 셀프 퍼블리싱은 종이책 시장은 물론 전자책 시장에서도 크게 활성화되고 있다. 미국에서는 셀프 퍼블리싱 서적의 약 40% 정도가 전자책으로 출간되며, 이들의 매출액이 전체 전자책 매출액의 약 10% 정도를 차지한다. 전자책 분야에서 셀프 퍼블리싱 서적의 강세가 높아지면서 글로벌 전자책 플랫폼 회사들이 셀프 퍼블리싱 분야로 비즈니스를 확장하고 있다.

2013년 4월 코보는 전자책 디바이스 라인의 새로운 비밀병기인 '아우라 HD'를 출시했다. 대부분 6인치인 디바이스 시장에서 아우라 HD는 6.8인치를 선택했다. 웨인 화이트 코보 부사장 겸 디바이스 사업 책임자는 "코보 아우라 HD는 전자책의 포르쉐로 불리며, 전자 독서 모험을 스스로 맘껏 즐기고자 하는 이들을 위해 디자인했다"고 밝혔다.

이어 8월에는 태블릿PC의 새로운 라인업으로 '아르크7' '아르크7 HD' '아르크10 HD'를 출시했다. 코보는 태블릿PC의 LCD모니터로 독서를 할 때 쉽게 눈이 피로해지는 등의 불편을 해소하기 위해 '읽기 중심 모드'를 적용하고, 눈의 피로를 줄일 수 있는 색상 조절 기능도 추가했다. 또한 한정판이었던 6.8인치의 아우라HD를 6인치로 줄인 '프리미엄 아우라 HD'도 발표했다.

크로스 플랫폼 관점에서 애플리케이션 내에 사용자가 웹에서 본 특정 기사를 저장하면, 나중에 다양한 디바이스에서 볼 수 있게 해주는 포켓 애플리케이션과의 통합도 선보였다. 이는 아마존에 대한 미투Me too 전략이지만, 추진 속도 면에서는 다른 경쟁자들을 능가하고 있다.

본격적인 코보 2기의 출발

한때 승승장구하던 반스앤노블은 한순간에 미국 전자책 시장 2위 자리를 내놓아야 했다. 라쿠텐이라는 든든한 지원군을 얻은 코보도 긴장의 끈을 놓쳐선 안 될 것이다. 책과 독서를 중심에 두고, 시장에 참여하는 모든 관계자가 지속적으로 시너지를 낼 수 있는 플랫폼 개선에 집중해야 할 것이다.

코보가 해외 시장에 진출하면서 해당 국가 유통사업자와의 긴밀한 파트너십을 체결하고, 미국서점협회와 함께 '코보 e리딩 프로그램Kobo eReading Program'을 추진한 사례는 아마존과의 차별성을 잘 보여준다. 약자가 강자를 상대할 때에는 신속함과 관계 확장이 매우 중요한 전략적 요소다. 코보는 이를 가장 선명하게 보여주고 있다. 골리앗(아마존)에 맞서는 다윗(코보)의 싸움이 과연 어떤 방향으로 흘러갈지 주목된다.

2014년 2월, 코보의 CEO가 교체되었다. 2011년 코보를 인수한 라쿠텐은 코보의 창업자 마이클 서비니스에 이어 일본인 타키히토 아이키相木 孝仁를 선임했다. 라쿠텐의 전자책 사업에 많은 변화가 일어날 것이 예상되는 발표였다. 아이키는 일본에서 서점과 비디오 대여 사업을 했던 츠타야tsutaya에서 2년 동안 온라인 회원 수를 두 배 이상 늘린 경험을 가지고 있다. 또한 베인앤컴퍼니에서 컨설턴트와 라쿠텐의 통신회사인 퓨전 커뮤니케이션을 거친 인터넷 사업 전문가로도 알려져 있다. 전임 대표 마이클 서비니스는 이사회 부의장으로 사업 자문 역할을 하기로 했다.

코보는 미국을 넘어 유럽, 아시아 지역에 공격적으로 진출하고 있다. 2013년 실적보고서에 따르면 코보의 수익은 전년대비 44% 신장했고, 회원 수도 50% 증가해서 총 1800만 명에 달한다.

타키히토 아이키가 이끌어갈 코보 2기는 어떤 모습일까? 제반적인 플랫폼 구축과 경쟁력은 이미 최고 수준이다. 이제 코보는 본격적인 해외 시장의 확장과 수익 실현을 전략적 목표로 보는 것 같다. 신임 CEO의 주요 경력을 볼 때, 전자책과 함께 각종 디지털 미디어 기반의 콘텐츠 플랫폼으로 사업을 확장할 가능성이 매우 높다. 아마존 앱스토어처럼 코보 앱스토어를 구축하고 자사의 디바이스를 연계하는 식의 비즈니스 모델을 더욱 강화할 것으로 예상된다.

전자책 시장은 매출의 성장도 중요하지만 이익을 높이지 않으면 사업의 지속 여부가 불투명해진 상황이다. 전자책 사업만 영위하기에 코보는 작은 규모가 아니다. 미국에서 낮은 점유율을 높이는 것보다 해외 확장을 통해 시장을 선점하는 전략은 계속 이어질 듯하다. 현재 190여 개국에 진출했지만 중국, 러시아, 인도 등 시장 규모가 큰 국가들을 선점하지 못한 점은 극복해야 할 과제다. 대주

주인 라쿠텐도 일본을 넘어 세계 시장에서 메이저 기업들과의 경쟁을 벌여야 할 시기를 맞이했다.

코보의 CEO 교체 소식에 이어 소니가 자사의 전자책 서비스인 '리더스토어readerstore'의 북미지역 중단 소식을 발표했다. 흥미로운 점은 소니의 회원 승계를 코보가 담당하는 것으로 협약을 체결한 부분이다. 2014년 4월까지 북미지역에서 소니 전자책을 구입한 독자는 코보 회원으로 등록해서 콘텐츠를 승계 받을 수 있으며, 코보 앱과 뷰어를 통해 전자책을 이용할 수 있다. 양사 모두 어도비 DRM을 채택하고 있어서 연동에 어려움은 없으나, 전자책 디바이스는 모델과 버전에 따라서 지원 범위에 차이가 있다.

소니가 북미지역에서 서비스를 중단한 이유는 아주 낮은 시장 점유율에 따른 수익 구조 악화 때문으로 보인다. 코보는 북미지역의 소니 회원을 대부분 흡수하면서 고객 기반 강화에 긍정적인 효과를 얻을 것이다.

5장
새롭게 떠오르는 전자책 서비스

셀프 퍼블리싱과 전자책

기본적으로 출판은 작가의 원고에서 시작된다. 전통적인 출판은 여전히 책과 사람을 연결시키는 중추적인 역할을 한다. 이미 출간 경험이 있는 작가들은 새로운 책을 출간하기 위해 지식과 예술적인 영감을 재생산하고, 수많은 예비 작가들은 자기만의 독특한 경험을 한 권의 책으로 내기 위해 출판사의 문을 두드린다. 하지만 대다수의 투고 원고는 출판사의 검토 결과에 따라 출간되지 않는 것이 현실이다.

상업 출판의 관점에서 보면 한 권의 책을 출간하는 비용과 수익을 무시할 수는 없다. 독자에게 검증된 작가, 차별화된 콘텐츠를 가진 작가에 대한 지원은 출판사의 당연한 선택이다. 그렇다면 상업 출판에서 선택되지 않은 예비 작가들은 어디로 가야 할까?

독립작가들이 셀프 퍼블리싱 서비스에 열광하는 이유

종이책에서 전자책으로 책의 형식이 확장되면서 전통적인 출판사의 고민은 깊어졌지만, 오히려 작가들의 선택지는 늘어났다. 우선 출간 기회를 제공하는 플랫폼과 서비스가 다양해졌다. 대다수 출판관계자들은 출판의 장벽이 낮아지고 있음을 인식한다. 또한 출판콘텐츠의 소비 경로가 인터넷과 모바일 채널을 통해 빠르게 이동하고 있다. 좋은 콘텐츠만 있다면 작가로 데뷔해서 인세 수익을 올릴 수 있는 기회가 점점 늘어나는 것이다. 집필부터 기획, 편집과 출판 제작까지 작가 스스로 할 수 있는 셀프 퍼블리싱은 전자책의 성장과 함께 대중화되고 있다. 게다가 전자책은 물리적인 제작비와 재고 유지비 등을 절감할 수 있어 투자 대비 수익률 관점에서도 종이책보다 유리한 편이다. 다만 일정한 기대 수준 이상의 매출액이 달성되어야 이론적인 장점이 유지될 수 있다. 전자책을 통해 출간 기회는 늘어났지만 실질적인 판매 수익과 독자의 호응을 얻는 것은 더 어려워졌다는 분석이 많다. 출간 전후의 마케팅은 작가 혼자 해내야 하기에 어려운 점이 따르는 것이다.

독립작가가 전자책으로 성공할 수 있음을 보여주는 대표적인 사례는 바로 아마존의 KDP 작가들이다. 아마존은 콘텐츠 다운로드 수가 100만 건이 넘는 작가들이 입성하는 '킨들 밀리언클럽$^{Kindle\ Million\ Club}$'에 KDP 작가들도 등록할 수 있도록 했다. 최근에는 KDP 작가 중 전자책 판매 수익 100만 달러를 넘긴 작가가 등장하기도 했다. 중편 스릴러소설 『울^{Wool}』로 흥행 작가 반열에 오른 휴 하위$^{Hugh\ Howey}$가 그 주인공이다. 이 소설은 셀프 퍼블리싱 시대의 정착을 증명한 전자책이라는 평가를 받았다.

아마존은 하루 동안의 로맨스, 판타지, 스릴러 분야의 소설 판매를 집계한 결과 베스트셀러 타이틀 2500여 개 중의 86%가 킨들에

셀프 퍼블리싱 플랫폼 '누크 프레스'
출처 : nookpress.com

서 판매된 것이라고 발표했다. 장르문학 분야에서 독립작가의 책이 빅5 출판사와 계약을 맺은 작가의 작품보다 더 많이 판매되는 현상 등으로 인해 셀프 퍼블리싱을 등한시했던 기존 출판업계도 변화해야 한다는 목소리가 커지고 있다.

전자책 시대, 셀프 퍼블리싱은 독립작가들의 미래에 어떤 영향을 미칠까. 여러 논쟁이 있지만 우선 작가들의 현실을 들여다볼 필요가 있다. '디지털북월드 2014'에 참석한 9000여 명의 작가를 대상으로 진행한 설문조사 결과는 흥미롭다.

전통적인 출판을 통해 책을 낸 작가의 54%와 셀프 퍼블리싱 작가의 80%의 연간 수익이 1000달러 미만이라고 한다. 대다수 작가들이 책 출간으로 생계를 유지하기는 거의 불가능한 수준인 것이다. 그에 비해 셀프 퍼블리싱 작가의 0.7%, 전통 출판 작가의 1.3%, 하이브리드 작가의 5.7%가 연간 10만 달러 이상의 수익을 달성했다. '빈익빈 부익부' 현상이 출판사와 작가 모두에게 적용되고 있는 현실이다. 여기에서 주목해야 할 점은 바로 하이브리드 작가들이다. 이들은 전통 출판을 통한 종이책 출간과 셀프 퍼블리싱 플랫폼을 활용한 전자책 출간을 넘나드는 작가들이다. 온라인 비즈니스와 각종 스마트 디바이스 환경에 익숙한 세대들이 작가 세계로 진입하면서 이들의 숫자가 자연스럽게 확대되고 있다.

해외 셀프 퍼블리싱 플랫폼을 사용하는 독립작가들의 프로필을 보면 최근 트렌드를 확인할 수 있다. 작가 프로필은 독자들에게 자신을 소개하는 것이 기본 역할이지만, 독립작가들의 프로필은 출판사를 향한 러브콜이 되기도 한다. 그런 측면에서 요즘에는 자신을 '상업소설과 논픽션 분야의 원고를 쓰고 있으며 지금 바로 출간이 가능한 역량을 가진 작가'라는 식으로 소개하는 경우가 많다.

대부분의 독립작가들이 높은 출판 인세를 선호한다고 여길 수도 있지만 실제로는 그렇지 않다. 특히 셀프 퍼블리싱으로 책을 내는 작가들은 자신의 지식과 영감을 독자들과 공유하는 것을 더 중요하게 생각한다. 독립출판물이 상업적으로 기대 이하의 성과를 거둔다는 점을 대부분의 작가들 인식하고 있다. 그럼에도 여전히 독립작가들이 셀프 퍼블리싱 플랫폼에 적극적인 이유는 전통 출판의 인세율 10~20%보다 셀프 퍼블리싱의 인세율 60~70%가 더 매력적이기 때문이다.

돈에 의해서 작가의 순수한 동기가 좌우된다고 보기는 어렵지만 잠재적인 수입은 기대감을 갖기에 충분하다. 특히 로맨스, 판타지, 스릴러 등 전자책 시장에서 인기가 높은 장르 분야 전문 작가들의 콘텐츠는 확실히 증가하는 추세다. 하지만 이 분야도 상위 1~2%의 작가들이 대부분의 수익을 거둬가는 형태로 경쟁이 치열하다.

2020년 미국 전자책의 50%는 독립작가의 작품일 것이다

최근 스매시워즈의 설립자이자 CEO인 마크 코커는 전자책 시장에서 셀프 퍼블리싱 작가의 점유율에 대한 전망을 내놓은 바 있다. (2008년에 오픈한 스매시워즈는 독립 전자책 분야의 세계 최대 유통업체로 유명하다. 현재 7만여 명 이상의 작가, 독립출판사와 콘텐츠 계약을 체결했고, 30만여 종의 전자책을 제공하고 있다.) 그는 대체로 전자책 시장의 성장을 도전적으로 보는 편인데, 2013년 미국 출판시장에서 전자책이 30%를 차지할 것이라는 전망을 발표하기도 했다. 그리고 2014년 3월에는 2013년 전자책 시장에서 15% 점유율을 차지한 독립작가들이 2020년에는 50%를 차지할 것이라고 전망했다. 전자책 시장을 견인하는 절반의 동력이 독립작가층에서 발생할 것이라고 본 것이다.

현재 미국 종이책 시장에서 독립작가의 책은 약 4.5%를 차지하고 있다. 셀프 퍼블리싱을 이용하는 독립작가들에게 전통적인 출판과 유통의 장벽은 여전히 존재하지만 확실히 낮아지는 분위기이다. 이러한 분위기에서 마크 코커가 이야기한 「2020년 전자책 시장에서 독립작가가 50% 점유율을 차지하게 될 10가지 이유」의 내용은 대략 아래와 같다.

1. 종이책은 지속적으로 감소한다. 스크린 기반의 독서 인구가 확장되면서 전자책은 낮은 가격과 뛰어난 검색 기능을 채택하고 있다. 더 많은 독자들이 인스턴트 독서의 즐거움을 누릴 것이다.
2. 오프라인서점이 줄어든다. 행복한 현상은 아니지만, 서점이 와인이나 브라우니 등을 함께 판매하는 카페형으로 변해야 한다고 본다.
3. 작가들의 출판사에 대한 기대 가치가 줄어들고 있다. 전통적인 출판사를 통한 책의 제작과 배포는 분명히 중요하지만, 시간이 갈수록 작가들은 대부분의 출판 과정을 스스로 진행하고 싶어 한다.
4. 독립작가는 점점 출판전문가처럼 책을 출간하고 있다. 각종 셀프 퍼블리싱 플랫폼과 서비스들은 독립작가들에게 편리성을 지원하고 전문성을 발휘할 수 있게 만들어주었다. 스매시워즈의 경우 지난 6년 동안 작가들의 전문성은 더욱 높아졌으며, 셀프 퍼블리싱의 성공 사례도 증가하고 있다. 책의 품질 면에서 전통적인 출판 방식과 경쟁하면서도 가격은 낮게 책정한다. 그만큼 차별화된 경쟁력을 갖추는 데 있어서 셀프 퍼블리싱 플랫폼은 독립작가들에게 많은 장점을 제공한다
5. 셀프 퍼블리싱 전자책 제작 종수가 급격하게 증가하고 있다. 전자책은 스매시워즈 등 전문 플랫폼을 통해서 자유롭게 접근할 수

있고, 각종 글로벌 온라인 소매 유통 채널에도 편리하게 연결된다. 이를 통해 대부분의 작가들은 작품의 수준을 더욱 높이는 데 주력하고, 품절과 절판에도 불안해할 필요가 없게 되었다.

6. 성공한 독립작가들이 다음 세대의 작가들에게 멘토링을 해주고 있다. 작가가 작가를 돕는 자발적인 성장 생태계를 갖추면서 작품의 수준이 더욱 높아졌고, 성공의 경험들이 실제 현장에서 활용되고 발전을 거듭하고 있다.

7. 셀프 퍼블리싱에 대한 오명은 줄어들고 있다. 독립 작가들은 자신들이 긍지와 전문성을 가지고 출판할 수 있음을 알고, 셀프 퍼블리싱 비판자들의 비판에 맞설 수 있는 강한 자아를 갖췄다. 작가를 대상으로 하는 각종 컨퍼런스에 가보면 독립 작가들의 열정과 자신감을 느낄 수 있다. 몇 년 전, 많은 작가들은 오직 10,000명 중 1명만이 자신의 꿈을 출판사에서 받아들인다는 사실을 알고 좌절하곤 했다. 오늘날 그들은 프로처럼 셀프 퍼블리싱을 배우고 자신들의 방식으로 책을 출간할 수 있다는 사실에 들뜬 상태로 컨퍼런스를 떠난다.

8. 작가들은 셀프 퍼블리싱의 기쁨을 발견하고 있다. '화성에서 온 출판사, 금성에서 온 작가'라는 비유가 있다. 이처럼 작가와 출판사가 서로 다른 언어와 출판의 목표를 가진 경우가 많았다. 최근 책의 판매 시스템은 더욱 발전하고 있다. 독립작가들은 종합적인 출판 관리 시스템, 시장 출시 기간의 단축, 전자책을 통한 품절판 문제 해결 등 출판의 미래에 대한 구조적인 소유권을 행사할 수 있는

기반을 확보했다. 독립작가들은 수시로 독자들과 직접 소통할 수가 있다. 인세도 전통적인 출판사를 통해 버는 것보다 4~5배 이상 높게 거둘 수 있다.

9. 독자들은 출판사 브랜드를 보고 전자책을 구입하지 않는다. 독립작가들은 스스로의 브랜드를 구축하는 방법에 대해 배우고 있다.

10. 작가와 출판사의 간극이 커지고 있다. 이는 다음 세대의 작가들에게 전통적인 출판과 출판마케팅에 많은 변화를 일으키는 원인으로 작용할 것이다. 전통적인 방식을 고수할 경우 판매 부진이 이어지게 되고 작가들과의 결별은 자연스러운 현상이 된다. 향후 세기에는 출판 시스템이 작가들에게 새로운 힘과 존경을 만드는 방향으로 나아갈 것이다.

-「10 Reasons Indie Authors Will Capture 50% of the Ebook Market by 2020」, 마크 코커, 스매시워즈 블로그(blog.smashwords.com), 2014.3.5.

출판사여, 독립작가를 주목하라

미국 출판계의 현황이 다른 국가에 그대로 적용된다는 법칙은 없다. 국가별 출판 유통 구조와 독자들의 성향에 차이가 있기 때문이다. 하지만 전통적인 출판 제작과 유통 환경에 변화의 바람이 부는 것은 명백한 사실이다. 종이책 중심의 출판시장은 계속 정체되고 감소되는 추세에 있는 반면, 전자책과 셀프 퍼블리싱 플랫폼은 나날이 성장하고 있다. 투자 대비 수익률이라는 이름으로 전통적인 출판 구조에서 자리 잡기 힘들었던 작가들은 스스로 책을 출판하는 길을 선택했다.

디지털 기술의 발전은 독립 출판과 작가들에게 양질의 서비스를 제공하면서 많은 영향을 미치고 있다. 독립작가들이 셀프 퍼블리싱 시스템을 이용하여 전자책과 종이책을 편리하게 출간할 수 있게 된 배경에는 결국 기술의 발전이 있었다. 심지어 제작을 지원하는 도구뿐만 아니라 마케팅 지원 기능도 발전하고 있다. 분야별 독자들의 콘텐츠 구입 패턴과 실시간 매출 현황 분석 등 각종 기록들을 대시보드 형태로 지원하고 있다.

최근 전자책 전문 플랫폼 회사 부크^{Vook}가 각종 콘텐츠 유통 및 판매 데이터 분석을 담당하는 업체인 북클^{booklr}을 인수했다. 부크는 '부크의 작가 관리$^{Vook's\ Author\ Control}$'라는 종합 출판 솔루션을 새롭게 선보이면서 경쟁력을 강화하는 중이다. 양질의 콘텐츠를 가진 독립작가가 직접 책을 만들고 마케팅할 수 있는 플랫폼 환경은 갈수록 고도화되고 있다. 작가 간의 커뮤니티도 활성화되면서 전통적인 출판 환경과 출판사에 대한 작가들의 의존성은 점차 약해지고 있다.

앞서 마크 코커의 전망에 동의되는 부분이 많긴 하지만, 변화에 따른 혜택은 소수의 작가들만 누릴 것이라고 본다. 핵심은 시장점유율만큼 독자들이 출판콘텐츠를 어떤 방식으로 선택하고 소비를 지속시킬 것인가에 대한 깊이 있는 전략 수립과 실행이다. 앞서가는 독립작가들은 디지털 환경에 익숙하다. 이들은 출판사와의 협력을 통한 비즈니스보다 플랫폼과 디지털 마케팅을 통한 독자와의 소통에 더욱 적극적으로 나설 것이다. 이제 출판사도 독립작가를 중장기적인 관점에서 협력의 대상으로 주시해야 한다. 가능성 있는 아마추어 작가를 발굴해서 자사의 콘텐츠 제작 파트너로 적극적으로 초빙하고 전문성을 함께 키워나가야 한다.

이제 모든 출판 환경이 개방형으로 진행되고 있다. 셀프 퍼블리싱과 독립작가의 전성시대는 머지않아 열릴 것이다. 그 배경에는 디지털과 모바일 환경이라는 시대적 흐름이 연결되어 있다. 생산자와 소비자의 간격이 좁아지고 그만큼 실용적인 거래 관계를 통해 수요와 공급은 결정될 것이다. 각종 데이터를 기반으로 특정 분야에 대한 선호도와 가격 민감도에 따른 마케팅 방법도 진화하고 있다. 현재 출판시장의 패러다임을 주도하고 있는 출판사와 서점의 변화가 절실히 요구되는 시점이다. 독립작가와의 벽을 깨고 트렌드를 주도하는 곳은 미래 출판시장을 리드하는 좋은 거점을 마련할 수 있을 것이다.

서브스크립션 모델의 등장과 가능성

스마트 디바이스와 소셜미디어의 확산에 따라 커머스 비즈니스 모델도 함께 진화하고 있다. 스마트 시대의 비즈니스는 '언제나anytime, 어디에서나anywhere, 어떤 디바이스에서나any device'라는 전략적 특성을 취한다. 이러한 특성을 바탕으로 전자상거래, 커뮤니케이션, 정보 검색, 엔터테인먼트 등 여러 분야에서 다양한 서비스들이 나오고 있다.

단기 할인 중심의 소셜 커머스가 일반화되면서, 이제는 1대 1 맞춤형 모델인 서브스크립션 커머스가 소비자들에게 주목을 받고 있다. 서브스크립션 커머스란 전문 유통사가 수집, 선별한 제품이나 콘텐츠를 고객에게 정기적으로 제공하는 서비스를 말한다. 한마디로 '상품'을 정기구독하는 것이다. 고객의 입장에서는 나만을 위한 전문가의 선택을, 기업의 입장에서는 구체화된 고객의 취향에 관한 정보와 고객 저변 확대라는 가치를 제공받을 수 있다.

우리는 이미 이러한 사업 모델을 익숙하게 접해왔다. 신문이나 잡지의 구독, 우유 배달 등 서브스크립션과 비슷한 서비스를 일상적으로 접할 수 있다. 서브스크립션 커머스가 주목받게 된 계기는,

2010년 4월 미국에서 '버치박스^{Birchbox}'라는 서비스가 등장하면서 부터다. 매월 정기적으로 샘플 화장품을 제공하는 '버치박스'가 소비자들에게 인기를 끌면서 유사 서비스들이 대거 등장했고, 그 시장은 계속 커지고 있다.

최근 해외 전자책 시장에도 서브스크립션 모델의 전자책 사업들이 속속 등장하고 있다. 아직은 시작 단계지만, 다양한 가격 정책과 서비스 플랫폼의 개선 등으로 독자들에게 호응을 얻고 있다. 해외에서 주목할 만한 서브스크립션 전자책 서비스를 살펴보자.

해외 서브스크립션 전자책 서비스

24심볼즈(www.24symbols.com) — 서브스크립션 전자책 서비스 1세대는 스페인에서 시작한 24심볼즈이다. 2011년 6월에 오픈한 이 서비스는 오픈 당시 1000개의 고전문학 타이틀을 중심으로 카테고리를 구성했다. 중소형 출판사와의 파트너십을 통해 주로 스페인어와 영어로 된 전자책을 제작했으며, 페이스북 네트워크를 활용해서 독자의 친구들에게 기간별 무료로 전자책을 추천하고 이용할 수 있게 만들었다.

24심볼즈는 최초로 프리미엄^{freemium} 모델을 전자책 업계에 적용했다. 프리미엄이란 무료^{free}와 할증료^{premium}의 합성어로 기본적인 제품이나 서비스를 무상으로 제공하고 확장된 콘텐츠나 기능, 연계상품 등을 유료로 판매하는 모델을 말한다. 24심볼즈는 한 달간 무료광고옵션 지원을 포함해서 매월 9.99유로, 분기별 19.99유로,

연간 59.99유로를 결제하는 독자에게 자사 사이트의 모든 전자책을 해당 기간만큼 구독할 수 있도록 했다(광고 지원 버전은 1개월 무료). 독자의 개인 라이브러리에서는 구독을 신청한 전자책을 직접 다운받지 않아도 클라우드 리딩이 가능하다. 출판사의 정산 방식은 서비스되는 모든 전자책마다 총 페이지 수에서 실제 독자가 읽은 페이지만큼 정산하는 구조다.

오이스터(www.oysterbooks.com) — 2013년 9월 초, 전자책 업계의 '넷플릭스^{Netflix}(미국 온라인 DVD 대여 및 영상 스트리밍 서비스 업체)' 또는 '스포티파이^{Spotify}(음원 스트리밍 서비스 업체)'로 불리는 스타업 오이스터가 정액제 전자책 서비스 '오이스터북스^{Oysterbooks}'를 아이폰과 아이팟 이용자를 대상으로 정식 출시했다. 오이스터의 회원은 한 달에 9.95달러를 내고 약 10만 권의 전자책을 무제한으로 읽을 수 있다. 이 서비스는 독서커뮤니티 '굿리즈'와 유사한 소셜 기능을 갖추어서 친구들이 어떤 책을 읽고 있는지를 보여준다. 아이폰 사용자는 오이스터 홈페이지에서 초대장을 신청해 가입할 수 있다.

현재 오이스터와 계약한 출판사는 하퍼콜린스, 워크맨^{Workman}, 호튼미플린하코트$^{Houghton\ Mifflin\ Harcourt}$와 셀프 퍼블리싱 플랫폼인 스매시워즈가 대표적이다. 오이스터는 2012년 10월에 블루칩 벤처캐피털(기업지원회사)에서 300만 달러 투자를 유치했으며, 이를 통해 아이폰 앱과 각종 전자책 콘텐츠, 유틸리티 개발에 주력했다.

오이스터의 CEO 에릭 스톰버그Eric Stromberg는 설립 초기에 자사의 비즈니스 모델을 정확하게 공개하지 않았다. 그는 저자, 출판사, 독자를 비롯한 시장 참여자들에게 '윈-윈-윈'이라며 자사의 서브스크립션 전자책 사업 모델을 설득하는 데에 주력했는데, 출판계의 분위기는 냉담했다. 저자, 출판사와의 계약 진행에 난관을 겪던 시기에 당시 랜덤하우스의 디지털사업 부사장 출신인 매트 샤츠Matt Shatz를 영입하면서 사업은 빠르게 안정화되었다.

이리타(www.ereatah.com) — 2011년 브라이언 배튼Brian Batten이 설립한 이리타는 모든 장르의 전자책에 대한 데이터베이스 접근이 가능한 허브 서비스를 개인에게 베타 형태로 제공했다. 그리고 최근에 서브스크립션 방식의 전자책 서비스를 정식으로 오픈했다. 처음에 전자책 8만 타이틀을 가지고 시작한 이리타는 정기구독 방식으로 단권 구입보다 20~40% 정도 할인된 금액에 전자책을 회원들에게 대여해준다. 한 달에 16.99달러를 내면 2권, 25.5달러를 내면 3권, 33.5달러를 내면 4권의 전자책을 스트리밍을 통해 이용할 수 있다. 이리타는 현재 베스트셀러와 신간을 포함한 20만 권의 전자책을 서비스하고 있다.

이리타는 iOS와 안드로이드 기반의 웹과 응용 프로그램을 지원하며, 데이터 마이닝data mining을 통한 전자책 추천 방식을 도입해서 기존의 서브스크립션 전자책 유통사들과 차별화를 추구했다. 현재 계약한 출판사는 사이먼앤슈스터, 호튼미플린하코트, 디버전북스Diversion Books, 독립출판사그룹Independent Publishers Group, 인그램 콘텐츠그룹Ingram Content Group, 소스북스Sourcebooks, 워크맨 등이 있으며, 어도비DRM을 적용하여 킨들, 누크, 아우라 등의 전용 디바이스에서도 호환해서 볼 수 있다.

스피카부스(www.speakaboos.com) ― 스피카부스는 유아, 아동용 전자책을 제작하고 유통하는 업체다. 유아 자녀를 둔 부모들이 주 독자층이고 1개월에 5달러, 1년에 45달러를 지불하면 스피카부스의 모든 전자책을 이용할 수 있다. 스피카부스는 출판사로부터 판권을 구입해서 인터랙티브 이야기책으로 전환하는데 현재 짐헨슨Jim Henson, 피어슨, 펭귄 등 15개 유명 출판사의 책 150권을 보유하고 있으며, 매주 1~2권씩 전자책을 업데이트하고 있다.

 이 회사의 전자책은 음성 내레이션이 끝날 때까지 다음 단계로 넘어갈 수 없도록 제작되어서 아이들이 내레이션에 집중할 수 있도록 유도한다. 책을 읽기 시작한 아이들의 85%가 책을 끝까지 완독하고, 월정액 기간이 끝난 후에 재등록 비율이 75%에 달한다고 한다. 최근 교육 미디어 전문 투자자로부터 620만 달러의 펀딩을 받았으며, 투자자 중에 한국의 교원그룹이 포함되어 있다.

킨들 소유자 대여 도서관(Kindle Owner's Lending Library) ― 2011년 11월에 오픈한 아마존의 전자책 대여 서비스이다. 자사의 우수독자 회원 중 킨들을 소유한 회원을 대상으로 한 달에 한 권의 전자책

2014년 8월에 출시된 '킨들 언리미티드'
출처 : amazon.com/kindleunlimited

을 무료로, 무기한 대여해준다. 우수 독자(프라임 멤버십) 회원의 연회비는 79달러로 아마존의 비디오 서비스에도 무료로 접속할 수 있다. 현재 아마존이 무료로 대여해주는 전자책은 35만 권이 넘으며, 〈뉴욕타임즈〉 선정 베스트셀러 상위권의 도서들과 '해리포터' 시리즈 전권도 포함되어 있다.

    이 서비스는 다른 킨들스토어에서 구입한 책처럼 빌린 책에 필기나 북마크를 표시할 수 있다. 빌려본 뒤에도 해당 전자책을 구입하거나 다시 빌려볼 수도 있다. 새 책을 대여할 경우에는 한 번에 한 권의 책만을 대여할 수 있으며, 이전에 대여한 책은 반납해야 한다.

    아마존은 수많은 출판사와 다양한 조건의 계약을 체결하여 이 서비스를 진행하고 있다. 아마존이 확보한 대여 가능 타이틀은 'KDP셀렉트(KDP를 활성화하기 위한 펀드)'를 통해 조성한 수익으로 월 300만 달러를 저자와 출판사에서 콘텐츠 구입비로 분할 지급하고 있다. 베스트셀러 타이틀의 경우, 기간별 일괄 매입의 조건으로 저작권자와 계약하는 것으로 알려져 있다.

2014년 8월, 아마존은 '킨들 언리미티드$^{Kindle\ Unlimited}$'를 출시하면서 해당 서비스 시장의 파란을 일으켰다. 이용자들은 매달 9.99달러만 내면 60만 권 이상의 전자책과 수천 권의 오디오북을 무제한 이용할 수 있다. 하지만 미국 5대 출판사 중에는 스크리브드^{Scribd}, 오이스터와 같은 디지털 출판 분야 스타트업에게는 전자책을 제공하더라도 아마존에는 공급하지 않겠다고 밝힌 출판사도 있다. 향후 '킨들 언리미티드'의 성공은 아마존이 대형출판사의 견제를 돌파하는 것과 이 서비스에 우호적인 작가 확보에 달려 있다.

서브스크립션 서비스, 새로운 시장을 창출하다

아직까지 전자책 사업의 대세는 단권 판매형 모델이다. 그런데 서브스크립션 전자책 사업 모델이 속속 등장하는 주된 이유는 모바일 환경의 변화, 디지털 디바이스의 급속한 보급과 시장의 발전에 따른 니즈의 변화 때문인 것으로 보인다.

독자들은 전자책을 종이책의 연장선상에서 생각하기보다는 음원, 영화, 잡지 등과 비교하는 경향이 크다. 서브스크립션은 말 그대로 '정기구독' 서비스이다. 일정 금액을 지불하고, 내가 원하는 콘텐츠를 좀더 저렴하게 구입하겠다는 독자의 니즈를 누가 더 충족시키느냐가 중요한 성공 요인이다.

앞서 언급한 오이스터의 사례처럼 서브스크립션 서비스에 대해 콘텐츠 공급자인 저자와 출판사의 이해는 유통사와는 다른 양상을 보인다. 대부분의 출판사는 전자책 대여 서비스가 도서 판매량 감소로 이어져 소매서점 매출에 악영향을 줄 수 있다는 입장이다. 전자책 판매가 증가할수록 종이책 판매가 줄어들어 출판사가 어려워지는 카니발리제이션을 걱정하는 것이다. 아마존의 '킨들 소유자 대여 도서관' 서비스의 경우, 초기에 대형출판사 여섯 군데가 이런 우려로 해당 서비스에 참여하지 않은 선례도 있다.

　서브스크립션 모델은 저렴한 가격에 무제한 대여 서비스라는 측면에서 단권 판매에 비해 실질적인 이익이 낮을 것이라는 우려가 시장 초기에 팽배해 있었다. 하지만 전자책 시장이 성장하고 출판사들의 수익 구조 개선이 필요한 시점과 맞물리면서 서브스크립션 모델을 새로운 돌파구로 인식하기 시작했다. 특히 대형출판사의 경우, 전자책을 종이책과 이분법적으로 보는 시각에서 벗어나 재무 구조 개선과 신사업 확대 측면에서 전략적으로 접근하는 움직임이 본격화되고 있는 것이다.

　서브스크립션 전자책 사업 모델은 가격 책정과 수익 배분의 방식도 유통사마다 상이하다. 단권 판매와는 달리 대부분 월간, 분기, 연간 등의 기간 분할 방식으로 할인율을 적용하고 있다. 기간이 길수록 할인율과 혜택을 더 제공하는데, 이렇게 해야 회원 가입 기간에 따른 안정적인 매출 확보가 가능하기 때문이다. 이는 유통사의 관점에서 보면, 고정 매출액을 보장하여 출판사와의 수익배분 시 예측 가능한 모델을 제시할 수 있으며 파트너십을 확대하는 데 큰 도움이 된다. 독자 입장에서도 매번 전자책을 구입할 때마다 따르는 검색과 결제의 번거로움을 해소할 수 있다. 매월 많은 도서를 구입하고 읽는 헤비리더의 입장에서는 서브스크립션 가입을 통해 도서구입 비용을 30~40% 정도 절감할 수 있다.

　출판사 입장에서는 서브스크립션 서비스를 통해 그동안 확인이 어려웠던 독자들의 콘텐츠 활용 패턴과 각종 데이터 확보가 가능해졌다. 오이스터와 스크리브드 등 대부분의 전용 플랫폼 사업자들은 협력 출판사에 독자들의 도서 검색, 구입, 읽기 등 독서 활동 데이터를 체계적으로 분석해서 제공한다. 그동안 출판사는 자사의 출판콘텐츠가 어떤 평가를 받고 있는지를 기존 서점에서 제공받을 수 없었다. 전자책 서비스 플랫폼을 통해 백엔드 시스템이 거의 완벽하게 갖춰진 구조에서는 충분히 가능하다. 그만큼 출판사 입장에서는 다음의 콘텐츠 기획과 제작에 활용할 수 있는 양질의 참고 자료를 확보하고, 마케팅에도 좀더 깊이 있는 타깃팅을 할 수 있게 되었다. 출판사도 자사의 작가들에게 더 나은 출판과 마케팅을 결정하는 데 큰 역할을 한다는 피드백을 주고 있다. 매출보다 이익 관점에서 전자책의 매력을 알아가는 출판사들이 증가하면서 서브스크립션 서비스는 대형출판사와 중소형출판사들의 참여와 선호도가 점점 높아지고 있다.

서브스크립션 모델의 가능성

최근에 벌어졌던 아마존과 아셰트 간의 갈등도 서브스크립션 전자책 서비스의 전망에 중요한 요인이 될 것으로 본다. 아마존은 출판시장에서의 강력한 지배력을 이용해서 수익 배분 협상이 잘 진행되지 않은 특정 출판사의 책 구매를 어렵게 만들고 있다. 대표적인 사례로 아셰트는 아마존에서 출판 예정인 책을 사전 주문하는 기능이 사라졌다고 밝혔다. 사전 주문은 신간의 성공 여부를 결정짓는 핵심 기능이라는 측면에서 출판사의 매출에 큰 영향을 미친다.

 아마존은 미국 종이책 시장의 30~50%, 전자책 시장의 60% 이상의 점유율을 보이고 있다. 자체 출판 사업부를 통해 종이책과 전자책 출판을 직접 추진하고 있다는 점에서 기성 출판사들의 반감도 많이 사고 있다.

 아마존과의 분쟁이 출판사에 긍정적인 영향을 미칠 가능성은 적다. 킨들, 킨들파이어 등 디바이스 판매를 통한 이익보다 콘텐츠 판매를 통한 박리다매식 이익을 추구하는 것이 아마존의 전략이다. 그러나 전자책 판매 수수료와 관계된 일련의 협상 과정에서 대형출판사와 부딪히면서 아마존은 다른 길을 모색했다. 그 중에서 대표적인 것이 바로 서브스크립션 전자책 서비스이다. 스마트폰과 태블릿PC의 사용자를 주요 회원으로 확보하고, 매월 저렴한 가격대로 지속적으로 출판사와 독자 간의 커뮤니케이션이 가능하다는 점에서 매력적으로 보고 있다.

서브스크립션 모델은 시장을 변화시킬까

과연 서브스크립션 모델의 전자책 서비스는 시장의 주류가 될 것인가? 아직 단언하기는 어렵다. IT 분야에서 스타트업으로 시작한 업체가 대부분이고 매출액과 영업이익에 대해 구체적으로 밝힌 곳이 없다. 다수가 투자사의 투자와 광고를 통해 손익분기점을 맞추고 있는 상황이다.

해당 분야 1~2위를 다투는 오이스터와 스크리브드는 출판사와의 계약을 통해 양질의 전자책 콘텐츠를 확충하고, 다양한 OS환경과 디바이스에 최적화된 시스템 개발에 주력하고 있다. 정액제 방식에 맞는 소셜 큐레이션 고도화 작업 등 단권 판매 방식과의 차별화를 통해 경쟁력을 계속 갖추고 있다. 음원, 게임, 비디오 등 인접 콘텐츠와의 시간점유율 경쟁에서 승산이 있다는 신뢰감을 심어주어 대형출판사들도 적극성을 보이고 있다. 서브스크립션 모델은 디지털 콘텐츠 소비자들에게 익숙한 패턴이기 때문에 더욱 그렇다.

회원제 콘텐츠 서비스의 특성상 운영진의 역량에 따라 커뮤니케이션의 질도 달라진다. 책은 추천에 의해 소비되는 측면이 강하기 때문에 무제한 서비스 기간 내에 실질적인 이용 가치를 높여야 회원 수를 유지할 수 있다. 이는 플랫폼 사업자만의 역할로는 부족하다. 책의 발견가능성을 함께 높이는 작업들이 병행되도록 출판사와 작가도 함께 노력해야 한다.

이제 전자책 서브스크립션 모델은 일반 성인 단행본에 이어 유아, 아동 동화책으로 영역을 확장하고 있다. 새로운 출판콘텐츠 시장의 돌파구로 서브스크립션 모델이 제대로 안착할 수 있을지 주목된다. 앞으로 1~2년간 대형출판사들의 참여율이 중요한 결정타가 될 것이다.

서브스크립션 서비스를 활성화시키려면

서브스크립션 전자책 사업을 활성화시키기 위해서 유통사는 신간과 베스트셀러, 스테디셀러를 중심으로 기본 콘텐츠의 구성에 많은 투자와 노력을 해야 한다. 전자책 핵심 독자층이 주로 구입하는 분야는 장르문학에 편중되어 있다. 마니아층이 두텁고, 읽기 편한 이야기 전개와 가격이 저렴하다는 점에서 성장세는 지속되고 있다. 그러나 서브스크립션 전자책 사업 모델이 장르문학에 편중되는 것은 사업의 지속성 관점에서 좋은 전략은 아니다. 기본적으로 회원 수를 늘려야 하는 서브스크립션 모델의 특성상 일반문학과 경제경영, 인문, 취미실용 등 다양한 카테고리를 갖춰야 접근성이 더욱 높아질 것이다. 단권 구입보다 가격 경쟁력에서 우위에 있지만, 선택한 콘텐츠를 영속적으로 소유할 수 없는 점은 단점이 될 수 있다. 이를 보완하기 위해 회원에 한해서 추가요금 결제 시 소유할 수 있도록 프로세스를 개선하는 추세다.

정액제로 콘텐츠를 무제한 이용하는 방식은 잡지, 음악, 비디오 분야에서 이미 일반화되어 있다. 전자책 유통사들도 장르문학 독자를 타깃으로 마케팅에 많이 활용하고 있다. 서브스크립션 모델이 실질적인 효과를 내기 위해서는 공급 방식을 변화시키는 동시에 큐레이션 기능을 접목해야 한다.

결국 전자책의 물리적인 종수보다는 사람들이 관심을 갖는 책을 얼마나 지속적으로 확보하고, 개인에게 최적화해서 추천해줄 수 있느냐가 서비스의 핵심이다. 콘텐츠의 메타데이터를 활용한 검색 알고리즘 개발, 간편한 사용자 인터페이스와 신선한 아이디어로 전자책을 다른 콘텐츠들과의 치열한 경쟁에서 살아남을 수 있도록 하는 가치를 만들어내는 것이 서브스크립션 모델의 역할이다.

그런 면에서 서브스크립션 전자책 사업은 고객생애가치$^{Life\ Time\ Value}$를 높이는 쪽으로 가야 한다. 앞서 소개한 24심볼즈, 이리타, 스피카부스 등은 대부분 IT 분야의 서비스와 개발 전문가들이 만든 업체들이다. 이러한 인적 바탕은 서브스크립션 커머스의 가장 중요한 성공 요인인 '차별화된 아이템 선정'과 '큐레이션 기술 확보'에 상당히 유리하게 작용했다. 결국 독자가 만족할 만한 개인화, 맞춤화를 제공하기 위해 상품이 가진 여러 속성을 분류하고, 상품 정보와 독자 정보를 효과적으로 결합시키는 전략이 매우 중요하다.

독자의 적극적인 피드백도 서브스크립션 전자책 사업을 키워가는 원동력이 된다. 전자책은 콘텐츠와 플랫폼 관점에서 저자-출판사-유통사-독자 간에 편리한 의사소통이 가능한 구조로 설계되어 있다. 독서의 상호 신뢰성 회복과 발전을 위해 서브스크립션 전자책 사업 모델은 단순히 가격 할인의 측면에만 머물러서는 안 된다. 유통사는 독자 개개인이 원하거나 연관성이 높은 콘텐츠를 다각적으로 추천하고, 독자는 유통사에 원하는 책의 공급을 요청하고 읽은 책에 대해 적극적인 의견을 개진해주는 구조가 되어야 한다. 그것이 바로 큐레이션 기반의 서브스크립션 전자책 사업 모델의 핵심 전략인 것이다.

아직 이 모델은 시작에 불과하지만, 전자책 사업 모델의 주류로 자리 잡을 가능성이 높다. 독자의 기대를 뛰어넘는 콘텐츠 구성과 감동적인 서비스를 통해 독자, 시장 참여자들과의 강력한 신뢰관계를 구축하는 것이 무엇보다 중요한 시점이다.

소셜리딩, 책을 즐기는 새로운 방법

일반적으로 '소셜리딩'은 책을 읽기 전과 후, 그리고 읽는 과정에서 책을 둘러싼 정보, 지식, 정서 등을 저자와 독자, 독자와 독자 간 교류가 가능한 읽기를 말한다. 소셜리딩이 전자책과 SNS의 확산 이후 등장한 것이라고 보는 시각도 있지만, 입소문을 통한 책 추천, 서평 등 종이 미디어를 통한 공유가 소셜리딩의 시초라고 보는 것이 더 정확하다.

인터넷이 발달하고 각종 스마트 기기가 빠르게 보급되면서 사람들의 온라인 활동도 다양해지고 편리해졌다. 그리고 이는 소셜리딩의 진화에도 긍정적인 요소로 작용한다. 그동안 사람들은 본문의 중요한 내용을 책갈피로 표시하기, 형광펜으로 밑줄 긋기, 포스트잇을 이용해 메모하기 등의 방법을 이용하며 독서를 해왔다. 이를 IT와 결합시켜 보다 편리하고 유용한 환경에서 독서 활동이 가능하도록 지원하는 것이 소셜리딩의 근본적인 의의다.

실시간으로 함께 읽기

소셜리딩이 새로운 읽기 방식으로 주목되는 이유는 콘텐츠의 이용 전후에 일어나는 지식과 정보의 교류보다는, 읽는 시간 중에 실시간으로 커뮤니케이션이 이루어지기 때문일 것이다. 기존의 종이책 읽기와 달리 전자책 읽기의 경우 이미 책을 읽었거나 읽고 있는 다른 독자와의 커뮤니케이션이 책 전체가 아닌 한 문장 단위로, 미시적인 수준까지 심화될 수 있다. 예를 들어, 킨들의 전자책은 본문에 점선으로 밑줄 친 '파퓰러 하이라이츠$^{Popular\ Highlights}$'를 볼 수 있다. 이 문장에 대해 몇 명의 독자가 밑줄을 그었는지도 알 수 있는데 소셜의 기능이 이제 짧은 텍스트까지 확대됐음을 보여주는 사례다.

개인적인 영역에서도 소셜리딩은 활발하게 이루어지고 있다. 책 내용이나 저자에 대한 지식과 감상의 공유를 넘어, 책에 대한 사회문화적인 이슈와 자신의 견해를 밝히는 소셜리딩도 SNS를 중심으로 청장년 독자들에게 확산되고 있다. 이는 그만큼 지식의 활용도와 범위가 넓어진다는 점에서 독서 전후의 생산적인 커뮤니케이션에 긍정적인 효과로 작용한다.

책을 통해 얻은 지식과 관점을 다른 사람들과 나누고 생각의 차이를 발견하고 공감하는 과정에서 배우는 부분은 생각보다 많다. 이제 시공간의 한계를 넘어 개인과 조직이 책에서 얻은 철학이나 목표 등을 편리하게 공유할 수 있게 되었다. 혼자 읽고 이해하고 느끼는 개인적인 독서에서 여러 사람이 함께 읽고 공유하는 독서로 확대되어야 책 역시 사람들과 더불어 지속적으로 성장할 수 있다. '책'이라는 매체를 통해 편리하게 소통하는 소셜리딩은 사람과

책이 보다 밀접하게 만나는 흥미로운 경험을 제공한다.

그렇다면 해외에서 주목받고 있는 소셜리딩 서비스에는 어떤 것이 있을까. 해외 서비스의 공통된 특징은 앞서 말한 새로운 텍스트 읽기 방식과 이를 IT 시스템과 각종 유틸리티에 연결하는 구조에 충실하다는 것이다. 이러한 서비스를 이용하여 독자들은 책의 특정 문장이나 전체적인 느낌 그리고 저자에 대해 비디오 클립이나 주석 달기, 독자 개인이 적은 글을 트위터나 페이스북 같은 SNS와 이메일을 통해 공유할 수 있다.

아마존의 소셜리딩 — 우선 전자책 시장의 최강자 아마존의 소셜리딩 서비스를 살펴보자. 우선 킨들의 전자책 플랫폼과 연결된 소셜리딩 사이트에 들어가면 아마존 회원 중 가장 책 소개를 많이 하는 사람을 보여준다. 일종의 최다 팔로워를 가진 트위터 계정과 유사하다.

아마존은 '퍼블릭 노트Public note'라는 기능을 지원하여 독자가 책에 메모를 달면 다른 독자들이 이를 공유하고 추가적으로 코멘트할 수 있도록 했다. 책에 대한 개인적인 감상과 메모들을 아마존 회원들과 활발하게 공유하는 소셜 네트워크 채널을 제공하는 것이다.

그리고 책은 저자와 독자 간 시공간을 뛰어넘는 소통이 가능한 매체라는 점에 착안하여 그들을 연결하는 장치인 '앳오써@author' 프로그램을 만들었다. 이를 통해 독자는 자신이 읽었거나 읽고 있는 책의 저자에게 온라인으로 직접 질문할 수가 있다.

또한 2010년에는 도서 특화 SNS인 '셸파리^{shelfari}'를 인수해 독자들이 읽었거나 관심이 가는 책에 대한 이야기를 편리하게 공유할 수 있도록 만들었다. 아마존은 소셜리딩을 책의 '발견^{discovery}'과 '유통^{retail}'의 관점에서 바라보고 있다.

코보의 소셜리딩 ― 코보는 소셜리딩을 개인의 영역에 밀접하게 적용했다. 대형출판사의 편집자 및 마케터 출신과 IT 전문가들이 세운 코보는 아마존, 반스앤노블의 틈새를 뚫고 세계 200여 개국의 이용자들을 확보한 기업이다.

코보는 전 세계에서 같은 책을 읽고 있는 독자를 시스템에 표시하고, 타인의 리뷰를 열람하거나 본문에서 궁금한 사항을 소셜 미디어에 올려 공유하는 '코보 펄스$^{Kobo\ Pulse}$'를 페이스북 앱과 연동해서 지원하고 있다. 이를 통해 세계의 독자들이 함께 책을 읽는 방식을 확산시킨다.

더불어 독서 관리 프로그램인 '리딩라이프'를 서비스하여 다른 소셜리딩 서비스와 차별화를 두었다. '리딩라이프'는 독자가 전자책을 읽기 위해 접속하는 순간의 데이터를 분석해서 해당 책을 언제부터 보고 덮었는지, 특정 기간 동안 어떤 책을 얼마나 읽었는지를 수치화해서 제공한다. 이를 바탕으로 회원 간의 경쟁 구조를 만들고 상위 순위자에게는 코보의 자체적인 보상 프로그램을 제공해서 동기 부여를 한다.

전자책 신생 기업이었던 코보의 발전에 가장 큰 영향을 준 것은 바로 SNS와 연동한 소셜리딩이었다. 독자가 책을 읽다가 트위터나 페이스북으로 자신이 읽는 책에 대해 상호 토론할 수 있게 만들었다. 책과 연계할 수 있는 다양한 경험과 이벤트를 지원하면서 개인을 넘어 집단으로 독서할 수 있는 프로그램을 확장시키고 있다.

굿리즈, 소셜리딩 커뮤니티 ― 소셜리딩으로 가장 주목할 만한 기업은 바로 '굿리즈'이다. 2007년에 설립된 굿리즈는 도서 추천과 독자 커뮤니티를 중심으로 하는 소셜리딩 전문 웹서비스를 제공하며, 현재 2000만 명의 회원과 4억 6000만 건의 개인 서재를 보유하고 있다. 2013년 3월에는 아마존이 굿리즈를 인수하면서 소셜리딩과 출판유통의 연결이 이루어졌다는 평가를 받기도 했다.

굿리즈의 프로세스는 회원 각자가 읽은 책에 대한 평점을 매기고, 북리뷰를 작성할 수 있는 공간을 제공한다. 이 공간에서 회원은 읽고 있는 책의 진도표를 체크할 수 있으며, 관심 있는 책이나 읽고 싶은 책들을 각 서재에 카테고리화해서 정리할 수 있다. 자신의 관심사에 따라 굿리즈의 운영진 또는 타인에게 도서 추천을 받을 수 있고, 이를 SNS로 공유할 수 있다.

독자들에게 굿리즈가 좋은 평가를 받는 이유는 아마존, 코보, 반스앤노블과 같은 도서 유통사에서 책 판매를 목적으로 하는 소셜리딩 서비스가 아닌, 책을 좋아하는 개인 독자들 간의 커뮤니티와 추천, 그리고 공유의 자리를 웹과 모바일을 통해 편리하게 지원하

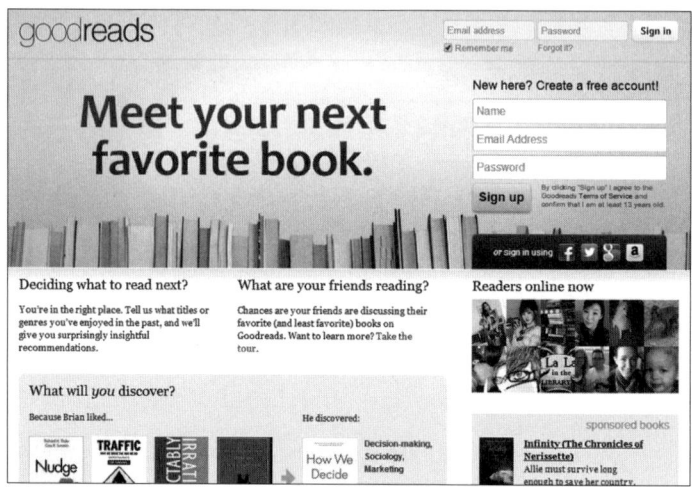

소셜리딩 커뮤니티 '굿리즈'

기 때문이다.

  소셜리딩은 기술적인 부분도 중요하지만, 궁극적으로 나만의 독서를 타인의 독서와 연결하고 이를 통해 새로운 책의 발견을 가능하게 만드는 데 가장 큰 매력이 있다. 굿리즈는 이러한 기술과 의미의 결합을 유용하게 만들어간다는 점에서 더 많은 성장이 기대되는 커뮤니티다.

  이외에도 해외에는 스크리브드, 코피아copia, 북글루턴bookglutton 등 소셜리딩을 지향하는 전문 서비스들이 등장하고 있고, 대중 독자의 참여와 이용률도 꾸준히 성장하고 있다. 기본적으로 책 읽는 문화가 뒷받침되고 출판계와 IT업계의 젊은 창업가들이 이 분야에 관심을 가지고 지속적으로 도전하고 있기 때문에 좋은 서비스가 이어지고 있는 것이다.

책의 본질적인 가치에 주목하다

"같은 책을 읽었다는 것은 사람들 사이를 이어주는 끈이다." 미국의 시인 랄프 왈도 에머슨Ralph Waldo Emerson이 한 말이다. 디지털과 스마트의 거센 물결을 맞은 인간은 점점 인간성을 잃고, 개인화가 심화되면서 고립과 고독도 심해지고 있다. 이러한 시대에 독서는 중요한 문제 해결의 열쇠가 될 수 있다. 한 권의 책을 읽고 의미 있는 문장과 느낌을 공유함으로써 보이지 않는 연결의 끈을 이어간다는 점에서 책은 긍정의 힘을 발휘한다.

책이라는 매체는 디지털 패러다임의 변화에도 소셜리딩이라는 방법을 통해 더 많은 소구력을 가질 수 있다. 혼자만의 독서가 주는 즐거움도 당연히 누려야 하지만, 함께할 때 얻을 수 있는 새로운 가치에도 눈을 돌릴 필요가 있다. 더불어 IT 시스템을 통한 기술적인 소셜리딩도 있지만, 오프라인 공간에서 직접 만나서 상호 토의를 통한 독서도 소셜리딩의 범위 안에 들어간다. 이미 수많은 독자들이 각자의 자리에서 소셜리딩을 실행하고 있다는 점에서 이것은 전혀 새로운 것이 아니다.

요즘 SNS와 관련된 프라이버시 보호 문제가 제기되고 있다. 소셜리딩도 개인의 독서 취향과 패턴이 데이터로 남게 되어 이러한 정보의 남용이나 개인의 감시 및 지적재산권의 문제로까지 확산

될 우려가 있다. 하지만 지금은 소셜리딩의 긍정적인 부분을 잘 활용해서 저자와 출판사, 유통사 그리고 독자가 책을 통해 보다 선순환할 수 있는 독서 생태계를 만드는 데 주력해야 할 시점이다.

'출판과 독서의 위기'라는 말이 계속 나온다. 출판 유통 업계가 소셜리딩에 주목해야 하는 이유는 바로 독서의 본질적인 가치에 대해 독자가 자발적으로 참여하고 있다는 점이다. 전자책 시장의 본격적인 성장과 연결되는 소셜리딩의 미래가 더욱 주목된다.

콜라보레이션 전략

콜라보레이션Collaboration은 전략적 제휴의 일종으로 협업, 협동, 합작을 의미한다. 같은 목표를 가진 서로 다른 두 분야가 만나, 서로의 경쟁적 우위와 역량을 바탕으로 매출이나 브랜드 이미지, 고객 관리 등에 있어서 시너지 효과를 창출하는 것이다. 궁극적으로 서로의 이익 창출을 위해 만들어진 관계다.

최근에는 디지털 콘텐츠 업계에서는 게임, 음악, 애니메이션 등 별도의 장르로 존재했던 콘텐츠들의 강점을 결합하여 마케팅을 하거나 새로운 창작물을 기획하는 콜라보레이션 사업이 주목을 받고 있다. 제작, 유통, 소비와 같은 가치사슬상에서 과거에 비해 보다 쉽고 편하게 콘텐츠에 접근하고 구매할 수 있는 환경이 조성되었기 때문이다. 콘텐츠 제작의 패러다임이 아날로그에서 디지털로, 콘텐츠 유통의 패러다임이 폐쇄형에서 개방형으로 변화했기 때문에 가능한 일이다.

출판계의 콜라보레이션

출판계의 협력 구조에도 새로운 변화가 이어지고 있다. 영국에서는 기업가 정신과 협업을 바탕으로 디지털 비즈니스 모델에 접근하는 '북머신 프로젝트'가 제기되었다. 북머신(bookmachine.me)은 소셜미디어 기반의 데이터베이스 구축과 도서출판 전문가를 위한 기술 교류를 목표로 구축한 메타 사이트이다. 이는 편집자, 디자이너, 디지털 전문가, 법조인, 마케터, 개발자 등 출판관계자들이 글로벌 네트워크를 통해 자유롭게 만나고 협력하는 시스템을 구축하고자 노력한 결실이라 할 수 있다. 북머신 회원은 웹으로 연결된 스카이프, 구글 행아웃 서비스를 통해 노트북, 태블릿PC, 스마트폰 등으로 언제 어디서든 자신의 전문 역량과 생각을 나눌 수 있게 되었다. 그리하여 기존에 생각지 못했던 출판콘텐츠의 현재와 미래에 대해 지지한 고민을 나누고, 다양한 협력 프로젝트를 시도할 수 있다. 현재 북머신 사이트는 글로벌 출판전문가 2500여 명의 데이터베이스를 구축하고 있으며, 다양한 출판콘텐츠 기획과 제작, 마케팅 프로젝트가 상시로 운영되고 있다.

전자책을 포함한 디지털 콘텐츠 사업의 성공을 위한 기본적인 전략은 C-P-N-D를 중심에 두고 얼마나 잘 설계하고 구축하느냐에 달려 있다. 아마존, 애플, 구글과 같은 대형 사업자들과 중소형 사업자들 사이에는 전략적 방향성에 차이가 있다. 보다 탄력적이면서 시너지 효과를 발생시킬 수 있는 치밀한 전략이 필요하다. 가장 대표적인 방식은 제휴를 통한 C-P-N-D의 실현과 특정 분야에서 독보적인 강점을 갖추는 것이다. 최근 들어 IT 기기 제조사와 교육콘텐츠 업계, 이종 산업과의 전자책 마케팅 연계 등 다양한 제휴 전략 실행이 해외 전자책 시장에서 가시적인 성과로 이어지고 있다.

모바일 전자책 독서 플랫폼으로 유명한 리드밀과 영국 펭귄출판사의 제휴는 전자책과 소셜리딩에 대해 대형출판사가 적극적으로 제휴에 나선 사례다. 펭귄UK에서 출간된 전자책은 리드밀 라이브러리를 통해 아이패드와 아이폰에서 볼 수 있다. 리드밀 전자책 뷰어는 이펍 포맷을 지원하며, 북마크와 소셜 공유 기능 측면에서 세계 최고 수준을 자랑한다. '리드밀로 보내기Send to Readmill' 버튼을 통해 독자는 리드밀과의 출판 파트너에서 출간한 전자책을 구입할 수 있다. 80여 개의 전자책 소매업체를 통해서도 '리드밀로 보내기' 버튼이 링크되어 매월 100만 명이 넘는 회원들에게 전자책을 판매할 수 있다.

출판사와 사용자, 산업의 트렌드와 기술의 진화 관점에서 전자출판 기술도 발전하고 있다. 이펍다이렉트ePubDirect의 CEO 개러스 쿠디Gareth Cuddy는 2013년 프랑크푸르트도서전에서 다음과 같은 발언을 했다. "다양한 유통 채널 환경의 변화에도 불구하고, 새로운 시장 진출을 위해 출판과 전자책 기술의 접목은 상대적으로 더딘 편이다. 기술에 대한 더 많은 이해와 학습, 공유가 필요한 시점이다. 출판사는 새로운 시장에 대한 지속적인 접근과 책 판매를 증가시킬 수 있는 해외 시장 진출에 적극성을 보여야 한다." 전자책이 종이책의 판매 확대에도 많은 영향을 미치고 있음을 간접적으로 시사하는 발언이다. 이렇듯 변화하는 환경에서 출판계는 새로운 활로를 모색하고자 여러 시도를 하고 있다.

비# 출판 기업의 전자책 사업 진출

세계 최대 반도체 생산업체인 인텔이 교육 콘텐츠 전문 회사 노우 Kno를 인수한 소식은 업계에 신선한 충격을 몰고 왔다. 인텔은 노우를 인수하여 자사의 교육서비스를 운영하는 인텔 에듀케이션에 통합시켰다. 인텔 에듀케이션은 10년 전부터 교육 지원 서비스를 담당해왔으며 7인치의 안드로이드 태블릿 스터디북을 개발한 바 있다. 인텔은 '인텔 에듀케이션 솔루션'이라는 교육용 패키지 솔루션을 갖추고 스마트 교실을 운영하기 위한 프로젝트를 추진하고 있다. 이번 인텔의 노우 인수는 태블릿PC 사업에 본격적으로 뛰어들기 위한 행보로 보인다. 하드웨어 제조 능력과 교육콘텐츠를 발판삼아 교육용 태블릿PC 시장을 선점하겠다는 전략인 셈이다. 향후 애플, 아마존과의 스마트 교육사업에서 우위를 점할 수 있을지 귀추가 주목된다.

패스트푸드 기업 맥도날드Mcdonalds는 DK출판사와 전자책 프로모션 제휴를 체결했다. 두 회사는 플립북flip book(페이지를 넘겼을 때 그림이 움직이는 것처럼 보이게 하는 애니메이션 효과) 형태로 오디오 콘텐츠를 삽입해 제작한 전자책을 맥도날드의 아동 고객에게 제공하기로 했다. 맥도날드가 전자책 사업을 추진하는 이유는 미국 전역의 문맹퇴치운동에 참여하고 있기 때문이다. 10만 종 이상의 전자책을 지원하기 위해 맥도날드는 해피밀 세트 판매액에서 전자책 제작과 유통 지원금을 적립하고 있다. 이를 통해 패스트푸드가 아동들의 비만율을 높이고 건강을 해친다는 인식을 문화적인 측면에서 개선하려는 전략이다.

디지털 도서관에 콘텐츠를 제공하는 대표적인 업체로 아마존, 반스앤노블과 작업한 '오버드라이브'가 있다. 그런데 최근 포스트잇으로 유명한 3M이 오버드라이브의 아성에 도전장을 내밀었다. 3M이 코보와의 제휴를 통해 도서관을 위한 전자책 판매 서비스인 '3M 클라우드 라이브러리'를 2012년 5월에 출시한 것이다. 이 서비스를 위해 300여 개 출판사와 협의를 맺어 20만 권의 전자책을 제공하는 등 그 성장세가 만만치 않다. 3M은 기존 출판사 외에도 스매시워즈, 내셔널북네트워크 등 새로운 전자출판 관련 회사, 단체들과 직접 계약을 맺으면서 클라우드 라이브러리 서비스를 확장시키고 있다. 오버드라이브사가 제공하는 전자책과 오디오북이 약 80만 건 수준임을 감안하면, 생활소비재 기업으로 유명한 3M의 전자책 서비스는 확실히 시장에 새로운 변화를 불러일으키고 있는 듯하다.

서브스크립션 모델의 콜라보레이션

온라인 문서 공유 사이트인 스크리브드에서 서브스크립션 방식의 온라인 도서 대여 서비스를 시작한다는 소식도 시선을 끌었다. 스크리브드는 출판사 하퍼콜린스와 손잡고 월정액 무제한 전자책 대여 서비스를 시작한다고 밝혔다. 최근 음원과 영상 분야에서 크게 성공을 거둔 서브스크립션 모델에 대한 관심은 더욱 높아지고 있다. 매달 8000만 명의 이용자들이 방문하는 스크리브드는 하퍼콜린스 외에도 로제타북스, 소스북스 등 몇몇 소규모 출판사의 책도 대여할 수 있다. 회원들은 매달 8.99달러를 내고 최다 10권까지 전자책 디바이스에 책을 저장해서 읽을 수 있다. 한 번 빌린 전자책은 여러 디바이스에서 동시 접속과 이용이 가능하다.

스매시워즈와 오이스터의 제휴도 주목할 사례다. 두 회사 모두 서브스크립션 전자책 서비스 모델을 선도적으로 이끌어가는 회사이다. 스매시워즈는 '텍스트 유튜브'로 불릴 만큼 기존의 아마존, 반스앤노블, 구글, 코보 등과의 경쟁 속에서 일반 이용자들이 콘텐츠를 직접 소싱해서 전자책으로 서비스하는 모델로 특화되어 있다. 그만큼 스매시워즈에서만 볼 수 있는 콘텐츠가 많은 편이다. 스매시워즈는 콘텐츠 보강과 함께 서브스크립션 모델의 경쟁력 강화를 위해 오이스터와 전자책 사업 제휴를 체결했다. 오이스터의 회원들이 스매시워즈의 전자책을 10% 이상 읽으면 정가의 60%를 수수료로 받는 구조로 계약을 체결했다.

오이스터와 스매시워즈의 제휴처럼 최근 서브스크립션 서비스에서는 상호 콘텐츠 제휴를 통해 소싱과 콘텐츠 제작비용을 절감시키면서 독자에게 판매가를 낮춰서 이용자 수를 늘리고, 출판사와 저자에게는 수수료율을 높여주는 시도가 이어지고 있다. 주간 베스트셀러 집계도 공동으로 하고, 특정 도서에 대한 공동 마케팅을 시도하는 등 서브스크립션 서비스에도 변화가 이어질 것으로 보인다.

SNS를 활용한 전자책 제휴 마케팅도 활발하게 진행되고 있다. 초기에 아마존과 쇼핑몰 제휴를 통해 출판계와 인연을 맺은 페이스북은 현재 출판사와 서점과의 적극적인 제휴 협력을 진행 중이다. 페이스북은 특성상 개인 추천과 지인과의 네트워크를 활용한 추천 등 출판마케팅에 적합한 구조를 지녔다는 점에서 매력적으로 다가오는 듯하다.

해외 시장의 콜라보레이션 사례

일본의 '믹스페이퍼Mixpaper'는 페이스북에 주로 판타지물과 스포츠 전문 만화콘텐츠를 중심으로 하는 전자책 서점을 오픈하여 각광을 받았다. 믹스페이퍼의 전자책 서점은 제휴한 출판사에서 직접 자사의 책 표지 이미지와 구매가 가능한 링크를 적용해서 하나의 온전한 플랫폼 형태로 만들 수도 있다. 현재는 일본어만 지원되고 있으며, 2014년에는 영어도 추가 지원할 예정이다. 믹스페이퍼를 통해 판매되는 책은 판매가의 20%를 수수료로 지불해야 하며, 전자책 서버 지원 비용과 DRM 패킹 비용은 월 2만 1000엔이 부과된다. 페이스북이라는 강력한 SNS 채널을 활용한다는 점에서 중소형 전자책 사업자들에게 집중된 마케팅 전략 실행이 가능할 것으로 예상된다.

해외 진출에 적극적인 코보는 필리핀 시장에 진출하면서 로컬 사업자와의 제휴를 맺었다. 코보는 전자책 전용 디바이스와 태블릿PC를 필리핀에서 독점 판매하는 계약을 체결했다. 필리핀은 영어를 공용어로 사용하기 때문에 영어콘텐츠 판매와 동남아시아 진출의 거점으로서 의미 있는 성과 창출을 기대하는 듯하다. 코보는 아시아, 유럽, 아프리카, 남미 등 대륙의 거점 국가들에 아마존보다 먼저 진출하고 있다.

그리고 아마존도 국가별 주요 유통사업자 간의 제휴에 속도가 붙으면서 코보와 유사한 방식의 진출 전략을 채택하고 있다. 예컨대 아마존은 간디스토어Gandhj store와의 제휴를 통해 멕시코에 진출했다. 스페인어로 된 전자책 베스트셀러를 비롯해 총 7만 권 이상의 전자책을 기반으로 멕시코 시장을 적극 공략할 예정이다. 킨들 디바이스의 판매도 병행한다. 아직은 인터넷 지원이 미흡해서 오프라인 액세스 방식으로 콘텐츠를 구입하도록 하고 있으며, 인터넷이 연결되면 아마존의 전자책 200만 종을 편리하게 이용할 수 있다. 또 멕시코의 개인 저자들을 위한 KDP를 지원하며, 페소화로 판매 수수료를 받을 수 있는 정책도 채택했다. 아마존은 오스트레일리아와 스웨덴 시장에도 진출하면서 전방위적인 확장에 박차를 가하고 있는 상황이다.

최근 구글은 '플레이북스'의 해외 서비스를 터키, 남아프리카공화국, 스위스로 확대했다. 구글은 대부분 국가별 상위 사업자들과의 제휴를 통해 MCP(Master Contents Provider)를 확보하는 전략과 직접 소싱하는 방식을 동시에 구현한다. 안드로이드 운영체제를 이용하는 각종 스마트 디바이스의 확산으로 인해 안정적인 고객 확보가 가능하다는 점에서 아마존의 강력한 경쟁자로 부상하고 있다. 총 150여 국가에서 아마존의 전자책 서비스 이용이 가능해진 시점에 구글도 빠르게 시장 확대를 추진하고 있는 것이다.

협력을 넘어 협성을 창출하라

전 세계 출판시장의 침체가 현실로 되고 있다. 매출은 줄고 이익률은 개선되지 않는 구조에서 지속적인 성장을 생각하기란 결코 쉬운 일이 아니다. 그렇다고 종이책이 침체된 만큼 전자책이 채워주는 구조도 아니다. 독자들이 갈수록 책을 외면한다고 말하지만, 떠나간 독자를 다시 불러오거나 새로운 수요 창출을 위한 노력은 얼만큼 하고 있는지 자문이 필요한 시점이다. 문제는 여기서부터 시작된다. 인터넷과 디지털이 출판의 적이라고 생각한다면 오산이다. 종이책과 전자책 모두를 아우르는 출판기획과 마케팅은 혼자의 힘으로 해결할 수 없다.

앞서 언급한 해외 전자책 시장 참여자들의 변화 양상을 보면 단순한 '협력協力'을 넘어 가시적인 성과를 창출하는 '협성協成'이 키워드가 되고 있음을 알 수 있다. 물론 정부와 협회의 지원과 보호 정책 등 여러 방식의 구조적인 협력도 중요하다. 독자의 생활 방식의 변화는 생각 이상으로 빠르고 변화의 폭도 넓다. 전자책, 음원, 영화 등 디지털 콘텐츠에 대한 이해와 활용성, 지불 의사 등 여러 측면에서 종이책과 이용 패턴에서 차이가 많이 난다. 종이책을 자주 읽는 독자들이 전자책을 읽는다고는 하지만, 여전히 가격에 대한 민감도는 높아서 전자책 가격 인하를 원하는 분위기이다. 전자책의 장점인 디지털 기반의 휴대성과 콘텐츠 공유 기능 등은 종이책 제작과 유통 구조로는 해결할 수 없는 부분이다.

20~40대의 청장년층 독자들이 전자책 시장의 주류를 형성하고 있다. 앞으로 전자책 전체 이용자들의 연령대는 시간이 지날수록 더 넓고 평준화될 것으로 보인다. 시장 참여자들도 변화를 적극적으로 수용하고 성장의 포인트를 정확하게 찾아내는 전략적 혜안이 요구된다. 사업의 확장과 부족한 면을 단기간에 채우기 위해서는 단순 제휴 관계를 넘어 인수합병이 필요하다. 또 각자의 핵심역량을 연계해서 시너지를 창출하고 싶다면 공동사업체를 구성하는 것도 충분히 검토해볼 만하다.

결국 각자의 위치에서 차별화된 콘텐츠 생산과 유통을 위해 좋은 파트너를 찾는 것이 필요하다. 다양한 협력 구조를 통해 생각지 못한 독자층을 발견할 가능성도 높아지고, 향후 메이저 플랫폼들과의 협상에서도 우위를 선점할 수 있다.

6장
전자책 기술의 발전과 확장

전자책 포맷의 기준, 이펍^{ePub}

전자책은 단순한 기록물에서 출발해 멀티미디어 콘텐츠와 사용자 경험이 결합된 융복합 미디어로 진화, 발전해왔다. C-P-N-D가 유기적으로 연결된 디지털 콘텐츠 생태계가 구축되었고, 다른 분야의 서비스와 결합되면서 새로운 시장이 만들어지고 있다.

2006년까지 침체기였던 전자책 시장은 2007년 아마존의 킨들 출시 이후 전자책 디바이스의 보급과 확산으로 본격적인 변화를 맞이했다. 그리고 2010년부터 스마트폰, 태블릿PC와 같은 스마트 디바이스의 성장으로 다시 새로운 전환기를 맞이하고 있다.

구텐베르크 프로젝트에서 시작된 전자책은 처음에는 종이책을 전자화한 형태로 보급되었으나, 점차 콘텐츠가 풍부해지고 공급 형태와 디바이스가 다양해지면서 양방향 미디어로 발전하고 있다. 이러한 변화와 더불어 전자책 포맷, 콘텐츠 보호와 관리, 메타데이터, 서비스 연계 등에 대한 표준화 요구도 점차 늘어났다.

국제전자출판포럼은 전자책 포맷의 표준화에 대한 필요성을 인식하고, XML 기반의 이펍 표준화 작업을 진행하여 최근 이펍3.0 표준을 제정했다. 2011년 7월, 빌 맥코이[Bill McCoy] 국제전자출판포럼 사무총장이 국내에 방문하여 이펍3.0의 특징과 한국 전자출판 시장에 대한 의견을 말한 바 있다. 이 시점에서 전자책 시장의 사실상 표준으로 영향력을 확대해가는 이펍3.0과, 웹브라우저 확장성의 표준이 되는 HTML5의 특징을 살펴보자.

이펍의 역사와 특징

이펍electronic publication(ePub)은 2007년 9월에 국제전자출판포럼에서 제정한 개방형 전자책 표준 규약이다. 이 규약에 의해 파일확장자가 .ePub인 파일이 생성되고, 이 이펍 파일은 디지털 파일로 유통되어 이펍 포맷을 지원하는 전자책 뷰어로 읽을 수 있다. 이펍이 제정되기 이전에는 PDF, AZW, ePub, HTML 등 전자책 제작 업체마다 서로 상이한 형식의 전자책을 개발했고, 그것을 읽기 위해서는 해당 형식에 맞는 뷰어를 여러 개 설치해야 하는 불편이 존재했었다. 이를 해결하고자 국제전자출판포럼에서 이펍 표준을 제정한 것이다.

이펍은 현재 전자책 시장에서 사실상 표준으로 자리 잡았고, 이펍2.0(2010년)과 이펍3.0(2011년)이 개발되면서 점차 영향력이 커지고 있다. 이 이펍은 세 개의 규약으로 이루어져 있다.

먼저 OPS(Open Publication Structure)는 글자 크기, 색상, 간격 등 화면이나 프린트 출력에 관한 모든 명세를 규정한다. OPF(Open Packaging Format)는 이펍 데이터의 이미지, XML, 기타 파일 등 다양한 요소들의 유기적 관계와 메타데이터에 대한 규정을 담당한

이펍으로 만든 전자책
출처 : digitalbookworld.com

다. 그리고 OCF(Open Container Format)는 이펍을 구성하는 파일들의 논리적 구성 정보와 ZIP 포맷의 압축파일 생성을 담당한다.

이펍은 전자책을 대부분의 전자책 디바이스에서 호환이 가능한 규격으로 배포한다. 다양한 뷰어의 형식과 크기에 맞게 최적화된 상태로 책을 보여주는 자동공간조정기능, 폴백fallbock(대체 포맷파일 제공) 기능, XHTML 기반의 유연한 구조를 가지고 있다. 이펍2.0은 HTML4와 유사하게 웹 표준을 기반으로 하며 CSS(Cascades Style Sheet)와 XHTML로 구성되어 있다. 그러나 이펍 파일이 저장된 디바이스 내에 폰트 문제가 발생했을 때 해당 폰트의 타이포그래피를 살리지 못하고, 텍스트와 이미지로만 구성되어 쌍방향 멀티미디어가 불가능한 점 등의 문제가 존재했다. 이러한 문제를 해결하기 위해 개발된 것이 이펍3.0이다.

  이펍3.0은 HTML5 기반의 CSS3규격을 지원한다. 이펍2.0의 기능에서 오디오와 비디오를 지원하는 멀티미디어 기능이 추가되었고, CSS3를 지원하여 애니메이션 효과 등 플래시 효과를 구현할 수 있다. 또 자바스크립트를 지원하여 쌍방형 콘텐츠를 제작할 수 있으며, 글로벌 언어 지원(세로쓰기, 다양한 진행 순서와 방향), 다단 레이아웃, 하이픈, 내장형 폰트, 확장된 메타데이터 등의 기능이 개선, 추가되었다. 이러한 기능 개선으로 리치미디어와의 상호작용이 가능해졌고, 복잡한 레이아웃과 다양한 활판인쇄 기능을 잘 지원하도록 개선되어 단행본뿐만 아니라 잡지, 신문, 만화, 학습교재 등에도 광범위하게 활용할 수 있다.

이펍 제작 지원 솔루션

이펍 형식으로 변환이 가능한 솔루션은 칼리브레[Calibre], 어도비 인디자인[Adobe Indesign], 이큐브[eCub], 시길[Sigil] 등이 있다. 각각의 소프트웨어를 살펴보자.

  인디자인은 출판계에서 독보적으로 사용되었던 편집디자인 툴인 쿼크익스프레스[Quark Xpress]를 견제하기 위해 출시된 소프트웨어다. 출판 편집디자인을 위해 만들어진 소프트웨어지만 CSS5 버전부터 태블릿PC, 스마트폰에서도 볼 수 있는 전자책 제작 기능이 추가되는 등 점차 그 기능과 역할을 확장해나가고 있다. 인디자인은 약 700달러의 소프트웨어 구입 비용이 들기 때문에 개인이 사용하기에는 비용적 부담이 높은 편이다. 기본적으로 제공하는 사용자환경을 통해 전자책 제작이 가능하지만, IDML(Adobe InDesign Markup Language) 명령줄도구를 통해서도 이펍 변환이 가능하다. 다만 리눅스 환경을 지원하지는 않는다. 모비포켓 MobiPocket 파일(킨들에서 지원하는 전자책 포맷)과 이큐브 파일을 지원하는 크로스 플랫폼이다.

칼리브레는 다른 솔루션에 비해 매우 많은 종류의 포맷을 지원하는 소프트웨어다. ePub, PDF, MS워드 등 거의 모든 전자책 포맷의 상호 변환이 가능하고, 조작이 쉽게 설계되어 접근성이 높다. 윈도우, 맥OS, 리눅스 등의 운영체제 플랫폼에서 사용할 수 있으며, 무료로 제공되는 오픈 소스 프리웨어다. 다른 시스템에 적용해서 사용할 수 있는 명령줄도구가 잘 구축되어서 원하는 전자책 포맷으로 변환할 수 있다.

이큐브는 TXT나 XHTML과 같은 파일을 이펍 파일로 다소 쉽게 변환할 수 있고, 책의 본문뿐만 아니라 표지나 제목 폰트 등도 디자인할 수 있는 강력한 디자인 도구를 탑재한 소프트웨어다. 무료로 사용이 가능하고, 위지위그 WYSIWYG ('당신이 보는 것이 당신이 얻는 것What You See Is What You Get'의 약어로, 화면에 보이는 것과 동일한 인쇄 출력을 얻는 기술을 가리키는 말) 전자책 편집이 아닌 전자책 변환과 패키징만을 목적으로 한다. 빌드 스크립트의 일부를 명령줄을 통해 작동시킬 수 있다.

시길은 이펍 포맷의 전자책을 만드는 데 가장 최적화된 솔루션이다. 다른 솔루션들에 비해 다루기가 다소 어렵지만, 그만큼 기능들을 잘 활용하면 높은 품질의 전자책을 만들 수 있다. 무료로 사용이 가능한 오픈소스이지만 베타 버전으로 제공하기 때문에 약간의 제약이 따른다. 거의 모든 플랫폼 운영체제에서 사용이 가능하며 모든 이펍 포맷과 CSS와 같은 디자인 편집 기능을 지원하지만, 명령줄 사용에 대한 가이드라인을 찾아보기 어려운 단점이 있다.

HTML5란 무엇인가

HTML(HyperText Markup Language)은 WWW(World Wide Web)라는 인터넷 공간에서 사용되는 인터넷 문서용 언어다. 이 HTML로 만든 문서를 '하이퍼텍스트'라고 부른다. 순차적으로 읽어야 하는 종이문서와 달리 하이퍼텍스트는 여러 문서를 이동해가며 원하는 부분을 읽을 수 있다. 뿐만 아니라 글자 크기, 글자색, 글자 모양, 그림, 하이퍼링크 등 다양한 서식과 기능을 삽입할 수 있다.

  기존의 HTML은 문서 작성 기능을 중심으로 개발되어서 멀티미디어 콘텐츠를 이용하려면 별도의 플러그인(어도비 플래시 플레이어, 윈도 미디어 플레이어 등)이 필요했다. 게다가 이런 플러그인은 웹브라우저(하이퍼텍스트를 화면에 표시해주는 프로그램) 간에 호환이 되지 않는 일도 많았다. 예컨대 인터넷 익스플로러에서 보던 동영상 중 일부를 구글 크롬에서는 볼 수 없는 것이다. 이러한 문제를 해결하기 위해 등장한 것이 HTML5이다. HTML5 규격으로 만든 웹문서는 각기 다른 웹브라우저나 운영체제에서도 동일한 웹페이지를 표시할 수 있으며, 액티브X 같은 플러그인 설치 없이도 자체적으로 음악과 동영상을 재생할 수 있다.

HTML5의 역사는 웹브라우저의 역사와 궤를 같이 한다. 웹브라우저는 웹서버에서 HTML로 작성된 문서를 연동하고 출력하는 응용 소프트웨어다. 어떤 서비스이건 HTML이라는 웹문서 형태로 정보를 제공하고, 사용자들은 웹브라우저라는 프로그램만 있으면 언제 어디서든 웹 주소로 표현되는 웹 정보에 접근할 수 있다.

HTML만을 지원했던 초기의 웹브라우저는 HTML 비표준의 확장으로 인해 호환성을 높일 필요가 있었다. 다양한 환경에서 접속하는 이용자들에게 익스플로러만 호환되는 서비스를 제공할 경우 비즈니스 기회의 상실이나 고객 불만족의 원인이 될 수도 있기 때문이다. 접속 환경이 다양해지고 웹을 통한 정보 교환이 증대되면서 모든 사용자를 만족시킬 웹 사이트를 개발할 필요가 있었고, 마이크로소프트, 구글, 파이어폭스^{FireFox} 등의 브라우저 서비스 업체들은 여러 환경에서 서비스 제공이 가능한 크로스 브라우저를 재빠르게 개발했다. 그러나 현실적으로 모든 경우의 수를 고려한 웹 사이트 개발은 불가능하므로, 가장 사용자가 많은 환경을 고려할 수밖에 없었다. 예컨대 모바일 웹 환경에서도 낮은 사양부터 고성능의 스마트폰까지 다양한 웹브라우저를 반영한 사이트가 필요한 것이다.

업계에서는 향후 웹 환경이 특정 운영체제나 소프트웨어에 종속되지 않고 브라우저에서 각종 애플리케이션이 구동되는 웹 플랫폼으로 전환될 것이라고 예상하고 있다. 모바일 디바이스는 크기나 무게가 최적화되어야 하고, 터치 방식의 인터페이스를 구축해야 하는 등의 제약이 있다. HTML5는 기존 HTML 기반의 웹브라우저와 호환이 되고, 음성, 영상, 위치기반 등의 부가기능을 추가하여 이러한 제약을 극복할 수가 있다.

HTML5는 웹문서 표현에 대한 시멘틱semantic 기능, 멀티미디어 기능, 오프라인 기능과 스토리지 기능, 다차원 그래픽 기능, 디바이스 제어 기능, 처리 성능 향상, 서버 간의 효율적인 통신 기능, 웹애플리케이션의 다양한 스타일과 효과 기능 등을 제공한다. 익스플로러의 시장점유율이 하락하고 크롬의 시장점유율이 높아진 이유는, 크롬이 HTML5의 기능을 가장 잘 반영하고 있기 때문이다.

최근에는 스마트TV에도 HTML5가 도입되었다. 스마트TV는 스마트폰처럼 인터넷에 접속해 콘텐츠를 다운로드받고 각종 TV애플리케이션을 설치할 수 있는데, TV애플리케이션을 웹애플리케이션(웹앱)으로 제공하면 호환성이 좋아지고 개발자들이 이를 쉽고 빠르게 개발할 수 있다는 장점이 있다.

2012년부터 아마존, 코보, 인클링Inkling과 같은 주요 전자책 업체는 HTML5를 기반으로 한 웹앱을 선택하여 인터랙티브interactive 기능을 탑재한 전자책을 만들었다. 이 전자책은 이용자가 별도로 플러그인을 설치하지 않아도 웹브라우저에서 책을 구입하고 볼 수 있다. 전자책 전용 디바이스 외에도 각종 태블릿PC에서 HTML5 기반 전자책 형식을 지원한다. 아마존의 경우, 웹 표준 기술을 끌어안은 킨들포맷8(KF8)을 통해 복잡한 조판과 시각 효과를 선보였다. 장기적으로 이미 선보인 웹 관련 기술과 제품을 연계해서 디지털 콘텐츠 유통 영역을 편리하게 확장할 수 있다. 특히 KF8은 만화책이나 아동용 도서의 전자책 제작에 중점적으로 활용될 것으로 보인다. 이렇게 아마존은 이펍3.0과 HTML5 기술을 중심으로 미래 출판 기술의 변화를 주도하고 있다.

이펍3.0이 HTML5를 지원하면서 전자책 뷰어도 웹브라우저 엔진을 기반으로 만들어지는 추세다. 이펍3.0은 콘텐츠 사이의 공백을 다양하게 처리하고, 슬라이드바, 노트, 이미지 등 공급 요소의 테두리를 부드럽게 만들 수 있도록 했다. 또한 슬라이드바에 뒷배경을 추가하여 독자들이 멀티 페이지를 보고 있을지라도 전체 페이지의 어느 지점까지 읽었는지 알 수 있도록 하여 전자책 사용성 강화에 크게 기여했다.

국내에 이펍3.0 도입이 늦어지는 이유

해외에서는 이펍3.0에 대한 관심이 높아지고 있지만, 국내 도입은 늦어지고 있다. 국내에서도 전자출판물표준화포럼(ODPF)이 발족되는 등 전자책 표준을 마련하기 위해 노력하고 있지만, 일본이나 중국에 비해 그 진행 속도는 더딘 편이다. 일본에서는 자국의 출판환경이나 독서환경을 감안하여 세로쓰기, 페이지 역방향 등의 차별적인 구조를 이미 이펍3.0 규격으로 구현하여 제작, 유통하고 있다. 이펍3.0 규격을 만들 때 일본의 정부와 업계 전체가 인적, 물적 투자를 아끼지 않았기 때문에 이러한 결과를 낼 수 있었다. 아마존과 코보 등 글로벌 플랫폼이 진출함에 따라 기술 지원이 보다 수월해진 점도 긍정적인 영향을 미친 것으로 보인다.

한편 국내에서는 각종 전자책 제작과 DRM 표준화가 병행되는 바람에 이펍3.0을 수용하는 뷰어 개발이 제대로 진행되지 못하는 상황이다. 유통사 뷰어마다 이펍을 구현하는 정도가 다르기 때문에 출판사에서는 이펍3.0을 이용한 전자책 제작을 선호하지 않는 편이다. 이펍3.0이 HTML5를 채택해서 이전의 이펍보다 표현 범위가 넓어진 것은 사실이지만, 이를 구현하는 뷰어를 또 만들어야 한다는 과제가 따른다. 마치 HTML5가 개발되었을 때 이를 구현하는 웹브라우저를 다시 만들어야 했던 것처럼. 국내에서는 아직 HTML5 기반의 웹사이트조차 드문 환경이다. 분명 그만큼의 한계가 있는 것은 사실이지만, 정보통신기술의 변화 속도는 우리가 상상하는 것 이상으로 빠르다. 미리 준비하고 대응하는 쪽이 지속가능한 성장에 다가갈 수 있을 것이다.

현재 모바일 운영체제의 경우, iOS와 안드로이드가 대부분을 차지하고, 기타 진영이 일부를 차지하고 있다. 다양한 환경과 웹 접근성을 고려한 웹페이지 서비스를 위해 개발환경의 변화가 필수적으로 이루어져야 한다. 그리고 이러한 변화의 중심에 HTML5가 있다. 모바일웹은 인터넷만 접속되는 환경이라면 어떠한 운영체제나 브라우저를 선택하더라도 동일한 웹 서비스를 받을 수 있다.

이제 전자책, 음원, 게임, SNS 등 각종 디지털 콘텐츠와 유틸리티의 이용에 있어서 웹과 모바일 기술은 아주 밀접한 관계에 놓여 있게 되었다. 기존의 복잡한 파일 설치를 통해 전자책을 이용하는 방식은 독자들에게 외면받을 수밖에 없다. 오늘날의 소비자들은 조금만 불편하거나 즉각적인 개선이 없으면 쉽게 떠나버린다. 전자책은 종이책과는 다른 형태의, 다양한 기능을 제공해야 생존할 수 있다. 특히 모바일 환경에서의 디지털 콘텐츠 이용이 급증하는 시점에 미래를 대비한 전자책 플랫폼 전략 수립은 매우 중요하다. 전자책을 출판산업의 테두리에서 접근하는 관점을 넘어 출판과 정보통신기술이 결합한 융복합형 콘텐츠 산업으로 봐야 하는 이유다.

멀티미디어와 책의 결합, 앱북^{App book}

애플의 아이패드와 터치형 태블릿PC는 사람들의 라이프스타일을 바꾸고, 콘텐츠 시장의 혁명을 일으켰다. 이러한 변화를 가능하게 한 것은 바로 높은 휴대성과 사용이 편리한 인터페이스에 있었다. 터치형 스크린의 직관적이고 단순한 디자인을 한 태블릿PC는 그동안 사용을 어려워했던 노년층과 유아들도 편리하게 사용할 수 있도록 만들었다.

태블릿PC의 등장으로 출판콘텐츠는 인터랙티브한 기능을 담은 애플리케이션 제작으로 집중되고 있다. 애플의 앱스토어에서는 아이패드용 도서 관련 앱이 전체 매출의 20% 이상을 차지할 정도로 시장점유율이 높은 편이다. 영미권에서는 '앱북'이라는 용어 대신 '인터랙티브 전자책Interactive eBook'이라는 명칭을 사용하고 있다.

앱북, 대체 너는 누구니?

일반적으로 전자책은 종이책을 전자화한 텍스트적인 요소, 오디오나 비디오 같은 멀티미디어적인 요소, 터치스크린 조작 등의 상호작용성에 따라 전자책, 인핸스드 전자책enhanced eBook, 인터랙티브 전자책(앱북)으로 나눈다. 물론 파일이나 프로그램의 형식으로 구분하기도 한다. 그 중에서 앱북은 주로 멀티미디어 기능을 통해 재미있고 학습 효과가 높은 콘텐츠라는 이유로 교육업체에서 많은 관심을 보이고 있다.

기존의 전자책이 주로 텍스트를 '읽는' 것에 주력했다면, 앱북은 음성, 동영상, 3D그래픽, 인터넷 접속, 상호작용성 등의 기술을 구현해 '듣고 보고 만지는' 차별화된 경험을 독자에게 제공한다. 기존의 전자책이 디바이스의 리딩 프로그램에 따라 메뉴, 본문 등의 화면이 고정되어 있었다면, 앱북은 터치 인터페이스 덕분에 화면 어느 곳에나 자유롭게 메뉴를 만들고 기능을 삽입할 수 있다. 앱북 내에 탑재된 미니게임, 퍼즐, 그림 그리기, 색칠 공부 등의 프로그램도 터치 인터페이스가 활용된다. 또한 앱북은 상시 접근성, 즉시 이용성이라는 특징이 있어 언제 어디서나 웹으로 이용이 가능하다. 하이퍼링크, 본문 내 검색 기능을 지원하며, 콘텐츠 복사와 편집 기능도 편리하게 이용할 수 있다.

소프트웨어적 특성이 강화된 앱북은 종이책이 구현할 수 없었던 한계를 극복했다. 이는 단순히 텍스트의 디지털화나 디지털 미디어를 이용한 플랫폼의 차이를 의미하는 것이 아니다. 앱북은 스마트 디바이스의 멀티미디어를 적극적으로 활용할 수 있다. 그리하여 애니메이션의 동작성이나 게임의 상호작용성 같은 특성을 극대화하여 종이책과 다른 독서 경험을 제공한다.

앱북의 유통 경로는 기존의 전자책과 차이가 있다. 일반적으로 전자책이 아마존, 반스앤노블, 교보문고, 예스24와 같은 온라인서점을 통해 유통되었다면, 앱북은 애플의 앱스토어, 구글의 플레이스토어, 아마존의 앱스토어와 같은 앱 마켓을 통해 유통된다. 앱 마켓을 통해 유통되기 때문에 제작사에서 가져가는 수익 배분율이 높고 독립적인 마케팅과 가격 책정이 가능하다는 장점이 있다. 보통 앱 마켓에서 개발사가 가져가는 수익의 비중은 70% 정도이고, 일반 전자책에 비해 상당히 높은 수준이다.

교육 콘텐츠로 각광받는 앱북

앱스토어에 등록된 콘텐츠를 보면, 주로 교육 콘텐츠의 판매량이 매우 높다. 성인 대상의 어학용 앱들과 함께 화려한 아동용 앱북들이 주류를 형성하고 있다. 앱북은 다양한 멀티미디어 요소와 상호작용적인 요소를 활용하여 입체적인 사고를 하게 하는 콘텐츠 제작이 가능하다. 이러한 콘텐츠는 시각, 청각, 촉각을 자극하여 높은 교육 효과를 낸다. 그리고 이를 제작, 유통하는 채널도 확장되고 있다.

앱북은 스마트 디바이스의 네트워크를 통해 항상 온라인에 연결되어 있기 때문에 사용자들이 쉽게 의견을 교환하고 의사소통을 할 수 있다. 위키피디아 같은 온라인 백과사전이나 어학사전도 접속이 가능하다는 점에서 교육적 활용도가 높다.

북미의 디지털 출판 솔루션 업체인 압타라Aptara가 세계 1350여 개 출판사들을 대상으로 '전자책에 주로 활용하는 멀티미디어 요

유아를 타깃으로 한 동화책 앱북
출처 : ipadinsight.com

소'를 조사한 결과를 보면, 1위는 '동영상'(27%), 그 뒤를 이어 '음성'(25%), '인터랙티브 이미지'(16%), '애니메이션'(12%), '슬라이드쇼'(11%) 등이 순위에 올랐다. 이러한 멀티미디어 활용 비율은 전자책의 성격에 따라 달라지는데 전반적으로 동영상과 음성이 많이 사용되고, 신문과 잡지의 경우 동영상의 비중이 압도적으로 높게 나타났다.

해외 출판계는 유아와 아동을 타깃으로 한 앱북을 연이어 출시하고 있는데, 단순히 내레이션을 접목한 수준에서 나아가 색칠공부, 게임, 퍼즐 등 양방향 콘텐츠를 추가한 인터랙티브 기능과 직관적인 인터페이스로 어린이들의 몰입도를 증대시킨 것이 특징이다. 동화책 앱북의 경우, 저렴한 가격과 아이들의 눈길을 사로잡는 부가 기능으로 학부모들에게 높은 호응을 얻으면서 기존의 종이책을 대체할 수도 있다는 평가를 받았다. 동화책 앱북의 판매가는 1.99~4.99달러로 보통 10달러 이상의 가격으로 판매되는 종이책보다 훨씬 저렴한 수준이다.

해외 앱북 시장

해외 시장에서 주목받는 앱북 콘텐츠에는 어떤 것들이 있을까? 우선 아동용 동화책과 캐릭터를 결합한 앱북을 제작하고 유통하는 '디즈니 디지털 북스Disney Digital Books'를 살펴보자. 주로 3~12세의 어린이들을 대상으로 하는 서비스로, 1년에 80달러를 지불하면 수백 권의 전자책을 읽을 수 있다. 책 읽기를 어려워하는 아이들을 위해 배우의 목소리로 책을 읽어주기도 하고, 혼자 읽을 수 있는 어린이를 위해 어려운 단어를 클릭하면 큰 소리로 설명해주는 서비스를 제공한다. 〈정글북〉〈곰돌이 푸〉〈토이 스토리〉 등 영화와 애니메이션으로 유명한 디즈니의 책들이 전자책과 앱북으로 제작되면서 디지털 콘텐츠 사업이 빠르게 확장되고 있다.

대형출판사 맥밀란도 어린이 교육용 앱북 시장에 진출했다. '프리디북스'라는 임프린트를 통해 공개한 앱북에는 게임과 인터랙티브 기능을 포함한 놀이 기능이 탑재되었고, 앱스토어에서 3.99달러에 판매된다. 존 예이거 맥밀란 어린이 출판그룹 부사장은 "부모가 자녀와 함께 교육용 앱북을 통해 상호 공감할 수 있는 동화책 개발에 더욱 집중할 것이다"라고 말하면서 적극적인 투자를 지속할 것임을 밝혔다.

이러한 아동용 앱북 외에도 성인을 대상으로 한 논픽션, 소설 작품이 앱북으로 출간되고 있다. 논픽션 중에는 미국 부통령이자 대선 후보였던 앨 고어가 집필한 『우리의 선택Our Choice』이 다양한 인터랙티브 요소와 리치미디어가 잘 구현된 앱북 사례로 주목을 받았다. 『우리의 선택』은 텍스트 내용과 연관된 다양한 이미지, 인포그래픽, 지도, 오디오와 동영상 콘텐츠를 제공한다.

소설도 앱북으로 속속 제작되고 있다. 2011년 초에 종이책으로 출간되었던 『생존자The Survivors』의 앱북은 300여 곳의 터치 포인트와 500여 장의 인터랙티브 프레임으로 구성되어 있다. 별도의 작은 창을 통해 소설 내용과 관련된 역사적 사실, 지도, 사진, 동영상을 제공해주는 것은 물론, 내용 전개에 따라 변화하는 캐릭터 프로필을 표시하는 기능을 지원한다. 앱북 내에는 세 곡의 사운드트랙을 비롯한 다양한 음악이 나오고, 주인공 다섯 명의 실제 트위터 프로필과 관련 피드도 제공하며, 저자와 독자 간 직접적인 커뮤니케이션도 가능한 구조로 되어 있다.

기술, 오락, 디자인에 관한 강연회를 정기적으로 개최하는 미국의 비영리재단 TED는 2012년에 앱북 'TED Books'를 애플 앱스토어에 출시했다. 'TED Books'는 그동안 TED에서 진행한 강연회 내용을 엮은 앱북으로, 빌 클린턴, 제프 베조스 등의 유명인사와 노벨상 수상자들의 강연을 만날 수 있다. 2만 단어 수준의 단문 전자책으로 제작되어 격주마다 발행이 되며, 오디오, 비디오, SNS 와 연동되는 기능을 지원한다.

국내 앱북 시장

국내에서도 아동용 앱북 시장은 꾸준히 성장하고 있다. 교원, 대교, 웅진씽크빅 등 교육출판사와 대형출판사가 제작한 앱북은 종이책과 결합된 하이브리드 모델이 많다. 전자책 시장에 별 관심이 없던 교육출판사들도 스마트폰과 태블릿PC가 확산되면서 앱북 서비스에 관심을 보이고 있다. 예림당은 4000만 부 판매를 돌파한 자사의 인기 콘텐츠인 'Why?' 시리즈를 앱북으로 제작했는데, 종이책 내용 외에도 동영상, 교육정보, 학습정보, 문제집 기능 등을 추가했다. 'Why?' 앱은 무료로 제공되며, 이용자들은 앱 내 결제를 통해 원하는 시리즈를 구매할 수 있다. IT기업 한글과컴퓨터도 인기 애니메이션 〈구름빵〉을 앱북으로 출시한 이후, '안녕 네 꿈은 뭐니' '뽀로로 미술놀이' 등의 앱북을 출시했다.

이외에도 블루핀, 퍼블스튜디오, 북잼, 아이이펍 등 전문개발사에서 자체 기획한 앱북과 출판사와의 협력을 통해 제작된 앱북도 시장에서 높은 반응을 얻고 있다. 초기에는 만만치 않은 개발비 때문에 출판사들이 앱북 개발을 꺼렸지만, 최근에는 제작비가 절감되고 있는 분위기다. 그리고 개발사의 투자를 통해 콘텐츠 판매 후 수익배분방식의 적용과 인터랙티브 앱북 제작을 목적으로 하는 전자책 기획이 확대되면서 시장의 긍정적인 변화가 이어지고 있다.

앱북을 주목하라

앱북은 단순히 종이책을 스마트 디바이스 화면에서 읽을 수 있도록 변환한 전자책이 아니다. 디스플레이에서 책을 읽을 때 어떤 부가적인 요소가 독서의 가치를 극대화할 수 있을지를 고민해야 완성도 높은 앱북을 만들 수 있다. 많은 멀티미디어 요소를 추가하는 것은 오히려 독서에 방해가 될 수도 있다. 이처럼 앱북에는 콘텐츠의 특성을 잘 살린 구성이 필요하다.

어쩌면 앱북은 또 하나의 기회가 될 수도 있다. 앱스토어를 통해 유통되는 앱북은 해외 판매 채널을 쉽게 확보할 수 있고, 판매 이익도 다른 전자책에 비해 상대적으로 높은 편이기 때문이다. 아직 국내 시장의 규모가 제한적이기에 해외 시장 진출을 모색할 필요가 있다. 특히 경쟁력이 높은 유아용 콘텐츠는 교육 분야에서 학습만화, 일반 단행본, 컨퍼런스 등 다양한 분야로 확장이 가능하다.

앱북은 스마트 디바이스의 성장과 궤적을 함께하는 중요한 콘텐츠로 자리를 잡았다. 독자의 라이프스타일을 잘 읽는 출판콘텐츠 기획이 무엇보다 요구되는 시대에 앱북은 독자의 선택과 만족도를 높이는 킬러 콘텐츠가 될 것이다. 앱북은 IT개발사에 의존하는 영역이 아니다. 출판사가 직접 기획과 제작에 참여할 때 본연의 가치가 더욱 강화되는 영역이다. 독자의 관점에서 앱북 기능이 필요한 콘텐츠부터 하나씩 기획해보면, 주변에 구현할 만한 콘텐츠는 얼마든지 존재한다. 그만큼 시장은 넓고 할 일은 많다.

전자책 디바이스 시장의 변화

 디지털 콘텐츠는 모바일 융합 매체로 확장되고 있다. 시간과 공간의 장벽을 뛰어넘어 언제 어디서나 원하는 정보를 얻을 수 있는 환경이 실현된 것이다. 스마트폰이나 태블릿PC 등 휴대성이 강화된 디바이스의 발달은 지금까지 경험하지 못했던 미디어 환경을 제공한다. 이런 모바일 시장의 확산은 각종 콘텐츠를 스트리밍 기술을 통해 다양한 방식으로 유통시키고 있다. 그리고 이는 독서 환경과 출판유통 산업에도 큰 변화를 가져왔다.
 우선 책의 제작과 유통이 과거에 비해 신속해졌다. 각종 디바이스 발달과 유무선 네트워크의 발달로 휴대용 모바일 디바이스에 수천 권의 전자책을 소장하고 시공간의 제약 없이 독서를 할 수 있게 되었다.
 디지털 시대의 미디어는 콘텐츠, 디바이스, 네트워크 등 관련 기술과 연계되어 발전한다. 미디어는 생산자와 수용자 간 쌍방 소통을 중시한다는 점에서 다른 산업의 발전 패턴과는 근본적인 차이가 있다. 이러한 차이 때문에 출판유통산업을 구성하는 저자, 출판사, 서점도 변화의 현장에 설 수밖에 없다. 미디어 환경의 변화와 독서 환경의 변화를 예측하고 선제적으로 대응하는 곳이 증가하는 것도 이러한 차이 때문이다.

최근 4~5년간 e잉크 기반의 전자책 디바이스, 스마트폰과 태블릿PC가 확산되면서 전자책 시장도 함께 성장했다. LCD 디스플레이와 e잉크 디스플레이의 장점을 결합한 전자책 디바이스의 개발 등 전자책을 종이책 느낌에 가깝게 표현하는 디스플레이 방식이 계속 발전하고 있다. 이러한 전자책 디바이스의 출시는 오랫동안 정체되었던 전자책 시장에 새로운 활력을 불어넣었다.

태블릿PC가 뜨고, 전자책 전용 디바이스는 지고

2007년 11월 아마존의 킨들이 출시된 이후, 전자책 관련 디바이스의 주류를 형성했던 전자책 전용 디바이스의 점유율은 점차 축소되고 있다. 시장조사기관인 IDC(International Data Corporation)의 보고서에 따르면, 2012년 전자책 디바이스의 세계 출하 대수는 1990만 대로 전년의 2770만 대에서 28% 정도 감소했다고 한다. 반면 그해 태블릿PC의 출하 대수는 1억 2230만 대에 이른다. 퓨리서치센터 역시 전자책 디바이스가 아닌 태블릿PC로 전자책을 읽는 사람이 증가하고 있다고 발표했다. 퓨리서치센터의 분석은 전자책을 읽는 미국인의 비율이 2011년 16%에서 2012년에는 23%까지 상승한 것과 비교해, 전자책 디바이스의 판매량은 줄고 태블릿PC의 판매량이 증가한 결과를 근거로 하고 있다.

전자책 이용자들이 태블릿PC를 전자책 전용 디바이스보다 많이 이용하는 이유는 무엇일까. 여기에는 아마존, 구글, 삼성, 마이크로소프트 등의 기업이 애플의 아이패드와 경쟁하기 위해 가격이 저렴한 보급형 태블릿PC를 쏟아낸 배경이 자리하고 있다. 전자책 전용 디바이스를 대체하는 것으로 태블릿PC가 떠올랐다는 것이 업계의 평가다. 이러한 시장 분위기는 애플 역시 7인치의 아이패드 미니를 출시하도록 만들었다. 이 과정에서 고급 사양의 전자책 디바이스와 보급형 태블릿PC의 가격이 비슷해졌고, 이는 전자책 디바이스에 상당한 타격을 준 것이다.

태블릿PC는 장시간 독서할 경우 집중력을 저하시키기도 하지만, 전자책 디바이스의 역할을 충분히 한다고 평가받는다. 더불어 인터넷, 애플리케이션, 이메일 확인 등 멀티유징 관점에서도 장점이 많다. 사람들은 단지 책을 읽는 것뿐 아니라 태블릿PC를 통해 다양한 기능을 경험하고 싶어 한다. 태블릿PC의 가격은 점점 낮아지고, 기능은 점차 향상되고 있다. 이제 전자책 전용 디바이스의 고객은 독서에만 집중하겠다는 감성적인 이유로 이를 찾는 헤비리더를 중심으로 구성되고 있다.

이러한 디바이스 시장의 변화는 글로벌 기업에도 많은 영향을 끼쳤다. 특히 전자책 전용 디바이스와 태블릿PC 사업을 병행하던 반스앤노블은 디바이스 채널의 이동에 민감할 수밖에 없는 위치였다. 2013년 태블릿PC 사업 포기를 선언하고, 사장의 교체로 이어진 일련의 행보는 전자책 디바이스 시장의 흐름에 따른 것으로 보인다. 반면 아마존은 킨들에 이어 태블릿PC인 킨들파이어Kindle

Fire를 적절한 시기에 출시하고, 아이패드와 대등한 스펙을 가진 킨들파이어 2세대 모델(킨들파이어HD)을 아이패드의 절반 가격에 출시해 소비자들의 시선을 끌며 승승장구하고 있다. 더불어 전자책뿐만 아니라 각종 엔터테인먼트 콘텐츠, 애플리케이션 스토어를 보유한 강력한 플랫폼의 위력을 뽐내고 있다.

전자책 전용 디바이스는 과연 사라질까

한 가지 흥미로운 사실은 미국에서 침체기를 맞이한 전자책 디바이스가 유럽, 아시아, 남미 등에서 각광받고 있다는 점이다. 아마존은 일본 전자책 시장 진출 1년 만에 전자책 디바이스 시장의 37%를 점유하며 1위로 등극했다. 2013년 6월 중국에서는 킨들 페이퍼화이트가 판매 직후 품절 사태가 빚어지기도 했다. 킨들 페이퍼화이트를 구매하지 못한 고객은 대기 명단에 이름을 올리고 줄서기를 감수할 정도였다. 출판강국이자 잠재 소비층이 두터운 중국에서 킨들 디바이스의 인기는 갈수록 높아지고 있다.

이렇듯 전자책 전용 디바이스는 신흥 시장과 교육 분야에서 판매량 증대를 모색해볼 만하다. 아마존이 '위스퍼캐스트whispercast'를 통해 초중등 교육 시장에 본격 진출한 행보도, 가격이 저렴하고 학습에 집중할 수 있는 전자책 전용 디바이스의 특징을 염두에 둔 것이라 할 수 있다.

국내 디바이스 시장은 어떠할까? 2013년 3월에 한국콘텐츠진흥원이 발표한 「태블릿PC의 보급에 따른 콘텐츠 이용행태의 변화」

에 따르면, 태블릿PC의 판매 속도가 빨라졌고 일상생활에서 이용하는 빈도도 늘어났다. 이용자 중 68%가 태블릿PC를 매일 사용하고 있으며, 평균 이용시간은 1시간 49분이다. 이들은 태블릿PC를 통해 전자책을 읽거나, 뉴스를 소비하는 것으로 나타났다. 특히 전자책과 잡지 이용에서 스마트폰 이용자보다 두 배 가까운 빈도를 보이는데, 이 중 64%가 매주 뉴스를 보고 43%는 전자책을 읽는다. 국내에서 태블릿PC의 보급이 확대되면서 전자책 이용률도 증가하고 있음을 보여주는 대목이다.

그렇다면 전자책 전용 디바이스는 끝없이 하락을 거듭하다가 시장에서 사라질 것인가. 글로벌 전문가들은 대체적으로 '그렇지 않다'는 예상에 무게를 둔다. 필자 역시 이에 동의한다. 물성은 변화하고 있지만, 책이라는 미디어는 모든 미디어 중에서 가장 오래된 역사를 자랑한다. 디지털 산업의 관점에서도 음악과 영화 등 다른 분야에 비해 책은 가치사슬 구조가 급속하게 변화하지 않는 문화감성적인 요소를 지니고 있다.

'태블릿PC냐, 전자책 전용 디바이스냐'의 관점에서 본다면, 결국 소비자이자 사용자인 독자가 전자책을 보는 데 있어서 얼마나 편안한 환경을 지원해주느냐가 선택의 핵심이 된다. 디바이스 관점에서는 '가성비(가격 대비 성능)'에 대한 만족도를 무시할 수 없을 것이다. 그에 따라 최근 전자책 전용 디바이스의 가격대가 대폭 낮아지고 있다. e잉크의 가격이 낮아진 측면도 있지만, 실제 몇 권의 종이책 가격 수준으로 전자책 디바이스를 구입할 수 있다는 점을 독자들에게 보여주는 것이다. 태블릿PC는 전자책 독서에만 집중하는 디바이스가 아니기 때문에 무한정 가격을 낮출 수 없는 한계가 있다.

이제 독자들은 자유로운 시간과 공간에서 전자책을 읽고 SNS로 소통하며 스마트한 독서를 즐기고 있다. 하드웨어, 소프트웨어, 유무선 네트워크 등 전자책 인프라는 수년 전과 비교하면 비약적으로 성장했으며, 디바이스 역시 마찬가지다. 다양한 분야의 디지털 콘텐츠가 포진한 시장에서 전자책이 생존할 수 있는 길은 소비자의 시간을 점유하는 것이다. 전자책 디바이스는 독서 환경에 최적화되어야 시간점유율 경쟁에서 승리할 수 있다. 하지만 무엇보다 지식과 정보 습득, 감성의 울림이라는 독서의 진정한 가치를 디지털 기술로 지원하는 디바이스가 독자들의 지속적인 호응을 얻을 것이다. 디지털 출판 시대, 전자책 시장 참여자들이 집중해서 생각해봐야 할 부분이다.

전자잉크와 전용 디바이스

최초의 전자책 디바이스는 1998년 실리콘밸리의 벤처기업 누보미디어가 선보인 로켓e북$^{Rocket\ e-Book}$이다. 로켓e북은 기존의 종이책 대신 인터넷 표준언어인 HTML과 XML을 응용해 만든 디지털화된 책을 PC나 전용 디바이스에서 이용할 수 있게 한 것이다. 전자책 시장의 가장 중요한 성장 요인은 바로 전자책 전용 디바이스의 탄생이다. 시장에 대한 긍정적인 기대가 확산되면서 전자책 전용 디바이스가 지속적으로 출시되고 있다.

전자책 전용 디바이스의 디스플레이에 사용되는 기술은 실제 종이책과 거의 유사한 디스플레이 환경을 제공하는 전자잉크$^{e-ink}$가 있다. 전자잉크 기술을 구현하는 전자종이$^{e-Paper}$는 전하 차이에 따라 입자의 위치가 변화하는 전기영동법^{electrophoresis}을 활용해 종이 역할을 할 수 있도록 만든 것이다. 이 기술은 전하를 띤 흑백 입자에 걸리는 전류를 변화시킴으로써 디스플레이에 반사되는 빛을 조절하여 화면에 영상을 표시한다. 한번 전류를 가해 입자의 이동이 이뤄진 후에는 별도의 전력 소모 없이 영상이 유지되므로 전력 효율이 높다. 배터리 충전 없이 오랫동안 이용이 가능하며, LCD

디스플레이와 달리 눈의 피로가 적어서 독서에 적합한 기술로 평가받고 있다.

전자책 전용 디바이스의 현황

전자책 전용 디바이스의 제작과 판매는 아마존이 가장 선도적이다. 특히 전자책 디바이스 '킨들' 라인업은 거의 매년 신모델을 출시하고 있으며, 태블릿PC와 스마트폰도 직접 개발하고 판매한다. 최근의 전자책 디바이스는 점점 고급형 모델로 진화하는 중이다. 고해상도를 자랑하는 아마존의 킨들 보이지와 방수기능을 탑재한 코보의 아우라 H2O가 대표적인 예다. 시중에 저렴하고 다양한 태블릿PC가 쏟아지고 있는데도 글로벌 기업들이 전자책 전용 디바이스를 계속해서 출시하는 이유는 무엇일까?

글로벌 기업들은 장시간 독서 시 종이책 독서와 유사한 느낌을 주기 위해 디바이스의 성능을 지속적으로 향상시키고 있다. 태블릿PC는 다양한 멀티미디어 콘텐츠와 애플리케이션 활용이 가능하지만 장시간 집중해야 하는 독서에는 불편함이 많다. 킨들 보이지의 경우 전자잉크의 해상도를 높이고 페이지 넘김 장치를 새롭게 도입했다. 해상도는 기존 페이퍼화이트 모델의 212ppi(인치당 픽셀 수)에서 300ppi로 높여서 종이책에 최대한 가깝게 구현했다. 미국 IT전문지 〈더버지The Verge〉는 킨들 보이지가 그동안 봤던 제품 가운데 최고의 디바이스로 손색이 없다는 평가를 내리기도 했다.

전자책 전용 디바이스는 다기능이 아니라 '읽기'라는 하나의 목

킨들 페이퍼화이트, 누크 글로라이트, 코보 아우라HD 비교

구분	Kindle Paperwhite	Nook Glowlight	Kobo Aura HD
판매사	아마존	반스앤노블	코보
전면 이미지			
규격(mm)	170×117×9.1	165×127×10.7	176×128×11.7
무게(g)	207	176	240
디스플레이 크기	6인치	6인치	6.8인치
해상도	1024×758 (212ppi)	1024×758 (212ppi)	1440×1080 (265ppi)
프런트라이트	적용	적용	적용
터치스크린	적용	적용	적용
기본 폰트수	5	6	10
스토리지	2GB	4GB	4GB
배터리 유지 기간	8주	8주	8주
프로세서	1GHz	800MHz	1GHz
통신지원	Wi-Fi+3G	Wi-Fi	Wi-Fi
출시일	2013년 9월	2013년 10월	2013년 4월
출시가격	$120	$120	$170

적에 최적화된 기기다. 나아가 '깊이 읽기'에 가장 유리한 기기이기도 하다. 킨들 보이지는 페이지를 넘길 때 깜빡거리는 현상도 시스템 속도 개선으로 해결했으며, 이에 대한 독자들의 반응도 좋은 편이다. 국내에서도 교보문고의 샘[sam], 예스24의 크레마샤인 등 전자책 전용 디바이스 출시가 이어졌다.

전자책 전용 디바이스는 스마트폰, 태블릿PC 등 멀티미디어 콘

텐츠 이용이 수월한 기기와 경쟁하고 있지만, 독서 전용 기기라는 관점에서 헤비리더층을 중심으로 꾸준히 인기를 얻고 있다. 주요 업체들은 저렴한 가격대, 이용 편의성과 같은 장점에 전자책 독서를 지원하는 각종 유틸리티 기능이 접목한 고성능 전용 디바이스 개발에 주력하고 있다.

독서 지원 유틸리티

전자책 디바이스에 탑재되어 독서를 돕는 각종 유틸리티(컴퓨터 이용에 도움을 주는 소프트웨어)에 대해서도 주목할 필요가 있다. 종이책 독서에서는 접할 수 없는 디지털 기술을 활용한 독서 유틸리티는 전자책 독서의 흥미를 끌어올리는 데 큰 역할을 한다.

킨들의 독서 유틸리티 — 우선 킨들의 '엑스레이$^{X-Ray}$' 기능과 '타임투리드$^{Time\ to\ Read}$' 기능이 돋보인다.

'엑스레이'는 책을 보면서 저자의 이름과 배경지식 등 관련 정보를 해당 페이지와 연결해서 확인할 수 있도록 한 기능이다.

'타임투리드'는 독자의 평소 독서 시간과 속도 등 독서 습관을 체크하여 읽고 있는 책의 완독 예정 시간을 알려준다. 위키피디아와 구글서치 기능으로 연결해서 책을 읽는 도중에 관련 내용의 검색도 가능하고, '뉴옥스포드영어사전'을 무료로 이용할 수 있는 '인스턴트룩업$^{Instant\ Lookup}$' 기능을 지원한다. 그리고 마이크로소프트의 번역 앱인 '빙트랜스레이터$^{Bing\ Translator}$'로 프랑스어, 스페인어, 일본어, 영어 등의 콘텐츠를 번역할 수 있다.

'센드투킨들Send to Kindle' 기능도 꽤 유용하다. 이 기능은 익스플로러, 크롬, 파이어폭스 등 각종 브라우저의 콘텐츠를 편리하게 킨들로 보낼 수 있도록 했다. 이를 이용하여 오피스 프로그램인 워드, PDF, 텍스트 등 다양한 포맷으로 제작된 콘텐츠도 킨들을 통해 읽을 수 있다.

아마존은 킨들을 콘텐츠를 읽는 데 사용하는 최상의 디바이스로 지속적인 포지셔닝을 하고 있다. 킨들 파이어HD 경우, 오디오북용 이머전리딩Immersion Reading 기능을 지원하는데 이를 통해 읽기와 듣기를 동시에 할 수 있다.

누크의 독서 유틸리티 — 누크의 대표적인 독서 지원 유틸리티로는 '누크 프렌즈Nook Friends'가 있다. 페이스북, 트위터 등 SNS를 통해 지인에게 자신이 읽고 있는 책을 추천하거나 '렌드미Lend Me' 기능을 통해 14일간 빌려주는 서비스를 지원한다.

코보의 독서 유틸리티 — 코보는 뷰어와 연계된 '리딩라이프'와 '코보 펄스'가 대표적인 유틸리티다.

'리딩라이프'는 이용자의 독서습관을 그래프로 보여주고 독서 현황에 따라 배지를 발급하는 서비스이다.

'코보 펄스'는 코보 이용자들의 독서 커뮤니티이자 SNS이다. 사용자가 로그인한 후, 전자책을 열었을 때와 덮었을 때, 주인공이

처음 등장한 때, 새로운 챕터를 열었을 때, 중요한 장소에 들어설 때 등 독자가 전자책을 읽는 과정을 페이스북으로 알려준다. 이를 통해 코보의 이용자들끼리 편리하게 독서 클럽을 만들 수 있다. 모든 전자책 페이지마다 감상평을 남길 수 있으며, 독자가 전자책을 덮어도 읽은 흔적들이 남아 다른 독자들과 지속적으로 교감할 수 있다.

디지털 교과서는 교육을 바꿀 수 있을까

디지털 교과서에 대한 해외 시장의 관심이 높아지고 있다. 구체적인 사업 모델과 콘텐츠, 서비스가 계속 등장하는 세계적인 흐름 속에서 전자책과 디지털 교과서의 상관성과 영향에 대해 구체적으로 알아볼 필요가 있다.

디지털 교과서는 학교 교과과정에 맞추어 특정 학생을 대상으로 제작된 전자책을 의미한다. 그리고 학습자의 학습활동 추적, 학습활동의 관리, 학습활동 운영 등의 기능이 포함된 콘텐츠로 확장해서 이해할 수 있다. 해외에서는 디지털 교과서를 'e텍스트북$^{e\text{-text}}$ ^{book}'이라는 명칭으로 부르고 있다. 초기의 디지털 교과서는 대부분 종이책의 구조적 특징을 그대로 따른 것으로, CD롬 등에 기록되어 컴퓨터 소프트웨어 형태로 제공되었다.

그러나 기술이 발전하면서 오늘날의 디지털 교과서는 다양한 형태로 개발되고 있다. 멀티미디어 요소와 인터랙티브 기능이 포함되어 학습 효과 강화에 집중한 디지털 교과서들이 속속 출시되었고, 애플리케이션 형태의 디지털 교과서가 출시되고 있다. 이들은 텍스트에 비디오 클립, 애니메이션, 그래픽과 같은 리치 콘텐츠가 접목된 것이 특징이다. 더불어 학습자와 교육자 간 그룹 논의 기능, SNS가 연계된 커뮤니티 기능이 포함되어 디지털 기술을 활용한 교육 지원 시스템으로 발전하고 있다. 디지털 교과서는 크게 패키지형(교과서+학습지원), 전자책형(교과서 중심), 솔루션형(종합 시스템 지원), 애플리케이션형(디바이스 최적화)으로 나눌 수 있다.

해외 디지털 교과서 현황

해외에서는 애플, 아마존 등 플랫폼 사업자와 대형 교과서 출판사를 중심으로 영리를 목적으로 한 디지털 교과서를 개발하는 추세다. 또 초·중등학교 외에도 대학 교재 분야에 디지털 교과서를 도입하려는 움직임이 활발하다. 하지만 디지털 교과서는 저렴한 가격, 높은 접근성, 양방향 소통 등 여러 장점에도 불구하고 아직까지 본격적인 성장기에 접어들지 못한 상황이다.

미국과 일본의 디지털 교과서 전략 — 2012년 2월, 미국의 오바마 행정부는 향후 5년 내 미국 전역에 디지털 교과서 도입을 추진하겠다고 선언했다. 그리고 정부와 관련 업계 전문가들로 구성된 디지털교과서협의체The Digital Textbook Collaborative를 설립하였다. 이 협의체에서 '디지털 교과서 플레이북'을 발표했는데, 이는 교육자와 관리자가 초·중·고등학교 학생들에게 풍부한 디지털 학습 경험을 제공할 수 있도록 안내하는 가이드북이다. 대부분 학교나 교실, 가정에서 디지털 학습에 필요한 네트워크 인프라 정보와 디바이스

정보를 담고 있다.

일본에서는 교과서 출판사, 방송국, 게임회사, 디바이스 제조업체 등 120개사가 참여한 '디지털교과서교재협의회Digital Textbook and Teaching(DiTT)'에서 디지털 교과서 사용을 목표로 한 'DiTT 정책 제언 2012'을 발표했다. '디지털 교과서 실현을 위한 제도 개정' '디지털 교과서 보급을 위한 재정 조치' '교육정보화 종합계획 수립과 실행'의 세 가지 제안 내용을 포함한 이 정책은 2015년까지 1000만 명의 학생들에게 디지털 교과서 서비스를 제공하겠다는 목표를 가지고 있다.

애플의 디지털 교과서 — 애플은 2012년 1월에 아이북스2 서비스를 발표하며 디지털 교과서 시장에 본격적인 진입을 시도했다. 아이북스는 본래 애플이 출시한 전자책 유통 플랫폼으로, 이번에 업그레이드된 아이북스2는 디지털 교과서 구현 기능을 추가했다. 아이북스2는 무료 애플리케이션으로 제공되며, 아이패드에서 다운받아 설치한 후 디지털 교과서를 구매할 수 있다. 애플의 미디어 이벤트를 통해 공개된 아이북스2의 디지털 교과서는 멀티터치 기능, 인터랙티브 기능, 도표, 사진, 동영상 등을 지원한다. 디지털 교과서 콘텐츠 내에 포함된 물체를 3D로 회전할 수도 있고, 중요한 내용과 메모를 암기할 때 활용할 수 있는 '스터디 카드' 기능도 제공한다. 애플은 미국 최대 교육출판사인 호튼미플린하코트와 대형출판사 맥그로힐, 피어슨과의 파트너십을 체결하고, 생물학, 화학, 기하학, 물리학 등의 디지털 교과서를 출시해 14.99달러에 판매하고 있다.

또한 애플은 누구나 간편하게 아이패드용 디지털 교과서를 제작할 수 있는 '아이북오써'를 무료로 배포하고 있다. 아이북오써는 애플이 설계한 템플릿template을 통해 텍스트와 이미지, 멀티미디어 등을 편리하게 배치하고 끼워넣을 수 있고, 폰트 색상 등 다양한 디자인을 선택할 수 있도록 지원한다. 이용자가 자체적으로 레이아웃을 만들어 개인화된 템플릿을 저장해서 사용할 수도 있다. 아이북오써로 제작한 디지털 교과서를 무료로 배포할 때는 어디서든 유통이 가능하나, 유료로 판매할 경우 아이북스스토어에서만 유통해야 한다. 애플의 이런 전략은 무료 디지털 교과서의 자유로운 배포를 허용해 아이북오써의 활용성을 높이기 위해서다.

하지만 아이북오써는 전자책표준 포맷인 이펍으로 제작된 디지털 교과서를 지원하지 않는다는 문제점이 지적되고 있다. 다시 말해 애플의 플랫폼에서만 디지털 교과서가 서비스되는 폐쇄적인 구조와 비표준적인 형식으로 개방성과 접근성이 부족하다는 것이다. 더불어 학생의 학습활동을 조직화하고 모니터링하는 LMS(Learning Management System) 기능이 미흡한 편이다. 그러나 아이튠즈를 통해 음악 시장을, 아이북스를 통해 전자책 시장을 장악하려 하는 애플의 전략은 지속되고 있다.

아마존의 디지털 교과서 ― 아마존은 자사의 전자상거래 사이트에서 '킨들 e텍스트북Kindle eTextbook'이라는 카테고리를 만들어 디지털 교과서를 판매하고 있다. 해당 디지털 교과서는 킨들 고유의 전자책 형식인 AZW로 제작되었으며 킨들, 킨들DX 등의 전자책 디바이스뿐만 아니라 아이패드, 킨들 파이어, 안드로이드 태블릿PC에서 킨들 애플리케이션을 통해 이용이 가능하다.

또한 2011년 7월부터는 종이책 대비 최대 80% 이상 저렴한 가격으로 전자책 버전의 대학 교재를 대여해주는 '킨들 텍스트북 렌탈' 서비스를 시작했다. 이 서비스의 이용자는 킨들스토어에서 교재를 검색한 후에 화면 우측에 연두색 박스로 표시된 '대여하기'의 체크리스트에 본인이 원하는 대여 일정을 설정하고 결제하면 된다. 디지털 교과서는 30일~1년까지 대여할 수 있으며 대여 기간에 따라 차등화된 요금이 적용된다. 대여한 디지털 교과서에 기록한 각종 책갈피, 메모, 하이라이트 표시 등은 아마존 클라우드에 저장되기 때문에 대여 기간이 만료된 후에도 해당 내용을 볼 수 있다.

그러나 이 서비스의 성공 여부는 아직 점치기 어렵다. 왜냐하면 대여로 인한 수익 악화와 불법 복제를 우려한 교과서 출판사들이 콘텐츠 제공에 미온적인 태도를 보이고 있기 때문이다. 미국의 경우 서책형 교과서의 가격이 비싸서 중고책 시장이 발달해 있지만 디지털 교과서를 대여할 경우 되팔 수 없다는 문제점도 있다.

아마존은 2012년 10월에 디지털 교육 시장을 타깃으로 한 '위스퍼캐스트' 서비스를 공개하기도 했다. 학교의 교사나 시스템 관리자는 '위스퍼캐스트'를 이용해 구매한 콘텐츠를 수업 수준이나 학급별 수준에 맞춰 배포할 수 있다. 이 서비스는 킨들 디바이스에서 이용할 수 있을 뿐 아니라 킨들 앱을 설치한 iOS 디바이스와 안드로이드 디바이스도 지원한다.

기술적인 부분에서 '위스퍼캐스트'가 일반 전자책 뷰어와 다른 점은 2인 이상의 그룹 방식으로 킨들 계정을 만들어 도서와 문서를 동기화할 수 있다는 것이다. 예를 들면 교사가 디지털 교과서 또는 참고서를 전자책으로 구입해서 교실 내 학생들에게 보내고 진도를 수행할 수 있으며, 학생들이 수업시간에 다른 활동을 못하도록 웹 검색이나 제품 구매 등 특정 기능을 차단하는 기능도 갖췄다. 아마존은 위스퍼캐스트가 모바일 기기에 익숙한 젊은 층의 요구를 충족할 것으로 전망하고 서비스 투자를 계속 확대할 예정이다.

반스앤노블의 디지털 교과서 — 반스앤노블이 운영 중인 디지털 교재 서비스 '누크 스터디nook study'는 학생 개개인을 위한 스터디 컬렉션과 외부 콘텐츠를 제공한다. 미국의 630여 개 대학에 서비스하는 '누크 스터디'는 교재 내용 검색 기능과 하이라이트, 메모, 키워드 태그 기능을 지원하여 학습시간 단축과 학습효과 향상에 기여하도록 플랫폼을 구축했다.

또한 반스앤노블은 2012년 4월에 대학용 디지털 교재 사업을 중심으로 한 누크미디어를 만들어 마이크로소프트에 3억 달러를 투자받고, 2013년 1월에 교육출판사 피어슨의 투자를 받기도 했다. 비록 2014년 상반기에 반스앤노블이 누크미디어의 분사를 결정했으나, 누크미디어의 디지털 교과서 서비스는 계속될 예정이다.

주목할 만한 디지털 교과서 업체 — 이외에도 주목할 만한 디지털 교과서 전문 사업자들에 '노우Kno'와 '인클링'이 있다.

'Knowledge Now'의 약자를 회사명으로 한 노우Kno는 회사명답게 교육 분야에 초점을 둔 콘텐츠와 전용 태블릿PC 제작에 주력하는 기업이다. 2009년에 설립되었으며, 미국 캘리포니아주 산타클라라에 거점을 두고 있다. 아이패드용 디지털 교과서 애플리케이션인 '텍스트북스text books'를 출시하면서 디지털 교과서 시장에 본격적으로 진출했으며, '학생들의 배우는 법을 개혁하겠다'는 목표로 20만 권 분량의 디지털 교과서를 만들었다. 원래 리눅스 기반의 독자적인 태블릿PC를 출시했지만 애플의 아이패드와 안드로이드 태블릿PC가 이 시장을 장악하면서 디바이스 사업을 중단하고 아이패드용 애플리케이션 개발에 주력하고 있다. '텍스트북스'는 세계 최대 규모인 7만여 개의 디지털 교과서 타이틀을 보유하고 있다.

디지털 교과서 애플리케이션 개발사인 인클링 역시 아이패드용 디지털 교과서에 집중하고 있다. 최근 클라우드 기반 전자책 저작도구인 '인클링 해비타트inkling habitat'를 무료로 공개하면서 시장의 호응을 얻었다. 인클링 해비타트는 구글 문서도구나 어도비 아크

로뱃처럼 2인 이상이 공동으로 문서 작업하는 방식을 전자책 제작에 도입한 프로그램이다. 표지부터 삽화 이미지까지 공동으로 편집하고 출판할 수 있으며, 어도비 인디자인으로 작업할 파일은 이펍3.0으로 변환하여 저장할 수 있다. 인클링 해비타트는 오라일리, 하퍼콜린스, 타임^{Times}, 론리플래닛$^{Lonely\ planet}$, 월스트리트저널$^{Wall\ Street\ Journal}$ 등 20여 개 출판사와 제휴를 맺고 있다.

스마트 교육을 꿈꾸다

디지털 교과서는 스마트 교육의 핵심수단으로 등장했다. 서책형 교과서와 다르게 다양한 기능과 데이터를 담아서 교실과 학습 현장에서 활용될 것이다. 하지만 디지털 교과서가 도입된다고 해서 교육이 바람직한 방향으로 진행되거나 획기적으로 개선된다고 단언할 수는 없다. 교육 현장의 다양한 여론을 수렴하여 정책을 수립하고, 콘텐츠의 제작과 플랫폼 구축을 실행해야 한다. 더불어 일선 교육 현장에서도 충분한 준비를 거쳐야 한다.

미국 학생의 권익보호를 위한 단체(Student Public Interest Research Groups)에서 '디지털 교과서 이용률'에 관해 실시한 설문조사 결과, 여전히 대다수의 대학생들은 디지털 교과서보다 종이책 교재를 선호하는 것으로 나타났다. 각 국가별로 디지털 교과서는 시장 초기 단계를 지나고 있지만, 그 성장 속도는 어느 때보다 높다. 기술적인 측면에서는 이미 최고 수준에 도달했고, 콘텐츠와 디바이스를 연계하는 플랫폼도 편리성을 극대화하는 중이다.

이 분야의 핵심은 바로 '교육'이다. 디지털 교과서는 교육 본연의 가치를 이끌어주는 하나의 수단으로 자리 잡아야 한다. 그렇다고 해서 표면적인 현상만을 보고 디지털 교과서를 부정적인 프레임으로 접근해선 안 된다. 아날로그의 강점과 디지털의 강점을 적절하게 살리면서 교육적 효과를 최대한 끌어올릴 수 있는 정책과 방법론에 대해 치열한 고민이 필요한 시점이다.

디지털 교과서가 스마트 교육을 선도할 수 있도록 다양한 도전과 실험들이 이어지고 있다. 결국 디지털 네이티브 세대와 성장의 궤적을 함께할 가능성이 높다는 점에서 디지털 교과서는 출판유통 산업의 판도 변화를 이끌어낼 분야이다. 이제 디지털 교과서와 스마트 교육으로 시선을 크게 돌려볼 때가 왔다.

잡지와 디지털의 만남

디지털 기술과 인터넷으로 대표되는 21세기 비즈니스 환경은 다양한 사업 분야가 융합되어 새로운 부가가치 창출이 가능한 디지털 컨버전스 환경으로 진화하고 있다. 책, 신문, 방송, 통신 등 영역별 구분이 명확했던 미디어 콘텐츠 산업은 전자출판의 발전하면서 그 경계가 사라지고 있는 추세다. 이러한 변화의 바탕에는 복합 멀티미디어의 융합이 있으며, 이를 통해 정보환경의 물리적, 공간적, 시간적인 한계를 뛰어넘어 다양한 정보에 편리하게 접근하고 적극 활용할 수 있게 되었다.

전자출판의 발전은 잡지 시장에도 많은 변화를 가져왔다, 2010년에 애플의 아이패드가 출시되면서 태블릿PC용 디지털 잡지가 본격적으로 등장했다. 디지털 잡지의 탄생은 잡지를 '읽는 것'에서 '보는 것'으로 변화시켰다. 뿐만 아니라, 잡지를 활용한 상거래에도 변화를 가져왔다. 이제 디지털 잡지를 읽다가 마음에 드는 상품을 바로 구매할 수 있게 된 것이다. 전자출판 산업에서 전자책과 함께 큰 축을 이루고 있는 디지털 잡지의 개념과 해외 서비스의 현황을 살펴보자.

변화의 시대에 선 잡지

디지털 잡지는 넓은 의미로 디지털 매체를 이용해서 다양한 지식 정보를 동일한 제호로 정기적으로 발행하는 출판 형식을 의미한다. 최근에는 스마트폰과 태블릿PC 등 컬러 디스플레이를 탑재한 디바이스에서 발행, 출력되는 애플리케이션 형태로 발전하고 있다. 디지털 잡지는 디자인에 있어서 내비게이션(웹 이용자들이 최단의 경로로 접근할 수 있도록 디자인하는 것)을 기본으로 하는 등 기존의 잡지와는 다른 표현방식을 사용한다. 디지털 잡지는 기존의 인쇄매체 중심의 콘텐츠 전략과 다른, 멀티미디어의 특징을 가진 영상 중심의 콘텐츠 전략을 취한다.

잡지는 인간 사회가 필요로 하는 값진 지식을 편하게 읽을 수 있도록 정기적으로 펴내는 인쇄매체다. 또한 신문과 서적의 중간 지점에 위치하면서, 신문의 단점을 보완하고 서적의 장점을 반영하는 매스커뮤니케이션 매체다. 잡지는 다양한 뉴스와 정보를 수집, 처리, 제작하여 독자에게 정기적으로 제공하는 것으로 (시대와 환경에 따라 그 역할은 다르게 나타나지만) 본연의 역할인 지식, 정보의 전달과 오락기능 그리고 광고매체로서의 기능을 담당하고 있다.

디지털 잡지는 인쇄판 잡지와 연결선상에 있다고 볼 수 있으나, 인터넷이라는 틀 때문에 기존의 잡지와는 다른 측면이 많다. 종이에 활자로 정보를 전달하는 기존의 인쇄판 잡지가 디자인 측면에서 평면적 시각 표현에 중점을 두었다면, 디지털 잡지는 영상매체의 특징을 갖춘 멀티미디어로서의 시각적 커뮤니케이션에 중심을 두고 있다. 디지털 잡지 산업이 각광을 받는 이유는 제작과 배포 과정에서 많은 사람이 투입되고 복잡한 절차를 거쳐야 하는 기존의 인쇄매체와 달리, 제작 기술에 대한 간단한 상식만 있으면 잡지를 편리하게 제작할 수 있다는 점 때문이다.

디지털 잡지는 쌍방향 커뮤니케이션을 바탕으로 하고 있어 정보 전달력이 높고, 저렴한 비용으로 경제성이 있으며, 기술적 요소를 통해 다양한 서비스 구현이 가능하다는 특징이 있다. 디지털화된 출판물은 새롭게 나온 것이 아니다. PC에서 자주 보는 스캐닝 이미지와 PDF, 그리고 전자책 디바이스에서 쉽게 볼 수 있는 이펍 파일과 플래시를 기반으로 제작한 웹진도 디지털 잡지라고 할 수 있다.

최근에는 종이잡지와 디지털 잡지의 동시 발행률이 높아지고 있다. 특히 태블릿PC용 디지털 잡지는 인쇄판 잡지와 달리 질적 정보를 대용량으로 수용할 수 있으며, 언제 어디서나 쉽고 편리하게 다기능 미디어를 소비할 수 있는 장점이 있다. 태블릿PC의 터치스크린 기술은 기존 인쇄매체의 디지털화를 가속화시키고 있다. 태블릿PC용 디지털 잡지는 시각적인 커뮤니케이션과 서비스 환경의 변화를 통해 콘텐츠를 생산자 중심이 아닌 사용자 중심으로 바꾸어놓았다. 디자인 역시 사용자의 편의성을 고려한 방향으로 변화하고 있다.

디지털 잡지는 애플과 구글 등의 앱스토어나, 디지털 잡지 전용 애플리케이션을 통해 구독할 수 있다. 태블릿PC용 잡지는 높은 해상도와 큰 사이즈로 제작되어 이용자가 화면을 확대, 축소하지 않아도 편안하게 잡지를 이용할 수 있으며, 순차적으로 콘텐츠가 활성화되는 애니메이션 기능과 터치를 통해 콘텐츠를 활성화하는 기능 등을 구현한다. 이러한 디지털 잡지 구현 기술에는 어도비 DPS의 폴리오, 플래시, 그리고 HTML, XML, PDF, 이펍 등이 있다.

디지털 잡지를 이용하는 다양한 방식

오프라인서점이나 가판대에서 파는 잡지 판매량이 크게 감소하고 있다. 일반적으로 가판대의 잡지 판매량은 미국 잡지 산업의 흐름과 소비자들의 성향을 파악하는 기준이 된다. 미국 미디어감사협회(AAM)에 따르면 2012년 잡지의 판매량은 총 2670만 부로 전년 대비 9.5% 감소했다고 한다. 10년 전과 비교하면 거의 절반 정도 줄어든 수치다. 특히 패션이나 사회문화와 관련된 분야의 잡지 판매량이 가장 큰 폭으로 감소했다. 미국에서 가장 많은 판매 부수를 자랑하는 〈코스모폴리탄〉은 2012년 하반기에 120만 부 판매에 그쳐 2011년 동기 대비 18.5% 감소했다.

종이잡지 판매량이 줄어든 반면에 디지털 잡지의 판매량은 증가했다. 2012년 하반기에 판매된 디지털 잡지는 790만 부로 전년 대비 두 배 정도 증가했다. 다만 디지털 잡지의 판매 규모는 전체 출판시장에서 2% 정도의 규모로 전자책과 비슷한 시장점유율을 보였다. 업계 전문가들은 종이잡지 판매량 하락이 일시적인 현상이 아니라, 향후 모바일 디바이스의 보편화로 인해 점차 심화될 것이라고 분석했다. 태블릿PC를 이용하는 소비자들은 디지털 잡지에 지속적인 관심을 보이고 있다. 특히 정기적으로 출간되는 수많은 잡지들을 간단하게 정리하고 소개해주는 앱의 등장과 함께 확산 속도는 더욱 빨라졌다.

신간 잡지의 내용 가운데 일부를 미리보기 형식으로 공개해 잡지 판매를 유도하는 플랫폼 앱이 계속 출시되고 있다. 가장 유명한 디지털 잡지 서비스는 '지니오Zinio'이다. 이는 어그리게이션Aggregation 모델 기반의 플랫폼으로 〈PC월드〉, 〈맥월드〉, 〈내셔널지오그래픽〉, 〈맥심〉, 〈이코노미스트〉, 〈코스모폴리탄〉 등 다양한 디지털 잡지를 웹과 앱을 통해 제공하고 있다. 현재 30여 개국을 대상으로 전 세계에서 출간되는 거의 모든 잡지를 전자출판 방식을 통해 제작, 유통하고 있다. 아시아에서는 일본과 대만에 서비스를 출시했다. '지니오'는 잡지사와의 계약 내용에 따라 잡지의 맛보기 기사를 제작하여 앱을 통해 제공한다. 그리고 잡지가 팔리면 일정한 수수료 배분을 통해 수익을 창출하는 모델이다.

큐레이션 방식으로 디지털 잡지를 이용하는 독자들도 늘고 있다. 대표적인 앱은 '플립보드Flipboard'로 사용자가 관심 있는 소식을 한 곳에 모아 볼 수 있는 소셜 매거진이다. '플립보드'는 사용자가 직접 구독 목록을 바탕으로 개인 매거진을 만들 수 있는 기능을 선보였다. 트위터와 페이스북 등에 올라온 정보들을 자동으로 취합해서 잡지 형태로 변환하여 보여주는 이 서비스는 5000만 명 이상의 사용자를 확보하고 있다. '플립보드'는 사용자 관점의 디자인과 시각적인 커뮤니케이션을 중심으로 화려하게 화면을 구성한다. 트위터나 페이스북 등의 계정으로 로그인하여 글을 볼 수 있고, SNS를 통해 지인들과 편리하게 이를 공유하고 소통할 수 있다. 화면에서 큐레이션된 콘텐츠를 볼 때, 책장을 넘기듯이 좌우로 길게 터치를 하면 애니메이션이 적용되어 책장을 넘기는 듯한 효과를 보여주면서 다음 페이지로 이동한다.

최근 아마존도 대형잡지사인 콘데나스트$^{Conde\ Nast}$와 함께 디지털과 인쇄용 버전을 모두 제공하는 잡지 정기구독 서비스인 '올액세스$^{All\ Access}$'를 발표했다. 첫 서비스 대상 잡지는 〈보그〉, 〈글래머〉, 〈본아베띠〉, 〈럭키〉, 〈골프다이제스트〉, 〈와이어드〉 등 7종이다. '올액세스'를 통해 이들 잡지를 구입하면 최대 40%까지 할인 혜택을 받을 수 있으며, 아마존 계정의 잡지구독 관리자를 통해 구독 정보를 관리할 수 있다. 디지털 버전은 발행된 후 바로 다운로드가 가능하며, 며칠 뒤에는 인쇄 버전의 잡지를 받아볼 수 있다. 디지털 버전의 잡지는 킨들 디바이스는 물론 iOS와 안드로이드의 킨들 앱을 통해서도 이용이 가능하다.

디지털 잡지는 잡지의 미래다

종이책과 함께 성장해온 잡지는 국가의 문화적 수준을 알 수 있는 지성의 척도이며, 정보화 시대에 꼭 필요한 생활 밀착형 미디어로 자리를 잡았다. 그런데 디지털 시대가 도래하면서 미디어의 경계가 사라졌다. 동영상과 음성 구현이 가능할 뿐만 아니라 저렴한 가격으로 언제 어디서나 구입해서 볼 수 있는 디지털 잡지는 종이잡지의 위상을 위협하고 있다.

아날로그에서 디지털로 변화하는 지금의 시기가 잡지의 위기일 수도 있지만 한편으로는 기회일 수도 있다. 종이잡지를 보던 독자들은 스마트 디바이스를 소유하면서 잡지를 다른 방식으로 이용하고 있다. 그들은 자신이 원하는 정보를 선택해서 읽고, 의견을 교환한다. 결국 독자들이 잡지 산업 자체를 바꾸고 있는 것이다.

미래의 잡지는 새로운 플랫폼이 되어야 한다. 디지털 잡지로 독자들과 적극적으로 소통하고, 광고주들에게 종이잡지 이상의 기대 효과를 제공해야 한다. 단기간에 종이매체들이 사라지지는 않겠지만, 분명한 사실은 점점 더 많은 사람들이 책과 잡지를 읽는 데에 컴퓨터와 모바일 디바이스를 이용한다는 점이다.

기본적으로 디지털 미디어에는 콘텐츠가 필요하다. 디지털 잡지는 기존 종이잡지 콘텐츠를 디지털로 가지고 오면서 동영상과 같은 새로운 부가 정보도 함께 담을 수 있는 장점이 있다. 처음에 잡지를 기획할 때부터 동영상은 물론, 사진 역시 지면의 한계를 벗어나서 자유롭게 활용할 수 있는 것이다. 따라서 다양한 미디어 콘텐츠를 어떻게 제공할 것인지에 대한 스마트한 기획력을 기본적으로 갖춰야 한다. 이것이 어쩌면 디지털 시대가 잡지 산업의 기회가 될 수도 있다고 한 이유이다. 디자인 관련 회사와 전문 인력들은 새로운 미디어의 정보 구조 설계와 커뮤니케이션 방법론에 대해 연구하고 있다. 그리고 디지털 잡지에서는 편집자가 곧 과거의 출력자 역할도 겸할 가능성이 높다. 업계 간 협업을 통해 매력적인 잡지를 기획하고 제작, 유통하는 플랫폼을 구축해야 성장 기반을 갖출 수 있는 것이다.

디지털 잡지의 미래를 예단하기는 어렵다. 일단 비즈니스 수익 모델로서 문제가 있다. 앱스토어를 통해 잡지를 유통시킬 경우 매출액의 30% 정도를 플랫폼 사업자에게 수수료로 제공해야 하지만, 실제 유료 구입자의 증가 속도는 더딘 편이다. 더불어 디지털 비즈니스에서 시장 선점이 곧 무조건적인 우위를 달성하지 않는 경우가 비일비재하다. 특히 디지털 잡지는 기술과 문화, 트렌드가 적절하게 결합되어 시너지 효과를 창출할 수 있는 타이밍을 포착하는 것이 중요한 매체이다.

어쨌든 잡지 산업 종사자들은 종이잡지에서 디지털 잡지로 가야 한다는 사실에 대다수 동감하는 분위기이다. C-P-N-D로 이루어진 디지털 콘텐츠 생태계에서 디지털 잡지의 매력도는 꽤 높다. 트렌드에 민감하고 비교적 짧은 분량으로 사회문화를 말하는 잡지의 특성은 기술과의 컨버전스를 통해 모바일 광고와 커머스로 편리하게 연결되고, 자원 절약에도 기여할 수 있다. 그만큼 높은 부가 가치가 기대되는 매체라 할 수 있다.

신문과 디지털의 만남

전자책은 출판사와 서점만의 전유물일까? 현재 유통되고 있는 콘텐츠의 대다수가 종이책을 전자화한 전자책이라는 점에서 출판사와 전자책의 관계는 매우 밀접하다. 최근 종이책과 전자책을 동시에 출간하는 사례가 늘어나면서 독자들의 선택적 고민도 상대적으로 늘어났다. 독서를 통해 얻을 수 있는 지적 감수성의 효과는 여전히 종이책이 높은 편이다. 전자책은 구매와 독서의 편의성이라는 관점에서 독자의 시선을 끌고 있다. 아직까지 독자들은 전자책을 종이책의 대체재 또는 보완재로 여기고 있는 것이다.

시대의 변화가 빨라지고 사회적 이슈가 다양해짐에 따라 대중은 더 많은 지식과 정보를 원하고 있다. 이제는 책이 아닌 다른 매체와 수단을 통해서도 정보의 소비와 공유가 가능해졌고, 책을 바라보는 대중의 시선도 많이 변하고 있다. 종이책과 전자책이 그러했듯이 신문과 잡지를 비롯한 언론계도 디지털 혁명의 파도를 험난하게 헤쳐가고 있다.

뉴스 콘텐츠의 새로운 유료화 전략

2000년 이후 신문의 광고 수익과 구독료는 감소했고, 이로 인해 양질의 뉴스 콘텐츠를 제작하기가 어려운 상황이 되었다. 게다가 2008년 글로벌 금융위기는 국제사회 전반의 광고시장 침체를 가져왔고, 광고료에 대한 의존도가 높았던 언론사들은 재무적으로 힘든 상황이 이어졌다. 광고료에 의존했던 언론사의 수익모델은 인터넷 시대에 적합하지 않다는 목소리가 높아졌으며, 이에 따라 언론사들은 다양한 대안모델을 시도하고 있다.

우선 해외 주요 언론사들은 온라인 뉴스 서비스를 유료화하는 전략을 도입했다. 〈월스트리트저널〉, 〈파이낸셜타임즈〉 등의 경제지가 먼저 뉴스 콘텐츠의 유료화를 주도했고, 다른 주요 언론사에서도 뉴스 콘텐츠의 유통 전략을 모색하고 있다. 이들은 오프라인 신문의 구독자, 온라인 사이트의 방문자 수, 이용자들의 뉴스 이용 행태 등 많은 요소들을 감안하여 유료화 전략을 실행하는 중이다.

우선 〈월스트리트저널〉의 유료화 모델을 살펴보자. 〈월스트리트저널〉의 과금 방식은 오프라인과 온라인 저널이 구분된다. 기사 건당 요금을 부과하는 PPV(Pay-per-iew) 방식이 아닌, 일정액을 지불하고 가입하면 모든 기사를 열람할 수 있는 정액제 방식을 채택했다. 구체적으로 살펴보면, 온라인 저널만 구독할 경우 1년에 103달러, 오프라인 저널만 구독할 때는 1년에 119달러, 온·오프라인 저널 모두를 구독하면 1년 140달러에 2주간 무료 서비스를 제공한다.

〈뉴욕타임스〉는 2005년에 온라인 뉴스 유료화를 시도했으나('타임셀렉트Times Select'라는 서비스로, 연간 49.95달러 지불), 2007년에 다시 무료로 전환했다. 그리고 2011년 1월부터 다시 사이트를 유료화하여, 광고 수입과 온라인 콘텐츠 매출 수입으로 전체 수익을 극대화시키려는 전략을 취했다.

이처럼 언론사들이 콘텐츠 유료화 전략에 박차를 가한 배경에는 디지털 디바이스와 모바일 네트워크의 확산이 자리하고 있다. 대부분의 언론사는 온라인 웹사이트를 기반으로 매일 매 시간마다 새로운 콘텐츠를 생산하고 배포할 수 있는 채널을 가지고 있었다. 이제 모바일 환경이 일반화되면서 회사별로 자체 애플리케이션을 제작하고 이를 웹사이트와 연계하면서 시너지 효과를 창출하는 중이다. 급속한 성장을 이룬 세계 스마트폰 애플리케이션 시장은 2013년에 295억 달러 규모를 기록했으며, 2010년 대비 4배 이상 성장했다. 스마트폰은 예상보다 빠르게 강력한 콘텐츠 소비의 장으로 자리매김하고 있다. 미디어 기업은 독자들의 디지털 디바이스(스마트폰, 태블릿PC 등) 이용 패턴과, 향후 소비 전망에 대한 전략을 고민해야 할 시점이다.

미디어 기업이 선택한 여러 대안 중 핵심 키워드가 바로 전자책이다. 북미 지역을 기반으로 해외에서는 전자책 디바이스의 보급률이 높은 수준이며, 각종 스마트 디바이스에서도 편리하게 전자책을 이용할 수 있는 등 제반 콘텐츠 플랫폼이 안정적으로 운영되고 있다. 언론계가 전자책을 다시 바라보게 된 계기는 2007년 아마존의 킨들 출시였다. 킨들의 성공으로 북미지역 전자책 시장이 본격적으로 활성화되었고, 뉴스의 유료 판매 시장을 찾던 신문들도 킨들을 통해 뉴스 서비스를 제공하기 시작했다. 현재 킨들의 '뉴스스탠드Newsstand'에서는 월 평균 20~30달러 정도를 지불하면 〈뉴욕타임스〉, 〈파이낸셜타임스〉, 〈르몽드〉, 〈워싱턴 포스트〉, 〈USA투데이〉 등 수십 개의 신문과 잡지를 편리하게 볼 수 있다.

북미지역 외에도 언론사에서 전자책 플랫폼을 적극적으로 활용하고 투자를 확대하는 경우가 늘어나고 있다. 프랑스에서는 프랑스텔레콤France Telecom의 자회사인 오랑제Orange가 〈르몽드〉와 〈파리지엥〉 등 5대 언론사들과 손잡고 이동통신망을 통해 전자책을 다운받을 수 있는 서비스를 시작했다. 일본의 경우 〈아사히신문〉이 소니, 돗판인쇄, KDDI 등의 기업과 협력하여 전자책 회사 '북리스터'를 설립했다. 북리스터는 책과 만화, 잡지 등의 콘텐츠를 수집하고 고객 인증, 과금 등 전자책 유통에 필요한 시스템을 구축하여 독자들에게 전자책 서비스를 제공한다. 이탈리아의 〈스탐파〉, 스페인의 〈엘파이스〉, 멕시코의 〈엘유니버셜〉, 브라질의 〈오 글로보〉, 영국의 〈데일리텔레그래프〉와 같은 여러 나라의 주요 신문들도 킨들 플랫폼에 뉴스 콘텐츠를 제공하고 있다.

온라인에서 매출이 감소했던 언론사들은 전자책 플랫폼을 하나의 높은 가능성으로 평가하고 있다. 더불어 해외 주요 일간지들은 생존 전략으로 추구했던 뉴스 콘텐츠의 유료화 모델에서 한 단계 더 나아가 언론사에서 독점적으로 보유하고 있는 다양한 기사를 별도의 에디팅 과정을 통해 한 권의 전자책으로 출간하고 있다. 뉴스는 해당 시점에 맞게 제작된 정지된 콘텐츠다. 그렇지만 기사를 기반으로 제작한 전자책은 출간 시점에 맞춰 다양한 업데이트 작업이 가능하다. 이렇게 제작된 전자책은 고부가가치의 콘텐츠 유료화만이 유일한 생존법으로 거론되었던 이전의 접근법에서 벗어나게 해주었다. 언론사의 비즈니스 모델이 전자책 플랫폼과 결합되면서 독자를 확대하고 새로운 콘텐츠 판매 수익 창출을 가능하게 한 것이다.

언론사가 전자책 시장에 뛰어드는 이유

이제 출판사, 작가를 비롯해 언론사들까지 전자책 시장에 속속 뛰어들고 있다. 언론사들의 전자책 사업이 단행본 전자책 기획과 출간으로 확대되면서 많은 변화가 이어졌다. 출판사와 신문사 간의 제휴와 협업 관계도 부쩍 늘었다.

대형출판사 랜덤하우스는 정치 전문 뉴스 사이트 〈폴리티코Politico〉와 제휴를 맺고 2012년 미국 대선과 관련한 네 권의 전자책을 시리즈로 출간했다. 두 회사가 공동으로 펴낸 이 전자책 시리즈는 한 권당 2~3만 정도의 단어가 담긴 짧은 분량이다. 당시 랜덤하우스의 편집장인 존 메컴은 "책의 본성은 변한다. 신문 기사와 책 사이의 경계가 점차 허물어지고 있다"라고 말했다.

언론사들이 전자책 시장에 적극적으로 진출하는 이유는 무엇일까? 스마트 디바이스와 모바일 환경의 발전이 가장 큰 요인이겠지만 비용이 적게 든다는 점도 무시할 수 없다. 예컨대 원고료의 경우 자사의 기자들을 활용한다면 급여 외에 약간의 원고료만 지급하면 된다. 앞서 언급한 2012년 미국 대선 관련 전자책 시리즈의 경우, 공동저자는 〈폴리티코〉의 백악관 출입기자와 저명한 정치학자인 에반 토머스였다. 온라인 뉴스매체로 유명한 〈허핑턴포스트〉도 저자에게 선인세를 미리 지불하지 않는다. 전자책 콘텐츠 판매에 따른 인세 지급 방식을 채택했기 때문이다.

과거에 이미 오프라인과 온라인으로 기사화된 내용을 다시 기획하고 업데이트하여 책으로 만들기 때문에 콘텐츠 제작비도 종이책보다 적게 든다. 이러한 저비용 출간 구조는 전자책 시장에서 언론사가 기존 출판사보다 상대적으로 유리하게 만들어준다. 그리고 속보 대응력 역시 언론사의 전자책 출간에 장점으로 작용한다. 언론 재벌 루퍼트 머독Rupert Murdoch이 소유한 뉴스코프News Corporation의 영국 왕실 전화 해킹 사건이 발생한 직후, 미국 연예 월간지인 〈베니티페어〉는 과거의 관련 기사들을 묶어서 3.99달러짜리 전자책으로 출간하여 독자들로부터 좋은 반응을 얻기도 했다. 〈뉴요커〉는 미국의 9·11사태를 재조명한 전자책을, 일본 〈아사히신문〉은 동일본 대지진을 취재하며 분석한 자료와 진상을 담은 전자책을 출간한 바 있다.

종이신문을 기반으로 한 언론사 외에도 미국의 방송채널 NBC 뉴스도 전자책 사업에 진출했다. NBC는 디지털 출판사업부인 'NBC퍼블리싱'을 구성하고 전문 사이트를 오픈했다. 이 사이트에서 〈투데이〉, 〈NBC나이틀리뉴스〉, 〈데이트라인〉 등 NBC의 간판 프로그램들과, NBC스포츠, 유니버설픽쳐스, 텔레문도 등의 계열사 프로그램을 활용할 예정이다. NBC퍼블리싱은 텍스트와 동영상이 결합된 인터랙티브 전자책을 출시할 예정이며, 연간 30여 종의 전자책을 지속적으로 출간할 계획이라고 한다.

전통 언론사인 〈뉴욕타임스〉는 전자책 전문 제작사와 협력을 시도했다. 2012년 말, 미니 전자책 출판의 선두주자인 바이라이너Byliner와 함께 손잡고 전자책 출판 프로그램을 오픈한 것이다. 바이라이너는 잡지 〈아웃사이드〉의 편집장이었던 존 테이먼이 벤처캐피탈 등에서 자금을 조달받아 창업한 회사로, 오로지 전자책만을 출간한다. 전자책만 출간하기 때문에 제작 비용은 일반 출판사에 비해 상당히 저렴한 수준이고, 전자책을 판매해 얻은 수익은 바이라이너와 저자가 50대 50으로 배분하는 구조를 가지고 있다. 〈뉴욕타임스〉는 문화, 스포츠, 사업, 과학, 건강 등의 최고 12개의 전문 분야에 해당하는 독창적인 전자책을 출간하고, 판매는 바이라이너 사이트와 NYT스토어를 통해서 진행되었다. 첫 번째로 출간된 존 브랜치의 『강설Snow Fall』는 2.99달러에 판매되고, 아이패드나 킨들 파이어 같은 태블릿PC를 통한 구매도 가능하다.

또한 인핸스드 전자책 출판 플랫폼 회사 부크는 〈뉴욕타임스〉의 기사를 엄선해서 '타임즈파일즈Times Files'라는 이름의 전자책을 출간할 계획이다. 이처럼 언론사와 전자책 제작 업체와의 협력은 전자책 사업의 새로운 전형을 보여줄 것으로 기대된다.

전자책이 만들어낸 뉴저널리즘

언론사의 전자책 사업은 새로운 비즈니스 모델을 제시했다. 언론사에서 제작한 전자책은 다양한 읽을거리를 충족시킨다는 점에서 높은 판매고를 기록할 것이고, 일반 독자들의 관심을 유도해서 언론사의 새로운 수익 창출 채널로 자리 잡을 것이다.

이미 〈허핑턴포스트〉, 〈워싱턴포스트〉, 〈보스턴글로브〉, 〈USA 투데이〉 등 많은 신문들이 자체 전자책을 발간하기 시작했다. 〈뉴욕타임스〉의 미니 전자책이 베스트셀러에 진입함에 따라 다른 언론사들도 전자책 제작과 투자에 뛰어들고 있는 것이다. 대표적인 지식정보 콘텐츠 생산의 주체인 언론사의 행보를 보면 이들의 미니 전자책 사업은 중장기적인 관점에서 높은 성장이 기대된다.

해외 언론사들은 전자책을 읽기 쉬운, 긴 형식의 저널리즘이라는 새로운 관점으로 바라보고 있다. 이제 언론사들은 웹사이트를 방문하지 않거나 신문을 읽지 않는 사람들에게도 자사의 콘텐츠를 읽힐 수 있는 환경을 안정적인 플랫폼을 통해 갖추었다. 그들은 분량이 많은 수필이나 대화체 등 여러 다른 형태의 글을 시험하고 있으며, 독자들에게 다가갈 합리적인 전자책 가격 등에 대해서도 다양한 시도를 하고 있다.

전자책 시장에서 출판계가 주목할 만한 다양한 전략을 시도한다는 점에서 언론계는 경쟁과 협력이 동시에 필요한 분야이다. 그들과의 관계 설정에 따라 대중의 반응도 다양하게 나올 것이다.

7장
전자책 시장의 성공 키워드

포트폴리오와 구조를 혁신하라

최근 해외 대형출판사들은 새로운 디지털 사업을 추진하고 있다. 인터넷과 디지털의 도전에 직면한 대형출판사들이 몸집 키우기에 나선 것이 대표적인 예다. 2012년 10월, 독일 베텔스만의 출판사업부인 랜덤하우스와 영국 피어슨그룹의 출판사업부인 펭귄북스가 합병돼 '펭귄랜덤하우스'가 정식으로 출범했다. 이로써 미국 도서시장의 25% 이상을 차지하는 거대한 출판 공룡이 탄생한 것이다.

해외 출판사들은 그동안 미온적으로 반응했던 전자책 시장에 적극적으로 대응하고 있다. 보수적인 관점으로 시장의 흐름을 보고 대응하기에는 책과 인접한 콘텐츠 산업과의 경쟁이 더욱 치열해지고 있기 때문이다. 이에 따라 해외 출판사들은 종이책과 전자책의 물성적인 차이를 두고 논쟁하는 태도에서 벗어나, 디지털 산업 환경과 소비자들의 콘텐츠 소비 패턴의 변화를 직시해야 안정적인 성장이 가능하다고 판단했다. 이들은 책이 스스로 살아남는 방법에 대해 폭넓은 사고와 소비자 경험을 토대로 전략을 세우고, 강력한 변화를 꾀하고 있다.

전자책 시장을 바라보는 해외 대형출판사의 움직임은 국내 현실과는 분명히 온도차가 있다. 국가별 언어, 시장구조, 독서 문화 등 출판산업을 구성하는 여러 요소들의 차이는 인정하되, 비즈니스 관점에서 그들의 치열한 고민과 실행 전략은 우리에게 적지 않은 메시지를 던져준다.

장르소설 임프린트 개설

2012년 하반기부터 대형출판사들은 전자책 시장을 타깃으로 장르소설 임프린트를 개설하기 시작했다. 당시 랜덤하우스와 하퍼콜린스는 전자책 임프린트를 속속 론칭했다. 랜덤하우스의 판타지 라인 하이드라Hydra, 미스터리 라인 알리바이Alibi, 뉴어덜트 라인 러브스웹트Loveswept 등이 대표적이다. 하퍼콜린스도 미스터리 라인 위트니스Witness를 출시했다. 이들 대형출판사의 임프린트에서 나오는 장르소설의 경우, 70~80%의 타이틀이 전자책으로 동시 출간되고 있다.

장르 분야의 전자책은 시리즈를 연달아 구매하는 대기 시간이 적고, 비슷한 테마로 연계해서 구매하기 쉬운 편이다. 이런 이유로 장르 소설은 현재 세계 전자책 시장에서 상위권을 차지하고 있다.

최근 디즈니가 소유한 유일한 성인 대상 임프린트인 하이페리온Hyperion이 아셰트에 매각되었다. 대형출판사들이 몸집을 불리면서 온라인 과 디지털에 최적화된 자체 콘텐츠 기획과 제작에 집중하고 있는 것이다.

전자책은 미국을 중심으로 유럽, 아시아권 출판 산업의 활력소로 자리 잡아가고 있다. 특히 미국은 전자책 매출이 급증함에 따라 출판산업이 활기를 띠게 되었다. 2012년 '그레이의 50가지 그림자' 시리즈의 흥행과 함께 소설 분야의 전자책 판매율이 42% 올랐고, 비소설 분야 판매율은 22%나 올랐다. 종이책 매출은 전년도와 비교하여 비슷하거나 다소 감소한 것에 비해, 전자책과 오디오책 등 새로운 형태의 책들은 매출이 계속해서 늘어가고 있다는 점에서 전체 출판시장의 파이도 커지고 있다.

생산과 유통 방식의 변화

스마트 미디어 산업의 성장은 콘텐츠 기업들의 전략에도 변화를 가져왔다. 절대강자였던 기존의 기업들이 과거의 영광에 안주하다가 쇠락의 길로 접어든 사례도 빈번하다. 출판시장 역시 예외는 아니다. 2012년 보더스 파산, 반스앤노블의 매장 축소와 전자책 사업의 침체에서 서점과 출판사에도 위기가 왔음을 알 수 있다. 디지털 출판과 유통 방식의 변화는 출판시장에도 큰 영향을 미쳤다. 해외 대형출판사들은 시대의 변화에 따라 책의 생산과 유통방식에 많은 변화를 주었다.

뉴스코프의 2013년 「10-K 연례보고서 10-K annual report」를 통해 3만 권의 전자책으로 총이익의 19%를 달성했다고 밝혔다. 전자책 사업이 전년대비 3% 이상의 성장률을 보일 수 있었던 것은, 하퍼콜린스의 치밀한 전략과 실행력 덕분이다. 하퍼콜린스는 이미 4~5년 전부터 자사의 출판타이틀을 전자책 디바이스와 태블릿PC에서 사용 가능한 형식으로 구축했으며, 디지털 퍼스트 관점에서 종이책이 출간되기 전 디지털 버전의 책을 먼저 출간하는 기획을 추진하고 있었다. 또한 로맨스 전문 임프린트인 에이본Avon을 통해 매주 한 타이틀씩 디지털 퍼스트 시리즈 작품을 출간하여, 매주 〈뉴욕타임즈〉 전자책 베스트셀러 상위권을 유지했다.

사이먼앤슈스터도 의미 있는 성장세를 보이고 있다. 사이먼슈스터의 2013년 매출액은 8억 900만 달러로 전년대비 2.4% 증가했다. 이 중 전자책 판매는 전년 대비 22% 성장했고, 총이익에서는 27%의 점유율을 달성했다고 한다(2012년 23%). 특히 국제 출판계와 청소년, 성인 픽션 부문에서 성과를 보이고 있으며, 점점 전자책과 종이책 판매율이 비슷해지는 추세라고 전했다.

오라일리 출판사는 온라인 소매업체들과의 적극적인 협력을 통해 새로운 비즈니스 모델을 만들었다. 그리고 새로운 서비스를 제공하기 위해 자사의 기술을 분할하거나 협력하는 구조를 만들고 있다. 오라일리는 피어슨 출판그룹과 콘텐츠 파트너십을 맺고 자사의 전자책 서비스 사이트 '사파리북스Safaribooks'를 통해 서브스크립션 서비스를 시작했다. 오라일리의 CEO 팀 오라일리Tim O'Reilly는 "아직 수익은 미약한 수준이지만, 독자들의 꾸준한 유입과 반응을 통해 그들이 원하는 출판콘텐츠의 방향을 감지할 수 있다"고 밝혔다.

적극적인 인수합병, 빠르고 경제적인 전략

2014년 5월 2일에는 언론재벌 루퍼트 머독이 이끄는 미디어그룹 뉴스코프가 캐나다 출판사 할리퀸 엔터프라이즈$^{Harlequin\ Enterprises}$를 4억 1500만 달러에 인수키로 했다는 소식이 들려왔다. 이번 할리퀸 인수는 2013년에 뉴스코프가 회사를 신문, 출판 부문과 엔터테인먼트 부문으로 분할한 이래 최대 규모다. 이로써 할리퀸은 뉴스코프가 보유한 대형출판사 하퍼콜린스에 편입되었다.

뉴스코프가 거액의 비용을 들이며 할리퀸을 인수한 이유는 무엇일까? 할리퀸은 65년 역사를 가진 로맨스소설 출판사다. 할리퀸의 작품은 34개 언어, 100여 개국에 출간되고 있으며, 매출의 40%를 비영어권에서 확보하고 있다. 그동안 1300여 작가의 로맨스소설 총 63억 권을 판매했고, 매달 110권이 넘는 신간을 내고 있으며, 2013년 총 매출액은 3억7200만 달러를 기록했다. 세계적인 돌풍을 불러 일으켰던 '그레이의 50가지 그림자' 시리즈 역시 할리퀸 출판사의 작품이다. 뉴스코프 CEO 로버트 톰슨은 다음과 같이 할리퀸 인수의 이유를 밝혔다. "(할리퀸 같은) 감수성을 확보하는 작업에는 시간과 비용이 많이 든다. 전세계 판매망과 전자책 플랫폼을 구축하느라 애쓰는 것보다 할리퀸을 인수하는 것이 빠르고 저렴하다."

각종 전자책 서비스가 서브스크립션 기반으로 바뀌고 있고, 아마존도 전자책 도서관에 집중 투자를 하고 있다. 이제 출판과 콘텐츠 유통업자들은 점점 개인에게 초점을 맞춘 비즈니스와 IT서비스 개발에 집중해야 한다.

제휴를 통한 성장을 시도하라

빅5 출판사는 디지털 사업에 더욱 박차를 가하고 있다. 특히 디지털 전문 인력의 확충과 기존 역량과 시너지 효과가 기대되는 동종 출판사나 디지털 기업에 대한 투자와 인수합병이 두드러지고 있다. 전통적인 출판산업에서 외부 투자와 인수합병은 상당히 드물었다. 참신한 출판기획을 기반으로 작가와 에디터의 협업을 통해 완성된 책을 제작하고 유통하는 구조만으로도 성장이 가능했기 때문이다. 하지만 지속적인 성장이 필요한 대형출판사들과 유통사들의 입장은 이와 다르다. 기본적인 조직 구조의 운영과 매출과 이익의 지속성에 뒷받침되어야 하는데 최근의 현실은 그렇지 못하다. 이러한 상황을 타개하고 산업의 변화를 주도하려 하는 대형출판사의 행보를 살펴보자.

대형출판사의 콘텐츠 확보 전략

하퍼콜린스는 디지털 사업 부문에 발 빠른 투자를 시도했다. 할리퀸을 인수하면서 하퍼콜린스는 경쟁 출판그룹에 비해 열세였던 전자책 분야에 본격적인 승부수를 던진 것이다. 또한 다양한 외부 플랫폼 채널을 통해 자사의 전자책 마케팅에 박차를 가할 수 있는 물리적인 숫자를 늘리고 있다. 최근 아마존의 크리스천 출판사 인수에 이어 하퍼콜린스 역시 자사의 종교출판부에서 올리브트리OliveTree라는 성경 소프트웨어 전문 기업을 인수했다. 올리브트리는 성경 공부와 신앙 활동을 지원하는 모바일 소프트웨어와 애플리케이션을 제작하는 기업이다. 대형출판사에서 테크놀로지 전문 기업을 인수한 사례는 출판산업 전체적으로 보면 상당히 드문 일이다. 하퍼콜린스는 콘텐츠 소싱을 위한 전략에 주력하면서 독자를 위한 모바일 서비스 개발과 지원에 대한 오너십을 가져가겠다는 전략이다. 독자들에게 출판콘텐츠를 활용한 독특한 경험을 제공하는 동시에 직접적인 커뮤니케이션을 보다 확대할 계획이라고 한다.

맥밀란은 실용 콘텐츠 확보와 커뮤니티 서비스에 눈을 돌리기 시작했다. 요리책 레시피 웹사이트인 '쿡스트Cookst'를 인수했다. 출판사가 아닌 웹사이트에 대한 투자를 통해 출판콘텐츠의 발굴처로 실용적인 정보와 커뮤니티를 가진 채널을 확보하겠다는 전략이다. 2008년에 설립된 쿡스트는 사이트 이용자들이 직접 자신의 요리 레시피를 등록하거나 전문 요리 서비스에서 공개한 레시피를 이용할 수 있게 제공한다. 월 평균 방문자가 800만 명에 이를 만큼 요리에 관심있는 회원들이 적극적으로 활용하고 있다.

맥밀란은 2000년대 후반부터 디지털 콘텐츠 사업에 있어서 빠른 행보를 보였다. 디지털 콘텐츠와 미디어 관련 전문가들을 영입하고 자사의 출판콘텐츠를 디지털화하는 저작도구와 플랫폼 구축에 많은 투자를 이어갔다. 하지만 전자책 판매를 선도하는 분야인 장르문학(로맨스, 판타지 등)과 에로티카 콘텐츠 분야에서 열위를 보이고 있었다. 이번 쿡스트 인수를 통해 맥밀란은 자사의 요리책과 해당 작가의 레시피를 다양한 콘텐츠 포맷으로 이용할 수 있는 요리 플랫폼으로 성장시키겠다고 밝혔다. 책의 형태를 통한 단방향의 콘텐츠 서비스를 양방향이 가능한 멀티 포맷으로 자사의 독자층을 확장할 것으로 예상된다.

스타트업과의 제휴

이제 출판사는 스타트업과의 제휴 대해 진지하게 바라볼 필요가 있다. 전통적인 출판사를 신생과 중견으로 나누면 각자의 영역에서 만들고 있는 미래 출판사업의 모델도 규모와 방향이 크게 차이가 난다. 이러한 구조에서 새롭게 급부상한 비즈니스 모델은 바로 디지털과 연계한 출판 전략이다. 자사의 단점을 극복하면서 디지털 시대의 변화에 대응할 수 있는 가장 구체적인 대안이라는 점에서 출판사의 규모와 관계없이 적용할 수 있다.

맥그로힐의 디지털사업 담당 임원인 스테판 래스터는 "출판사의 디지털 사업 전략에서 가장 중요한 사항은 스스로 무엇을 가장 잘하는지와 못하는지를 구분하는 것"이라고 했다. 이를 통해 균형적인 생각과 전략이 나올 수 있다는 것이다. 또한 이해가 가지 않는 영역은 무리하게 추진하지 않는 것이 중요하다고도 말했다.

하퍼콜린스의 디지털 수석 부사장인 레슬리 헐스는 "이용자들의 디지털 서비스에 들어오기 전에 예측하고 무리한 결정을 하지 않는 것이 중요하다. 다양한 서비스를 진행하고 있는 회사와의 연계를 통해 비즈니스를 확장하고 있다"고 말했다.

출판산업 외부에서 디지털에 대한 이해도가 높은 개인과 사업자들이 가시적으로 들어오고 있다. 이들은 기존의 출판사가 시도해보지 못한 출판콘텐츠 비즈니스 모델을 시험해보기도 했다. 하지만 기존의 출판사와 협력을 하지 않으면 실패 확률이 높다는 것이 결과로 나오고 있다. 그래서 디지털 전문회사나 인력과 출판사의 파트너십 모델은 성공 가능성을 더욱 높일 수 있는 기반이 된다. 페르세우스북그룹Perseus Books Group의 마케팅 책임자 릭 조이스는 "신생 회사들과의 제휴 협력을 통해 새로운 시장 기회를 확보할 수 있어서 좋은 시대"라는 주장을 했다.

출판사에서도 새로운 출판사업 모델을 위해 다양한 시도가 필요하다는 것을 알아야 한다. 특히 뛰어난 기술력을 바탕으로 출판콘텐츠와 데이터를 독자와 빠르게 연결할 수 있는 회사들과의 결합을 중요하게 생각해야 한다. 오이스터, 리드밀과 같은 디지털 서비스가 대표적인 사례다. 이들 서비스는 초기에 출판사의 미온적인 협력으로 어려운 상황을 경험하면서 시행착오를 많이 겪었다. 하지만 독자와의 직접적인 커뮤니케이션을 통해 출판사 브랜드 가치와 출판콘텐츠 판매량을 향상시키면서 출판사들의 보다 적극적인 협력을 이끌어냈다.

기술 기반의 스타트업과 출판사의 제휴는 디지털 출판시장의 큰 변수로 성장하고 있다. 자사의 강점과 약점을 정확하게 분석하고 이를 보완하고 성장시킬 수 있는 기술이 필요하다면, 지금보다 더 능동적인 형태로 스타트업을 찾고 만나는 출판사가 성장 가능성이 높다.

문제는 리더십이다

그동안 업계에서 디지털과 콘텐츠를 이야기할 때 유통 플랫폼 관점에서 보는 것이 주류의 시각이었다. 하지만 여전히 출판산업의 중심은 출판사다. 여기에서 말하는 출판사는 사업자 관점의 출판사와 함께 기획, 편집, 제작, 마케팅 등 개별 업무를 진행하는 개인을 모두 포함하는 구성적 관점에서 봐야 한다.

디지털 시대, 미래 출판사의 모습은 종사자들에게 중요한 해결과제다. 다양하게 현황을 분석하고 비전을 제시해줄 사람은 많지만 결국 변화를 만들고 투자를 하는 사람과 조직은 바로 개별 출판사의 몫이다. 앞에서 언급했듯이 오프라인서점 채널의 침체, 작가들의 셀프 퍼블리싱 플랫폼 이동 등 출판사와의 전통적인 가치사슬 구조는 빠르게 변화하고 있다. 해외 대형출판사들의 선제적인 변화 전략과 실행은 실제 사업 성과로 창출되고 있다. 그 중심에는 디지털 사업 전문가들과 과감한 투자가 있다.

IT 분야 인력을 충원하라

출판전문가 테드 맥길로이Thad Mcilroy는 "오늘날 출판사에서 가장 중요한 문제는 직원 채용이다. 여기에서 말하는 직원은 전통적인 의미의 출판 인력이 아닌 IT 인력을 의미한다. 출판사는 기술 인력을 채용해야 한다"라고 말했다. 사이먼앤슈스터의 최고디지털책임자 엘리 허쉬혼은 모든 임프린트에 디지털 핵심 인력을 배치하면서 "제가 속한 우리 조직이 하는 일 중에서 가장 큰 비중을 차지하는 것은 새로운 디지털과 연관된 기회 창출, 디지털 기술, 새로운 마케팅 수단 등을 개별 임프린트에 교육하는 일"이라고 말했다.

이처럼 출판전문가들과 대형출판사의 디지털 책임자들이 바라보는 방향은 결국 출판과 IT의 융복합이다. 이는 종이책 중심의 조직 구조와 인력을 무리하게 디지털로 틀어가는 전략이 아니다. IT 전문 인력을 조직에 투입시켜 변화를 이끌어가는 추진체로 활용한다는 점이 인상적이다.

와일리의 최고디지털책임자인 피터 발라스도 "출판산업으로 밀려드는 파도에서 살아남으려면 디지털에 대한 이해와 지식이 있어야 하고, 그것에 어느 정도 친밀감을 느껴야 한다. 우리의 가장 큰 고민은 어떻게 하면 모든 직원들의 수준을 디지털과 종이책의 성공을 위해 가능한 목표를 달성하는 것이다. IT 전문 인력들에게 출판사가 기술회사라는 인식을 주어 우수 인력들이 급여보다는 도전과 성취를 느낄 수 있는 구조를 만들어야 한다"고 말한 바 있다. 이렇듯 해외 출판사의 행보는 예상보다 심도 있는 비전과 치밀한 전략을 가지고 진행된다. 실제 현장에서 진행되는 각종 디지털 사업과 우수한 재무성과의 비결은 바로 여기에 있다.

과감하게 투자하라

더불어 대형출판사들의 디지털 사업 투자도 본격적으로 진행되고 있다. 피어슨은 2012년 누크미디어의 지분 5%를 8950만 달러에 매입하면서 본격적인 디지털 콘텐츠 사업 투자를 단행했다. 대부분의 대형출판사들은 자체적으로 디지털 전문 임프린트 신설, 셀프 퍼블리싱과 소셜리딩 관련 서비스 등에 투자 범위를 계속 늘리는 중이다. 전통적인 작가 발굴과 서점 중심의 유통 구조에서 출판사를 중심에 둔 효율적인 콘텐츠 사업 구조를 만들고 있다. 이는 우선 경영진의 리더십 변화에서 시작된다. 종이책 시장의 감소 추세를 전통적인 마케팅 전략으로 대응하지 않고 디지털 관점에서 범위를 확대하고 적극적으로 대응하는 것이다. 출판사 내부에 디지털 전문가들이 포진해 채널과 형식 간의 이해관계를 조정하면서 성장의 기반을 다지고 있다. 물론 내부적으로 기존 조직과의 충돌이 있겠지만, 생존을 위한 위기 극복과 강력한 리더십, 과감한 투자를 통해 이를 조정하는 시점에 있다.

한편 아셰트, 펭귄, 사이먼앤슈스터가 공동으로 투자한 '부키시Bookish'처럼 각사의 자원과 역량을 모아서 신규 서비스를 공동으로 오픈한 사례도 있다. 더불어 소셜미디어를 통해 자사의 마케팅과 홍보 채널을 강화하고, 전문 인력 확충과 투자를 병행하는 것도 이제 일반화되어 있다. 서점을 거치지 않고 모바일 커머스를 통해 직접 자사의 콘텐츠를 유통하는 출판사들도 늘어나고 있다. 이는 앞서 언급한 기술에 대한 출판사의 인식 전환이 그만큼 높아졌다는 것을 의미한다.

결론적으로 출판시장의 모든 가치사슬 구조와 시장 참여자들은 변화의 시대에 직면했다. 예측 가능한 구조를 단정할 수 없지만 그 중심은 콘텐츠에 있다. 지속적으로 수익을 창출해내는 모델을 누가 먼저 갖추고 확장시키느냐에 콘텐츠 생산의 중심축인 출판사의 운명이 달린 것이다.

    디지털 전문가와 전문 조직 구성을 통해 미래의 비전과 도전 목표를 만들어야 한다. 기술에 대한 조직의 유연성은 기존의 출판 역량과 결합될 때 고부가가치를 실현할 수 있다. 넓게 보고 깊게 이해하는 힘은 출판사의 경영 리더십에서 좌우된다. 그 결과는 다시 모든 임직원에게 전파되어 출판사의 경쟁력을 키우는 원동력이 된다. 해외 대형출판사들을 중심으로 새로운 출판 조직 구조와 성과 창출의 관련성은 하나씩 증명되고 있다.

아웃사이드 인 전략에 주목하라

아웃사이드 인$^{Outside\ in}$. 전자책 시장 참여자들이 반드시 알아야 할 용어다. 성공한 혁신 기업이라 하더라도 이용자의 진정한 욕구를 알아내기 위해서는 외부에서 치밀하게 내부를 바라보는 관점이 필요하다. 전자책을 출판산업의 한 영역으로만 생각하면 시장에서 사라지는 기업에 이름을 올릴 가능성이 높다. 치열한 경쟁 속에서 지속적으로 성장하는 기업들의 특징을 분석하고 사업에 적용해야 한다. 독자의 목소리를 들어야 한다. 투자에 인색하고 비용 절감에만 몰두하는 기업은 시장 내에 차별화된 위치를 확보하기가 어렵다. 이용자와 멀어지는 것은 스스로 성공을 포기하는 것이다.

전자책 시장에 뛰어드는 외부 사업자들

『아웃사이드 인 전략』(조지 데이·크리스틴 무어맨, 와이즈베리, 2013)의 저자 조지 데이 교수는 오래 전에 '마켓센싱^{MarketSensing}'이라는 용어로 시장의 변화를 예측하고 재빠르게 준비하는 기업만이 살아남는다는 것을 강조한 바 있다. 아마존닷컴의 창업자 제프 베조스는 "우리가 무엇을 잘하는지 묻기보다, 우리의 이용자가 무엇을

원하는지 질문해야 한다. 얼마나 오랜 시간이 걸리건 이용자가 원하는 것을 안겨줄 수 있는 기술을 익혀야 한다"고 강조했다. 아마존은 네트워크 서비스를 기반으로 편리한 독서 경험을 제공하는 킨들을 통해 이용자의 요구를 충족시켰다. 이러한 관점과 전략은 아마존 킨들 플랫폼의 핵심 성공요인이다.

그렇다면 기존 사업자들과 다른 관점을 가지고 전자책 시장에 진출해서 독자들의 편의성을 향상시킨 사업 모델들을 살펴보자.

포스트잇 회사 3M의 클라우드 도서관 서비스 — 사무용품 제조기업 3M은 2011년부터 클라우드 도서관 서비스를 운영하고 있다. 이는 관련성이 약한 분야로의 사업 확장으로 볼 수 있지만, 3M은 콘텐츠 플랫폼 사업의 성장을 예견했다. 그리하여 자사의 제품과 서비스를 이용하는 이용자들이 디지털 콘텐츠도 함께 이용할 수 있는 환경을 만든 것이다.

아마존, 소니, 반스앤노블 등 기존의 주류 사업자들이 콘텐츠와 디바이스 개발에 투자할 때 3M은 각각의 유통 플랫폼이 판매하는 콘텐츠를 개인 사용자들이 통합적으로 활용할 수 있는 시스템 개발에 집중했다. 개별 출판사와 도서관을 위한 전자책 솔루션을 클라우드 형태로 지원하면서 비용 절감과 이용자 편의성을 강화했다. 3M은 다수 출판사와의 협력을 통해 전자책 콘텐츠를 소싱했고, 전용 애플리케이션을 개발하여 시중에 유통되는 대부분의 스마트 디바이스에서 3M의 전자책을 클라우드와 N스크린을 통해 편리하게 이용할 수 있도록 했다.

이제 3M을 포스트잇 판매하는 회사로만 기억하는 것은 타당하지 않다. 기술 기반의 콘텐츠 플랫폼 서비스 회사로 진일보하고 있기 때문이다. 사무용품 개발과 유통 사업을 하면서 이용자의 변화에 민감하게 접근했기에 가능한 일이다. 실제로 도서관에서 많이 사용하는 RFID(Radio Frequency Identification, 무선인식) 시스템이 3M과 연계되어 있다는 점에서 도서관과 3M의 인연은 꽤 오래된 것이다. 물론 오버드라이브라는 강력한 경쟁자가 있지만, 3M은 도서관에 전자책, 오디오북, 비디오 등의 서비스 제공에 지속적으로 투자하여 안정적인 수익 구조를 확보할 것으로 전망된다. 최근에 전자책 디바이스 개발에 들어갔다는 소식이 들릴 만큼 전자책 시장에서 3M은 새로운 강자로 급부상하고 있다.

유통업체 테스코의 디지털 콘텐츠 서비스 — 영국의 최대의 식품, 잡화 판매회사인 테스코[Tesco]는 최근 전자책 플랫폼 '블링크박스[Blinkbox]'를 재오픈했다. 테스코는 2011년 4월에 영화와 TV 스트리밍 서비스를 하는 블링크박스와 전자책 플랫폼 회사인 몹캐스트[Mobcast]를 인수한 바 있다. 최근 2~3년간의 시행착오를 정리한 테스코는 블링크박스를 통해 신간과 유명 저자의 전자책을 30% 이상 할인해서 판매한다. 대형 슈퍼마켓 체인인 세인스버리[Sainsbury]의 전자책 서비스와 함께 본격적인 디지털 콘텐츠 서비스 경쟁이 영국 유통업계에 불고 있다.

영국 테스코의 전자책 플랫폼 '블링크박스'
출처 : blinkbox.com

테스코는 회원으로 가입해서 블링크박스를 이용하면 무료로 책의 일부를 볼 수 있고, 클럽카드를 통해 전자책을 구입할 수 있다. 회원의 소유권을 강화하고 적은 비용으로 각종 지식문화 콘텐츠를 활용할 수 있게 만들었으며 각종 스마트 디바이스에서 전용 애플리케이션을 지원한다. 앞으로 테스코는 이용자들의 구매 패턴을 체계적으로 분석해서 일반 상품과 함께 디지털 콘텐츠(전자책, 음원, 영화, 게임 등)의 추천 서비스로 사업을 확대할 예정이다. 디지털 엔터테인먼트라는 신규 사업에 테스코는 자사의 역량을 모으고 과감한 투자를 이어갈 것이라고 밝혔다.

슈퍼마켓 체인점이라는 시각에서만 보면 디지털 콘텐츠는 아주 무관한 영역이지만, 테스코는 외부의 관점에서 고객에게 더 많은 가치를 줄 수 있는 서비스와 사업을 발굴하고 키워가기 위해 디지털 콘텐츠를 선택했다. 고객을 묶어두는 전략적 의사결정에서 디지털 콘텐츠는 '저비용 고효율'을 낼 수 있는 몇 안 되는 분야다. 아마존의 세계 시장 진출 강화에 따라 로컬의 대형 유통사업자들은 디지털 콘텐츠 부문에 더욱 관심을 집중할 것으로 보인다.

클라우드 스토리지 업체 드롭박스의 리드밀 인수 — 2014년 4월 클라우드 스토리지 서비스 업체인 드롭박스^{Dropbox}가 소셜 전자책 리딩 플랫폼인 리드밀을 인수했다. 리드밀은 어떤 업체인가. 리드밀은 DRM 프리 전자책이나 어도비DRM을 사용하는 전자책을 읽을 수 있는 애플리케이션을 제공한다. 온라인서점에 있는 책의 미리보기 파일을 독자가 리드밀에서 읽을 수 있다. 이 기능을 '리드밀로 보내기'라는 소셜 플러그인으로 공개하면서 인기를 많이 얻었다.

리드밀이 언론과 출판사의 시선을 끈 것은 공유 기능 덕분이었다. 리드밀은 전자책 이용자의 커뮤니티를 만들었는데 독자가 본문의 일부 문장을 트위터와 페이스북 등 여러 SNS로 공유하고, 리드밀 서비스에서 친구들과 의견을 교환하는 등 자유로운 커뮤니케이션이 가능하게 만들었다. 책 한 권을 읽으면서 친구가 밑줄을 긋거나 메모를 남긴 걸 볼 수 있다. 리드밀은 이러한 모든 기능을 웹사이트와 iOS, 안드로이드 OS에 지원했다. 이용자들이 공유한 책의 각종 정보를 출판사에 제공해서 특정 책에 대한 시장의 반응을 활용할 수 있도록 했다. 출판사의 입장에서 보면 리드밀은 독자 발굴과 마케팅을 이끌어주는 좋은 파트너십을 갖춘 서비스 업체였다.

그렇다면 드롭박스가 리드밀을 인수한 이유는 무엇일까? 이는 고객(이용자)의 관점에서 볼 때 출판시장의 진출이 필요하다고 판단하고, 그에 따른 전략적 선택인 것으로 보인다. 드롭박스는 리드밀에 대한 출판사의 좋은 인상과 이용자 분석 시스템을 드롭박스에 담길 다양한 전자책과 연결하여 이용가치를 높일 예정이다. 결국 드롭박스는 리드밀의 멤버십과, 다양한 디바이스에서 독서 경험을 제공했던 기술을 함께 활용해야 전자책과 콘텐츠 플랫폼 사업에서 가시적인 성과를 거둘 수 있다는 판단을 한 것 같다. 이번 인수와 관련해서 리드밀은 "다양한 크기의 화면에서의 책 읽기는 많은 사람이 일하고 사는 데 기본"이라면서 "드롭박스에서 새로운 방법으로 비슷한 도전을 할 것"이라고 밝혔다. 독자들은 여러 플랫폼에서 구입한 전자책을 개별 라이브러리가 아닌 드롭박스에 원스톱으로 보관할 수 있다.

드롭박스는 이미 DRM 프리 방식의 전자책 서비스를 추진하고 있었다. 드롭박스가 본격적으로 만들어갈 서비스는 개인의 콘텐츠 저장소라는 드롭박스의 전체 사업에 긍정적인 영향을 미칠 것으로 본다.

외부의 관점에서 내부를 바라보자

전자책 시장에 진출한 3M, 테스코, 드롭박스의 사례를 보았다. 독자의 편의성을 최고의 서비스 가치로 실행하는 사업자는 지속적으로 성장할 가능성이 훨씬 높다. 단기적인 성과에만 집중할 경우 효율적인 투자가 수반되기 어려운 구조가 된다. 내부의 관점에서 제한된 자원과 기술로 모든 것을 추진하겠다는 사업 전략은 과욕이다. 이는 출판사와 유통사, 플랫폼 기업 및 신규 진입자 모두에게 해당되는 사항이다.

다시 말하지만, 더 이상 전자책을 출판산업의 테두리 안에서만 바라보아서는 안 된다. 전자책은 IT와 미디어 등 다양한 산업들이 융합되어 더욱 발전이 기대되는 산업 분야이다. 그 중심에 출판이라는 고유의 콘텐츠가 있고, 전략적 관점에 따라 옥석의 여부가 판가름된다. 아웃사이드 인 전략을 강조하는 이유는 이용자의 관점에서 시장을 바라보고 자사의 강점과 약점을 보완하고 발전시키자는 의미이다. 더불어 다른 산업에서 출판을 어떻게 바라보고 있는지와 수익과 성장을 이어가는 비즈니스 모델 구축 방향도 주도적으로 분석해보자는 뜻이다.

'인사이드 아웃' 사고방식을 가진 기업은 경쟁사만 바라보는 경향이 강하다. 반면에 '아웃사이드 인' 사고방식을 가진 기업은 고객의 뜻을 전략적 의사결정의 기준으로 삼는다. 경쟁이 치열한 환경에서는 오히려 경쟁 기업을 보지 말고 기업 외부의 이용자에 집중해 시장의 변화를 예측하고 재빠르게 준비하는 아웃사이드 인 방식으로 비즈니스를 추진해야 한다. 이제 독자의 니즈를 체계적으로 분석하고 선제적으로 이를 지원하는 플랫폼 구축과 선순환적인 생태계를 만드는 외부 사업자들의 진입과 도전을 기대해본다.

맺음말
책의 미래는 결코 어둡지 않다

2014년 10월, 프랑크푸르트 국제도서전에서 '책 읽기의 미래에 대하여On the Future of Reading'에 관한 토론이 있었다. 조직위원장인 위어겐 보스Juergen Boos는 콘텐츠를 만들어 독자에게 전달하는 방식과 저자가 독자의 관심을 끌고 상호작용하는 방식에 대한 고민이 중요하다고 강조했다. 그는 출판시장의 정체가 스마트폰 등 디지털 기기가 아닌 책을 읽지 않는 사람들에 있다고 말했다. 적절한 독서습관을 유지하는 일이 더 중요하다는 것이다. 위어겐 보스의 주장은 순전히 책을 읽지 않는 독자들을 비판하려는 의도는 아니다. 결국 평소에 읽지 않는 사람들을 읽게 만드는 출판계의 노력이 더 중요하다는 의미이다.

대부분의 국가에서 종이책 출간과 판매는 감소하고 있는 추세다. 하지만 그만큼의 손실을 디지털 콘텐츠를 통해서 채울 수 있는 상황은 아니다. 책이 음악, 비디오, 게임 등 각종 디지털 콘텐츠 서비스와의 경쟁에서 생존하고 성장할 수 있도록 만드는 전략의 수립이 무엇보다 절실한 시점이다. 콘텐츠 개발, 유통 분야와 직결된다는 점에서 기존의 시장 참여자들이 직면한 현실을 인식해야 한다. 저자와 출판사, 유통사와 독자를 연결하는 가치사슬은 계속해서 변화하고 재정의되고 있다.

이제 출판계는 디지털 마인드에 대해 진지하게 고민하고 철저하게 대응해야 한다. 콘텐츠의 시간점유율 경쟁에서 생존할 수 있는 역량을 갖춰야 한다. 변화를 두려움이 아닌 도전과 극복의 자세로 맞서야 높은 성과 창출과 지속적인 성장이 가능하다.

또한 독자들의 독서 환경에 대한 관심과 투자도 병행해야 한다. 최근에 '슬로리딩클럽Slow Reading Club'이라는 것을 알게 되었다. 이는 디지털 환경과 스마트 기기에서 벗어나 방해 없이 책을 읽자는 운동이다. 고전적인 독서방식을 그리워하는 애서가들이 이 운동을 주도하고 있다. 슬로리딩의 참가자들은 네트워크가 단절되었을 때 불안해하면서 책 한 권을 다 읽지 못하는 스스로를 돌아보고, 디지털 시대 이전의 전통적인 독서방식을 그리워하고 있었다. 종이책과 전자책이 공존하는 것처럼 개인과 집단의 읽기가 공존하는 생태계의 구축은 책의 미래를 좌우할 것이다.

〈기획회의〉 연재와 단행본을 준비하면서 출판과 책의 미래는 결코 어둡지 않다는 확신을 갖게 되었다. 인류는 매일 새로운 지식 정보를 생산하고 습득하는 과정을 거치고 있다. 책과 독서는 이러한 인간의 활동을 더욱 가치 있게 만드는 기반이다. 이후에도 출판 생태계의 변화에 촉각을 세우고, 국내외 다양한 자료와 의견을 적극적으로 나누고 싶다. 출판계 종사자, 학계 연구자, 독자 분들의 많은 조언과 협력을 부탁드린다.

전자책 용어 사전

애플리케이션 Application
특정한 업무를 수행하기 위해 고안된 일련의 컴퓨터 프로그램의 집합을 말하며, 일반적으로 응용프로그램이라고 보면 된다. 보다 넓은 의미의 애플리케이션은 컴퓨터 장비인 시스템을 이용하여 목적 업무를 수행하기 위한 프로그램을 일컫는다.

워터마크 Watermark
어떤 파일에 관한 저작권 정보(저자 및 권리 등)를 식별할 수 있도록 디지털 이미지나 오디오 및 비디오 파일에 삽입한 비트 패턴을 말한다. 이 용어는 편지지의 제작 회사를 나타내기 위해 종이의 표면에 압력을 가하여 새긴 투명한 무늬를 '워터마크'라고 부르던 것에서 유래되었다.

전자잉크 e-ink
전자잉크는 입자의 전자기적 성질을 이용해서 만든 것으로 이를 통해 인쇄된 글자의 형태를 수시로 바꿀 수 있는 기능을 가지고 있다. 전자잉크는 수백 만개의 둥근 모양의 초소형 캡슐로 이루어진 미래형 잉크다.

전자종이 e-paper
유리가 아닌 휘어지는 재질을 기판으로 사용하여 종이의 느낌을 느낄 수 있는 디스플레이 장치를 말한다.

에듀펍 EDUPUB
Education과 Publication의 합성어로, 교육 분야와 전자출판 분야 기술의 융합과 연계를 상징적으로 의미한다.

셀프 퍼블리싱 Self-publishing

책을 쓴 작가가 출판사를 거치지 않고 직접 저작물을 기획, 편집, 출판까지 마쳐 유통하는 것을 말한다. 대부분의 셀프 퍼블리싱 저작물이 전자책 형태로 소비자에게 전달되지만 작가가 원한다면 종이책으로도 생산 가능하다.

클라우드 Cloud

컴퓨팅 서비스 사업자 서버를 구름 모양으로 표시하는 관행에 따라 '서비스 사업자의 서버'로 통한다. 소프트웨어와 데이터를 인터넷과 연결된 중앙 컴퓨터에 저장하고 인터넷에 접속하기만 하면 언제 어디서든 데이터를 이용할 수 있도록 하는 것이다.

플랫폼 Platform

원래는 기차역의 승강장이나 무대라는 뜻이지만 산업계에서는 기초가 되는 틀, 규격, 표준을 의미한다. 자동차에서는 주요 장비들이 장착된 기본 골격을, 컴퓨터에선 시스템의 기반이 되는 운영체제(OS)를 가리킨다. 최근 정보기술(IT) 업계에서는 서비스·콘텐츠·기기를 포괄하는 생태계라는 뜻으로 많이 쓰이지만, 그 구체적 용도는 매우 다양하다.

하이퍼텍스트 Hypertext

현재의 화면과 하나 이상의 문서들이 하이퍼링크라는 고리로 연결되어 있는 문서의 형태, 작성된 문서 내의 특정 문자열에 다른 색깔 또는 밑줄을 그어 그 부분을 클릭하면 연결된 문서를 확인할 수 있다.

플래시 flash

벡터 도형 처리 기반의 애니메이션 저작용 소프트웨어. 전화면 내비게이션 인터페이스, 그래픽 도해 설명(illustration), 그리고 일반 모뎀을 통해 전송되는 반 에일리어싱 파일의 단순한 상호 작용 등이 수반된다.

DAISY(Digital Accessible Information SYstem)

시각장애인이나 독서장애인을 위한 국제 디지털 문서 포맷. 디지털시대에 정보접근에 장애가 있는 노인이나 시각장애인을 위해 개발되어 점자도서관에서 토킹 북을 제작하는 데 사용한다.

DRM(Digital Rights Management)
디지털 콘텐츠의 저작권을 관리하는 기술. 전자책, 음악, 비디오, 게임, 소프트웨어, 증권정보, 이미지 등의 각종 디지털 콘텐츠의 불법유통과 복제를 방지하고, 이렇게 보호된 콘텐츠를 사용함에 따라서 저작권 관련 당사자에게 발생하는 이익을 관리하여 주는 상품과 서비스다. 현재 저작권보호기술은 정상 사용자에게 비밀키를 부여하는 「암호화」, 기술과 콘텐츠에 저작권정보를 삽입해 불법사용을 추적하는 「워터마킹」기술로 나눠진다.

DTP(Desk Top Publishing)
책상 위에 올려놓을 수 있는 크기의 컴퓨터(desk top)를 이용하여 출판을 하는 탁상출판을 일컫는 말이다. 탁상출판용 소프트웨어를 이용, 개인이나 소규모 단체의 출판 분야에서 원고작성, 편집, 인쇄과정 등을 일괄적으로 처리해줄 수 있게 하는 출판 시스템이다.

ePub(electric Publication)
전자책 산업의 사실상 표준기구인 국제전자출판포럼(IDPF : International Digital Publishing Forum)이 지난 2007년 9월 제안해 글로벌 산업표준으로 제정된 규약이다. 전 세계 전자책의 콘텐츠와 디바이스끼리의 호환성 문제와 이에 따른 사용자들의 불편을 해소하기 위해 만들어졌다.

HTML5(HyperText Markup Language 5)
웹 표준 기관인 월드와이드웹 컨소시엄(W3C)이 만들고 있는 차세대 웹 언어 규격이다. HTML5는 문서 작성 중심으로 구성된 기존 표준에 그림, 동영상, 음악 등을 실행하는 기능까지 포함시켰다. HTML5를 이용해 웹사이트를 만들면 국내 전자상거래에서 많이 쓰이는 액티브X, 동영상이나 음악재생에 필요한 어도비 플래시와 같은 플러그인 기반의 각종 프로그램을 별도로 설치할 필요가 없어진다. HTML5는 모바일환경에서 아이폰이나 안드로이드 등의 운영체제를 가리지 않고 모두 호환된다.

N스크린(N Screen)
TV나 PC, 태블릿PC, 스마트폰 등 다양한 기기에서 하나의 콘텐츠를 끊김없이 이용할 수 있게 해주는 서비스를 말한다. 사용자가 구입한 콘텐츠가 디바이스가 아니라 서버에 저장되어 있기 때문에 언제 어디서나 다양한 디바이스로 불러와 이용할 수 있다는 장점이 있다.

PDF(Portable Document Format)
원본 문서가 어떠한 애플리케이션에서 작성되었는지에 상관없이 여러 플랫폼 환경에서 문서를 동일하게 출력하고 디스플레이할 수 있도록 해주는 파일 포맷. 인쇄 상태 그대로를 컴퓨터에서 보여 주기 때문에 전자 서적과 콤팩트디스크(CD) 출판 등 디지털 출판에 적합하다. 문서에 암호를 걸어 비밀을 보장할 수 있고, 텍스트나 이미지를 캡처할 수도 있다. 미국 어도비사가 개발하여 전자 문서의 사실상 표준으로 자리 잡아 오다가 2008년 국제 표준화 기구 국제 표준(ISO 32000-1)으로 채택되었다.

XML(eXtensible Markup Language)
인터넷 웹에서 데이터를 표현하고 교환하기 위한 표준화된 텍스트 형식. 주고받는 데이터의 포맷을 표준화해서 데이터 교환을 용이하게 하기 위해 생겨난 정보교환 기술이다.

참고 문헌·참고 사이트

『전자책 빅뱅』 이용준 외 지음, 이담북스, 2010
『책, 그 살아있는 역사』 마틴 라이언스 지음, 서지원 옮김, 21세기북스, 2011
『전자책 출판가이드』 코지마 코지 지음, 김성훈 옮김, 멘토르, 2011
『아마존닷컴 경제학』 류영호 지음, 에이콘출판, 2012
『디지털 시대의 읽고 쓰기』 이재현 지음, 커뮤니케이션북스, 2013
『출판이란 무엇인가』 캘빈 스미스 지음, 이재석 옮김, 안그라픽스, 2013
『무엇으로 읽을 것인가』 제이슨 머코스키 지음, 김유미 옮김, 흐름출판, 2014
「2013년 콘텐츠 산업 전망」 한국콘텐츠진흥원, 2013.1.
「스마트 융합시대 전자책산업 진흥을 위한 중장기 전략과제 연구 보고서」 한국출판문화산업진흥원, 2013.4.
「2013년 국민 독서 실태조사」 문화체육관광부, 2014.1.
『전자책 시장현황 및 전망과 도서출판 시장의 가치사슬 구조변화』 정보통신정책연구원, 2014.5.
미국출판협회(AAP) http://www.publishers.org/
디지털북월드(DBW) http://www.digitalbookworld.com/
퓨처북 Futurebook http://www.thebookseller.com/futurebook
굿이리더 Good eReader http://goodereader.com/blog/
퓨리서치인터넷프로젝트 Pew Research Internet Project http://www.pewinternet.org/
PwC http://www.pwc.com/
〈퍼블리셔스위클리 PublishersWeekly〉 http://www.publishersweekly.com/pw/home/index.html
퍼블리싱 퍼스펙티브 Publishing Perspectives http://publishingperspectives.com/
더 디지털 리더 The Digital Reader http://the-digital-reader.com/
KT디지에코 http://www.digieco.co.kr/KTFront/

KOTRA 글로벌윈도우 http://www.globalwindow.org/
월드 라이브러리 http://wl.nl.go.kr/
한국문학번역원 http://www.klti.or.kr/main.do
한국콘텐츠진흥원 http://www.kocca.kr/

찾아보기

─── 숫자·영문

「2012년 전자책 독서실태조사」 76
24심볼즈 108, 170, 181
3M 72, 73, 195, 276, 277, 280
ADEPT 55
BISG 90
DRM 52~59, 197, 212, 279, 280
e잉크(전자잉크) 29, 61, 112, 150, 223, 226, 228, 229
e텍스트북 234, 238
HTML5 58, 204, 206, 208~212
IDC 223
IDG 105
KDP셀렉트 38, 42, 117, 174
MCP 198
NBC퍼블리싱 50, 133, 256, 257
POD 21, 91, 118, 120, 121
RFID 277
SNS 21, 33, 89, 150, 183~187, 189, 197, 213, 220, 227, 232, 235, 248, 279
TED북스 219
XHML 205, 207
XML 100, 203, 204, 228, 246

─── ㄱ

가격담합 46, 51, 133, 134
〈가디언〉 25
가치사슬 21, 83, 118, 128, 191, 226, 271, 274, 283
간디스토어 198
갈라파고스 현상 86
갤럭시탭4 누크 43, 44, 61, 145
교보문고 27, 216, 230
구글 54, 57, 73~75, 98, 101, 107, 108, 136~140, 146, 192, 198, 199, 208, 209
구글 프린트 74
구글 플레이 54, 107, 136~139
구텐베르크 프로젝트 5, 203
국제전자출판포럼 53, 203, 204
굿리즈 126, 127, 171, 187, 188
'그레이의 50가지 그림자' 20, 93, 263, 265
기노쿠니야 62, 63, 100

─── ㄴ

넥서스7 101
넷플릭스 42, 171
노우 194, 240
『누에』 40
누비코 108
누크 43, 44, 58, 60, 61, 69, 140~145, 231, 232
누크미디어 60, 61, 82, 140~143, 239, 240, 273
뉴스코프 256, 263, 265
니콜라스 카 6, 31

─── ㄷ

당당망 103, 104
더퍼머넌트프레스 42
드롭박스 279, 280
디브러리 75, 76
디즈니 50, 133, 218, 262
디지로그 33
디지털 교과서 131, 132, 234~242
디지털 네이티브 30, 32, 242
디지털 아카이빙 67, 73, 74, 77, 136, 192, 199, 213, 222, 227, 277~279, 282
디지털교과서교재협의회 236
디지털교과서협의체 235
디지털북월드 57, 161
디지털 콘텐츠 22, 42, 52, 59, 61, 64, 67, 76, 102, 107, 125, 143, 144, 147, 191, 192, 199, 211~213, 222, 227, 267, 277~279, 282
디지털 콘텐츠 생태계 5, 203, 250

─── ㄹ

〈라이터스 다이제스트〉 57
라이팅라이프 21, 152
라쿠텐 62, 100, 101, 147~149, 153, 155
랜덤하우스 47, 82, 107, 172, 255, 261, 262
로미르리서치 96
루퍼트 머독 256, 264
리드밀 144, 193, 269, 279, 280
리딩라이프 151, 186, 232
리브레카 94
리코 17

─── ㅁ

마이크로소프트 60, 61, 140, 142, 143, 146, 209, 224, 231, 239
마이클 서비니스 147, 148, 153, 154
마이클 휴즈비 61, 141, 143
마크 코커 68, 91, 163, 164, 166, 167
말콤 글래드웰 40
매리언 울프 19
맥그로힐 132, 236, 268
맥도날드 194
맥밀란 39, 40, 46, 47, 55, 134, 218, 267, 268

모토로라 138, 143
묵독 15
미국미디어감사협회 246
미국서점협회 136, 137, 153
미국출판협회 87, 88
미니 전자책 117, 118, 257, 258
믹스페이퍼 197

───── ㅂ
바이라이너 257
바이로컬 94
반스앤노블 7, 21, 38, 43, 44, 50, 58,
　　60~64, 69, 91, 92, 140~146, 153, 224,
　　231, 239, 240, 263
버치박스 170
베인앤컴퍼니 25, 154
베텔스만 63, 93, 261
보더스 38, 60, 142, 263
부크 167, 257
북리스터 254
북머신 192
북클 167
분쟁 37~44, 70, 75, 178
블링크박스 277, 278
비블리오테크 69
빅5 출판사 51, 88, 161, 266

───── ㅅ
사이먼앤슈스터 46, 47, 71, 88, 90, 134,

　　172, 264, 272, 273
사파리북스 264
산세이도 62
삼성전자 43, 44, 61, 97, 138, 145, 224
샘 230
『생각하지 않는 사람들』 6
『생존자』 219
서브스크립션 43, 83, 95, 107, 108, 169,
　　170, 172, 175~182, 195, 196, 264, 265
셀프 퍼블리싱 20, 21, 56, 82, 83, 91, 95,
　　107, 117~119, 121, 128, 129, 152,
　　159~168, 171, 271
셸파리 186
소니 7, 106, 146, 149, 155, 254, 276
소셜리딩 16, 33, 56, 126, 135, 144,
　　183~190, 193, 273
소셜미디어 147, 192
스매시워즈 21, 68, 91, 163, 164, 166,
　　171, 195, 196
스쿠베 95
스크리브드 175, 177, 179, 188, 195, 196
스타트업 83, 96, 144, 175, 179, 268, 270
스티브 잡스 51
스피카부스 173, 181
시길 206, 207
신문출판총서 104

───── ㅇ
아날로그 13, 44, 70, 191, 242, 249

아마존 5, 17, 33~44, 46, 48, 61~63,
　68, 69, 84, 87, 88, 90~94, 96~98,
　100, 101, 104, 106~108, 111~114,
　116~138, 140~144, 146~150, 153,
　160, 173~178, 185~187, 198, 211,
　224, 225, 229, 237~239, 248, 276
아마존퍼블리싱 38, 121, 127, 128
아셰트 37~44, 46, 47, 71, 134, 177, 178,
　262, 273
아웃사이드 인 275, 281
『아웃사이드 인 전략』 275
아이북스2 131, 236
아이북오써 131, 237
아이서플라이 89
아이튠즈 98, 131, 237
아이패드 29, 46, 48, 69, 89, 100, 101,
　125, 131~133, 193, 214, 224~238,
　240, 243, 257
안드로이드 100, 103, 136~139, 146, 172,
　194, 198, 212, 238, 239, 240, 248, 279
압타라 216
애플 46~51, 90, 94, 98, 101, 104, 108,
　128, 129, 131~135, 214, 224, 236, 237
애플리케이션북(앱북) 13, 90, 131, 135,
　214~221
앳오써 185
어도비DRM 54~56, 155, 173, 279
에덴 96
에스프레소 북머신 91

에이전시 모델 48~51, 90
예스24 27, 216, 230
오라일리 55, 56, 241, 264
오랑제 254
오버드라이브 72, 195, 277
오아시스 76
오이스터 144, 171, 172, 175, 177, 179,
　196, 269
오프라인서점 37, 38, 60, 62~66, 164,
　246, 271
올액세스 248
와일리 56, 272
『우리의 선택』 219
워터스톤즈 92
웹브라우저 204, 208~212
위스퍼캐스트 225, 239
윙크리더 106
음독 15
이리타 172, 181
이큐브 206, 207
이펍 13, 53, 56, 192, 203~208, 211, 212,
　237, 245, 246
인디자인 206, 241
인클링 210, 240, 241
인터랙티브 173, 210, 214, 217, 219, 220,
　234, 236, 257
인텔 194
인핸스드 전자책 214, 257
일라나 스나이더 14, 15

찾아보기　293

일본전자책컨소시엄 99

───ㅈ
작가길드 75
전자책 전용 디바이스 5, 17, 25, 54, 92, 97, 210, 223~226, 228~230
「전자책 독서와 디바이스의 확대」 24
전자출판물표준화포럼 211
정보통신기술(ICT) 6, 7, 212, 213
제프 베조스 100, 111, 113, 130, 150, 219, 275
조앤 K. 롤링 40
『종이에서 스크린으로』 14
지니오 247
징동상청 103

───ㅊ
『책 읽는 뇌』 19
출판생태계 23, 45, 85, 283
출판콘텐츠 5, 7, 21, 127, 160, 167, 177, 179, 192, 214, 221, 264, 267~269

───ㅋ
카니발리제이션 65, 176
칼리브레 206, 207
캐즘 27, 88
캔자스도서관협회 70
컨텍스트 15
코믹솔로지 125, 127

코보 21, 72, 81, 97, 100, 101, 106, 107, 137, 146~155, 186, 187, 195, 197, 198, 229, 232, 233
코보 펄스 186, 232
콘텐츠(C)-플랫폼(P)-네트워크(N)-디바이스(D) 5, 192, 203, 250
콜라보레이션 20, 133, 135, 191, 195, 197
큐레이션 83, 143, 179~182, 247, 248
크라우드 펀딩 21
크레마샤인 230
키노피 62
킨들 5, 16, 17, 97, 100, 103, 107, 111~114, 116~118, 150, 160, 223~225, 229, 230, 232, 239, 254, 257, 276
킨들 다이렉트 퍼블리싱(KDP) 21, 91, 118, 119, 122, 160, 198
킨들 매치북 120, 121
킨들 밀리언클럽 160
킨들 소유자 대여 도서관(KOLL) 117, 173, 176, 178
킨들 싱글즈 118
킨들 언리미티드 174, 175
킨들 카운트다운 120, 122
킨들 퍼스트 120, 121

───ㅌ
태블릿PC 13, 18, 22, 25, 54, 89, 90, 92, 96, 104, 114, 203, 214, 220, 222, 223,

225~227, 243~245, 247
「태블릿PC의 보급에 따른 콘텐츠 이용행
   태의 변화」 225
테드 맥길로이 271
테스코 277, 278, 289
텍스트북스 240
토르북스 56
토리노 얼라이언스 63, 64, 93, 94
트위터 185, 187, 219, 232, 247, 248, 279
팀 쿡 51

하퍼콜린스 46, 47, 56, 70, 71, 76, 90,
   134, 171, 195, 196, 241, 262, 263,
   265~267, 269
한본 103
할리퀸 265, 266
호튼미플린하코트 171, 172, 236
홀세일 모델 48, 50, 90, 133

───── ㅍ

〈파이낸셜타임즈〉 29
파퓰러 하이라이츠 184
판매 수수료 38, 43, 138, 178, 198
퍼블릭 도메인 68, 74, 75
페이스북 56, 128, 170, 185~187, 197,
   232, 233, 247, 248, 279
펭귄 46, 47, 82, 134, 173, 193, 261, 273
펭귄랜덤하우스 47, 47, 261
퓨리서치센터 24, 89, 223
프라이스워터하우스쿠퍼스(PwC) 18, 18,
   82
플립보드 247
피어슨 47, 60, 61, 82, 132, 140, 173, 236,
   240, 261, 264, 273

───── ㅎ

하이브리드 64, 65, 143, 220

세계 전자책 시장은 어떻게 움직이는가

2014년 12월 15일 1판 1쇄 인쇄
2014년 12월 24일 1판 1쇄 발행

지은이 —— 류영호
펴낸이 —— 한기호
펴낸곳 —— 한국출판마케팅연구소
　　　　　출판등록 2000년 11월 6일 제10-2065호
　　　　　121-839 서울시 마포구 동교로 12안길 14(서교동) 삼성빌딩 A동 2층
　　　　　전화 02-336-5675　팩스 02-337-5347
　　　　　이메일 kpm@kpm21.co.kr

ISBN　978-89-89420-89-7　03010

책값은 뒤표지에 있습니다.